名师系列

微光引航　与语同行

——基于新课标理念的语文教学实践与重构

WEIGUANG YINHANG YUYU TONGXING

张 渊 王 宁 著

黄河出版传媒集团
阳 光 出 版 社

图书在版编目（CIP）数据

微光引航　与语同行：基于新课标理念的语文教学实践与重构 / 张渊，王宁著. -- 银川：阳光出版社，2023.12

ISBN 978-7-5525-7186-8

Ⅰ. ①微…　Ⅱ. ①张…　②王…　Ⅲ. ①中学语文课－教学研究　Ⅳ. ①G633.302

中国国家版本馆CIP数据核字(2023)第248674号

微光引航　与语同行：基于新课标理念的语文教学实践与重构

张渊　王宁　著

责任编辑　林　薇
封面设计　石　磊
责任印制　岳建宁

黄河出版传媒集团
阳光出版社　出版发行

出 版 人　薛文斌
地　　址　宁夏银川市北京东路139号出版大厦（750001）
网　　址　http：//www.ygchbs.com
网上书店　http：//shop129132959.taobao.com
电子信箱　yangguangchubanshe@163.com
邮购电话　0951-5047283
经　　销　全国新华书店
印刷装订　宁夏凤鸣彩印广告有限公司
印刷委托书号　（宁）0028358

开　　本　710 mm × 1000 mm　1/16
印　　张　20.25
字　　数　280千字
版　　次　2023年12月第1版
印　　次　2023年12月第1次印刷
书　　号　ISBN 978-7-5525-7186-8
定　　价　46.00元

序

当张渊老师为我们的书命名为《微光引航，与语同行——基于新课标理念的语文教学实践与重构》时，思绪在感今怀昔中回味着张老师的良苦用心。在新时代行进于教学之路上的语文人，会不会在自己构建的教育谜团中失去了方向?

灯半昏、月半明时的美好，源于微光在线。2022 年 9 月新课标开始实施，教育的天空又以它的多样性展现在广大教师的面前，“大单元教学”“整本书阅读”“学习任务群”“情境化学习”“项目化学习”“跨学科学习”等一系列新的词语出现在语文人的理念里。随着新课标在各类平台中的解读以及走在教育前沿的实践者倾囊相授，新课标下的语文教学以动人的样子，出现在我们的课堂。

本书在张渊老师的指导下精析教育理论及教学案例，聚焦新课改新课标下语文教学基本规律，坚守语文学科育人的本质要求，贯彻语文核心素养，将教学中的要素进行整合分析，帮助教学实施者主动构建语文学科知识、能力、素养框架，在积极的策略实施中培养学生正确的世界观、人生观、价值观，必备品格和关键能力，落实立德树人的根本任务。其中教学案例来自实践领域的鲜活经验，散发着一线教师创造的气息，给新课改下的课堂带来了新的方法，为“语文学科实践”提供了可以借鉴的策略，展现一线教师在教学实践中理解文本、运用文本进行教学的过程。

本书的设计思路是以理论思考引领初中语文阅读教学的实践与建构，在新课标指引下开展初中语文教学全新的实践与创新，在理论学习与语文实践的共同作用下，援引学生在语文学科中的收获做结尾，旨在体现新时代语文教师运用语文学科指引学生成长，展现语文学科育人的特点。

本书指导教师张渊对初中语文教学有着独到的见解。近年来，张老师一直引领青年教师紧跟时代的步伐，不断推动语文人深入课堂，积极践行语文学科育人的新理念，开展了丰富多样的研究活动，给广大语文学科教师带来了深远的影响。

向阳而生，逐光而行，心有暖阳，行色匆匆的人生之旅相遇热爱的语文，个体融入了群体，就像水珠融入了大海，永不消亡，向阳而行，直到遇到指引我们前行的那束光。愿此书能协诸君辨方向、明路径、助成功。

最后还要衷心感谢黄河出版传媒集团阳光出版社的责任编辑，有了她的热心帮助，本书才得以顺利出版发行。

热切期待各方专家和同行不吝赐教，真诚希望广大师生用阅读、对话和批评指正的方式与我互动交流。

王宁

2023 年 9 月 8 日

目录

contents

成长创新篇

附录

理论引航篇

新课改下的语文教学认知

从小深受爷爷的影响，知道“当先生”是爷爷最想做的事情。在我心中——会画画、会讲故事说书，能写一手妙字，被族中人敬重的爷爷，他想做的事情一定是顶重要、顶有意义的事情。于是，一个“当先生”的理想种子在我的心中悄然种下。

几年后，我在刻苦研读中送走了少年时代，迎来了青春年华。2006 年 6 月底，在高考志愿一栏中，我慎重地选择了师范专业。2010 年 7 月，我成为榆林市的一名语文老师，在这个讲台上倾注着自己对教育的热情、对学生的热爱。2011 年 8 月，通过全国教师选拔，我成为宁夏回族自治区中卫市中宁县某校的一名语文老师，在那里一干就是四年。在这四年中，我兢兢业业地耕耘在教育这一方热土之上。2014 年 8 月，我选调来到了银川北塔中学，在这里又开启新的征程。面对变革迅速的社会环境，社会对教育的要求也越来越高，我认识到自身还存在一定的不足，要适应教育的发展，必须不断提高思想认识，完善自己，学会学习，学会创新，学会适应社会的发展要求。

曾记得，教学的迷雾从 2016 年 10 月开始越来越浓，使我无法看清课堂如何建构，内心的苦闷带着头顶的乌云常常压得我脑袋有千斤重。跟教学中的前辈交流，才知这也是一件好事，明确自己已经进入教学思维的转型期。前辈们告诉我，如果可以突破这一教学瓶颈期，就有可能在教学上获得大幅度的成长。

我怀着焦急的心情，期待自己能够破茧成蝶，但故步自封又使我一直难以破茧而出。站在教学的岔路口，迷茫的我不知何去何从。2016 年 11 月 8 日到 11 月 11 日，第五届“中语杯”青年教师课堂教学大赛在江苏南通举行，校领导洞悉了我的困境，马楠校长对我说：“你积极地呈现自己的课，这很好，可以通过这次机会再多学习。”带着领导的叮嘱，我参加了本次大赛。活动中我认识到，一堂好的语文课，从教学行为上来看，应该具备这样一些要素：要有语文人的大情怀，推而广之，要有成人世界的大情怀。这种大情怀外化为课堂行为，就是对课堂上学生学习行为的理解与包容，对课堂气氛的和谐美好性的营造，对学生情感态度、价值观的培养。比如，在课堂上，学生的学习行为表现不佳（最主要体现在听讲的不专注），面对这样的问题应该怎样处理呢？众位参赛老师均能以智慧的方式处理，他们或在讲解文本时看似无意地走向这类学生，或在小组讨论时给予这类学生以有益的指导，有时肢体的轻轻触碰也能让精神已经游离的学生重新回归课堂。

在常规课堂上，我们还会碰到曾经多次讲解的内容，学生仍有未掌握的情况。这种情况的产生，一方面是因为学生课下懒惰不愿意总结；另一方面是因为学生与老师的语言系统及表达习惯存在不一致，或许我们在讲解时学生本身就未能听懂。面对这样的情况，与其一味指责，不如自我调整，使自己的语言更丰富，能针对不同学生选取不同的表达方式。

总之，在生动的课堂、亲切的语言、呵护的氛围中，学生更容易吸收课堂上的有效信息，自我提升。

在新课改下，要允许课堂有停顿。允许课堂有停顿，这是我在本次活动中的最大收获。记得姚春玉主任曾这样开玩笑：“宁子是个穿着高跟鞋都要跑着走路的人。”是啊，我是个典型的急性目标导向者，若设定好目标，在实施过程中，往往急于追求实现目标的速度，而忽略目标的实现是需要循序渐进的。这一点在生活中还好，顶多使自己成为一个只会走路，却忘记看路边风景的匆匆过客，可在教学方面，却使我一度陷入困境。

记得刚踏入教师岗位，我与同学科的教学前辈窦老师谈我的教学困惑时说：“当我的学生太累了，每天要做大量的语文习题，还要听我处理习题。当你的学生就很轻松，没有大量的作业，学业成绩还不低。”前辈回答：“在你的课堂上，学生并不会感到累，你语速均匀，缓急有分，不会有‘大珠小珠落玉盘’的乒乒乓乓之感。”这使我一度以为自己的课堂节奏把握得比较到位。

第一次怀疑自己的课堂节奏，是听了带本班英语科目的高林老师的观摩课。她在课堂上用时十多分钟，让学生一对一地全班训练，当时就觉得这样不怕课堂内容进行不完吗？真正肯定自己的课堂节奏太快，是在听了马楠校长呈现的地理课，以及多位老师的公开课后。有了这样的认识，便在自己的课堂建构中，有意地去注意课堂节奏的把握。但课堂节奏的巧妙把握在实施过程中确实困难重重。然而，在那次赛课活动中，河北省沧州市参赛选手对课堂的把握能力，着实让我认识到：一堂好的语文课，课堂节奏不是由教学目标决定的，而是由学情决定的。比如，该老师在《秋天的怀念》一文中，需要一位学生有感情地朗读——母亲扑过来抓住我的手，忍住哭声说：“咱娘儿俩在一块，好好儿活，好好儿活……”很不巧请到的这位同学读得平淡如水，随后老师引导学生要读出焦虑、不舍、担心之感，可是引导后这位学生也并未实现声音、情感与这段文字完美地结合。这时，老师为这位同学创设情境，他说：“你想想备受母亲疼爱的儿子因病痛要放弃自己的生命，一个勤劳朴实又关爱儿子的母亲扶着儿子的双臂说了上面的这段文字。”然后老师要求学生自己用左手握着右手，再来读此句。因有这样的引导，学生的朗读陡然充满了关爱的酸涩，同时也把这种情绪带给所有的听众，赢得了台下响亮而持久的掌声。我想这就是课堂的节奏。语文课堂要以培养学生良好的学习习惯为起点。

正是基于这一点，众多参赛老师均十分注重学法的指导。比如，湖南省岳阳市的李老师在教授《鸟》一文中，要求学生“在默读中，寻找文章写了哪些鸟？作者是从哪些角度来描写的”？李老师运用PPT展示了默读的含义与要求——不出声，不动唇，不指读，不回看。在品析语言时，李老师先摘录了文中的经典语段：“黎明时，窗外是一片鸟啭，不是叽叽喳喳的麻雀，不是呱呱噪啼的乌鸦，那一片声音是清脆的，是嘹亮的，有的一声长叫，包括着六七个音阶；有的只是一个声音，圆润而不觉其单调，有时候是独奏，有时候是合唱，简直是一派和谐的交响乐。”随后引导学生从修辞、词语结构、标点符号、语言的情味等多个角度赏析这段文字。最后为学生介绍这种品析语言的方法叫作“摘录与品读法”，并要求学生在听读全文后，用“摘录与品读法”向全班同学推荐“自己在全文中最喜欢的词语或句子”。

再比如，广东省东莞市语文教师授课《卖油翁》一文时，运用“成语印证法”帮助学生掌握文中“善”“释”等文言词汇。她为了让学生更好地理解“善”的含义，把“尧咨善射”与“英勇善战”以PPT的形式呈现出来，帮助学生理解“善”为“擅长”的意思。我们可以看到，这种教学方法把晦涩难懂的文言词汇变得通俗易懂，抓住学生由易到难的认识规律，并把“成语印证”这种学法带给每一位学生。语文课堂的学法指导，以及学法的应用已经充盈于整个教学活动中，使语文教学真正地走向“教是为了更好地实现不用再教”。

关注课堂积累，注重操练与生成。针对这一观点，福建省三明市语文教师给我留下了深刻的印象。她在呈现《梵天寺木塔》这一文本时，整堂课只用了两张幻灯片。当时我觉得这个老师胆子真大，心也忒宽了，在这样的全国大赛中敢这样处理。然而，正因为她这样简单的多媒体应用，提供给每个学生展示自我的机会，老师完全退居幕后，所有的知识都是课堂上即兴生成的，看不到老师任何强加性的、生硬的知识灌输，一种活泼自然的教学氛围感染着在座的每一位师生。

注重语文课堂的美感。首先，注重语文课堂的音乐美，抓住难点多方位攻克。陕西省旬阳市语文教师在授课《鸟》一文时，为了让学生感受作者的情感变化，她撷取了“窗外是一片鸟啭……”改成诗的语言让学生品读，以“教师起读－男读－女读－师生共读”再品析，让充满情感的琅琅书声萦绕课堂，中华语言的精妙让听者回味无穷。其次，注重语文课堂的形式美。教学模式的特定应用往往会使课堂缺少美感。我们语文教学常常从字词入手，或从作者开始，这样的既定模式破坏了文章的美感。在这次活动中，专家们给出了这样的建议：最佳的文本解读应该是直接进入文本，不用每课都“知人论世”，我们只要知道这个鸡蛋好吃就行，不用过多地追溯这个鸡蛋是哪只鸡下的。除了注意切题要美，板书的图画美也会为一堂课的美感增色不少。

在随后的日子，我渐渐地喜欢去研究教学与学生之间的关系，努力去探求怎样成为一名合格的语文老师。在我执笔的《初中语文课堂的诗意与务实关系》中提到：在初中语文教学中，将诗意与务实应用在教学各个环节，引导学生主动学习语文知识，从中形成良好的思维品质。诗意的课堂环境，可以提高学生学习兴趣，能够实现务实教学。在语文教学中，采用多种教学手段，为学生构建诗意的课堂，提升学生学习积极性，使学生主动参与课堂活动中。务实高效初中语文课堂构建策略问题，我认为高效务实课堂氛围的构建，可以提高学生学习效率，能够激发学生学习动力。课堂教学中，重视诗意、务实课堂的构建，鼓励学生积极参与学习中，以此提高课堂教学质量。

我也会关心语文教学的趣味性问题。在《初中语文教学的趣味性提升策略探讨》一文中，我曾有过这样的表述：兴趣是最好的老师，在初中语文教学中激发学生语文学习的兴趣是学好语文的关键。在语文教学过程中应该让学生感觉到充满“趣味性”，如果语文教师将语文课堂设计成为充满趣味性的课堂，将学生的学习兴趣充分激发出来，使学生在学习的过程中充满激情、充满乐趣主动投入到求知中来，将会显著提升教学效果，促进语文教学目标的达成。近年来随着新课改的实施，大多数教师都致力于转变传统的课堂教学模式，进而促进课堂教学有效性的提升。

随着信息技术的发展，多媒体技术已经应用于各个学科的教学中，并取得了显著的成效。我积极探索多媒体与教学的关系，明确了多媒体以丰富的资源及信息量，集图、文、声、视频于一体，更加直观生动地将知识以真实的画面呈现于学生的眼前，刺激学生的感官，使其更加积极地投入到学习中来，提升了语文课堂教学的趣味性，促进语文教学的有效性。例如，在进行《背影》的课堂教学时，就可以应用多媒体，为学生展现文中所提到的关于父亲背影的画面："父亲买橘子时背影混入来来往往的人群里；那肥胖的青布棉袍黑布马褂的背影。"同时再配以文字进行说明，帮助学生进一步理解这篇散文，体会作者分别的悲伤之情以及作者对父亲深深的思念之情。这样利用多媒体课件进行情境创设能够将学生带入文章的真实情境之中，使其得到更加真实的情感体验。这种方式既提升了语文课堂的趣味性，同时又促进了学生对课堂内容的深入理解。

随着对教学的不断理解，我渐渐地认识到对学生的管理也很重要，因此翻阅了大量的书籍资料，形成了自己的语文管理模式，即分层教学。并形成了这样的一些认识：在初中语文教学中，必须有效提高学生的语文素养，而学生思维能力和语文基础存在客观的个体差异，通过分层教学，能有效调动不同层次学生学习的积极性和主动性，激发他们的学习兴趣，让他们成为真正的学习的主人，才能最大限度地提高他们的语文素养。因此，实施分层教学是素质教育以人为本理念的具体体现。

教学之路任重而道远，不知何时教学的迷雾还会重现，但我知道，这一路有你们，这条漫漫的修行之路，纵然荆棘满地，又有何惧！借用鲁迅的一句话与大家共勉，"无穷的远方，无数的人们都与我有关"，带着无尽的快乐一路前行。

新课标背景下的语文教学

新课标“新”在何处？党的二十大提出：实施科教兴国战略，强化现代化建设人才支撑。当前的教育改革形势：办好人民满意的教育，以人民为中心，在公平上持续用力，不断提高人民群众对教育的满意度。遵循教育规律，全面提升育人质量，深化新课程改革、教育教学改革、教育评价改革。加强教师队伍质量建设：教师要面向全体、因材施教、守正创新、锐意改革。

新课标是指导具体教学行为的思想依据，是实现育人目标的重要载体，也是教材编写、教师教、学生学、质量评价的直接依据。新课标实施的指导思想有其顶层设计：“全面贯彻党的教育方针，落实立德树人根本任务，发展素质教育，推进教育公平，培养德智体美劳全面发展的社会主义建设者和接班人。”

新课标的实施适应“时代要求”，让所有的孩子从“有学上”到“上好学”，解决了当前存在的“教学的深度与广度缺少科学依据，课程实施要求不够明确”等问题。

这里有几个重要概念：

“六个下功夫”：坚定理想信念；厚植家国情怀；加强品德修养；增长知识见识；培养奋斗精神；增强综合素质。

“改革目标”：全面育人，面向全体；素养导向，加强综合；突出实践，减负提质。

“三个导向”：目标导向——三大文化（传统文化、革命文化、社会主义先进文化）；三有新人（有理想、有本领、有担当）。

问题导向——一体化设置，学段衔接，提升科学性、系统性；细化育人目标，明确实施要求，增强课程指导性、可操作性。

创新导向——育人方式，核心素养，优良传统，国际视野，中国特色。

新课标的几个概念：

“课程理念”：价值引领，以文化人；素养为纲，任务导向；立足生活，实践主线；强调情境，统整主题。

“课程性质”：工具性、人文性；语言文字运用；推广普及国家通用语言文字；综合性、实践性；增强凝聚力，铸牢中华民族共同体意识。

“主要内容”：课程目标（文化－语言－思维－审美）；课程内容（三大主题＋六大任务群）；课程结构（基础－发展－拓展）；课程实施（学业质量＋实施建议）；课程评价（作业＋考试评价）。

“实施要求”：增加课程标准编制、教材编写基本要求；明确课程实施职责、制度规范；明确教学改革方向和评价改革重点；对培训、教科研提出了具体要求；健全实施机制，强化监测督导。

“强调创新”：实践活动（识字写字，阅读鉴赏，表达交流，梳理探究，经历发现问题、解决问题过程）；综合学习（任何一项创新、任何一个问题解决都不是单一知识、单一学科能完成的，一定是知识的综合运用，主题式、项目式、单元式等）；评价改革（强调素养立意，创设情境，在完成任务中考查问题解决能力，在问题解决中考查价值观念、思维方式等，过程性评价、表现性评价，跟踪学习态度、学习方法，引导全面发展，不再局限于考多少分）。

义务教育语文课程标准的核心内容：

课程理念：立德树人、核心素养。

学习任务群：阶段性、发展性。

课程内容：时代性、典范性。

课程实施：情境性、实践性。

课程评价：过程性、整体性。

此外还梳理了“六大任务群”的核心内容：

基础型：语言文字积累与梳理。

发展型：实用性阅读与交流、文学阅读与创意表达、思辨性阅读与表达。

拓展型：整本书阅读、跨学科学习。

在具体教学实践中，如何落实这“六大任务群”呢？

在四大“核心素养”里，“语言运用”是基本任务，“文化自信”是重要任务，“思维能力、审美创造”是必要任务。在教学中，要从“语言运用出发，相机开展文化自信、思维能力、审美创造教育”，最后必须回到“语言运用”上。

温儒敏教授谈到“语文核心素养”如何落实的问题，他提出“以一带三”：“语文核心素养”所包含的四个方面，怎样才能转变为一线教学具体的可操作的内容？对此，笔者认为可以用“以一带三”这四个字来概括。“一”是“语言运用”，“三”是“思维”“审美”和“文化自信”。语文教学必须以“语言运用”为本，这是出发点与落脚点，通过“语言运用”的教学，把其他三方面（还可能有其他方面）“带”进来，彼此融为一体，在不断地语言实践中得到综合提升。

“语文核心素养”的四个方面不是并列的，不该一项项分开来完成。有些教师在备课时把每一单元都和核心素养四要素一一“对标”，是没有必要的。应当坚持“语言运用”为本，整个教学过程都把“语言运用”的学习作为教学任务，同时“以一带三”，很自然地、综合地用语文课特有的形式去达成各项素养的学习指标。具体到每一单元，或者某一课，“以一带三”的“三”（还有更多方面）也并不一定面面俱到，而应当有重点。语文教学的重点依然是“语言运用”，这是学好语文的根本所在，是语文学习的“基本任务”，其他的素养都要借助“语言运用”来落实，如果不重视“语言运用”，那么语文课就会上成思政课、逻辑课，或者其他什么课。

课改热后的冷思考：所谓大概念、大情境、大单元等新提法，可以实验，但不能极端化。有教师说，现在上竞赛课不搞大单元、不搞群文阅读就不好意思，其实完全没有必要。整本书阅读也不宜强调过头，不能以整本书阅读的名义，冲击其他单元的单篇教学。

“教法”就是“活法”，用生命来教语文的观点，其实就是在语文教学中融入“核心素养”的要素。

语文的“变”与“不变”。语文的“变”指的是：课程理论、教育理念；教学设计、教学方法。语文的“不变”指的是：掌握语文工具，熟练听说读写，丰富精神世界，提高文化素养。语文作为一门工具学科的性质是不会变的；语文的听说读写训练目标是不会变的；学习语文可以丰富精神世界，提高文化素养的作用是不会变的。“好课的标准”是不变的——“心中有数”（教学设计）；“目中有人”（教学过程）；“手下有招”（教师素养）；“学生有得”（教学效果）。“教育”的美好情怀是不变的——教育是唤醒，是点燃，是激发和鼓励！教育的根本任务是不变的——“立德树人，培根铸魂，是启智增慧，强调德智体美劳全面发展”。

“考试改革理念”：用考试“指挥棒”引领素质教育；转变育人理念与评价机制；相信每个学生都是独一无二的；克服“唯分数”的顽瘴痼疾；让考试回归课堂，回归教材；让校外培训班失灵失效；降低试题难度，增加宽度与广度；通过考试，让学生有获得感，教师有成就感，家长有满足感。这种种“理念”的背后，是对“人”的尊重，是对家庭的尊重，是对教育的美好未来的期待！几乎所有的中考高考试题都关注到了“教考衔接，同向同行”：试题适度关联教材内容，选材与设问从教材合理迁移，考查知识积累的广阔度与应用的灵活度。试题材料亲切平实，问题设置清晰平和，考查内容全面平衡。深化基础，注重课堂学习；强调能力，注重融会贯通；创新题型，注重学以致用。

“用考试指挥棒引领素质教育”，考试内容要“改变相对固化的试题形式，增强试题开放性，减少死记硬背和‘机械刷题’现象”。

“新时代语文教育”的核心理念是不仅要培养学生对国家通用语言文字的热爱，培养正确理解和熟练运用的能力，还要让他们具有远大的理想、宽阔的知识面、深厚的文化素养、敏锐的观察力和较强的创新能力。要学会在“变化”中找准“不变”的东西，才能真正抓住语文的根与魂。

怎样才能学好语文？

三个秘诀——读好三本书、写好两篇文、养成四个好习惯。

读好三本书：有字之书、无字之书、心灵之书。读“有字之书”的方法：精读，略读，浏览。读“无字之书”的方法：动手，动嘴，动脑。知行合一，把书本知识和社会实践结合起来，不能学古代做“书呆子”或“两脚书橱”。读“心灵之书”的方法：包括书本上的，如文学作品中的爱恨情仇、人情冷暖，也包括现实生活中的世间万象、真善美与假恶丑。

写好两篇文：写好“规矩文”，重在打基础。要求练好基本功，要在教师指导下进行。写好“放胆文”，更能见才气。鼓励学生能够放飞自我，大胆想象，各呈创意，各展所长。比如，黄厚江老师提出的指令性写作与自由式写作。

养成四个好习惯：一是享受阅读的习惯，阅读方法有拿来主义法、雁过留痕法、随心所欲法。二是善于思考的习惯。三是乐于表达的习惯。四是自主学习的习惯。

归结起来，我认为语文教育既要“实”又要“美”。语文教学是“实”的，实在的语文教学就是紧贴“语言运用”，在日常教学中要紧紧围绕“听说读写”训练学生的基本能力。语文教学还是“美”的，这里的“美”是“核心素养”中的审美创造。语文的“实”与“美”和语文的“工具性”与“人文性”也是协调统一的。首先唤醒学生学习语文的热情，并持续不断地坚持下去，培养其终身热爱语文的习惯。以“语言运用”为基础，在日常的语文教学中融入其他的“核心素养”，最终培养学生综合素养能力。做一个有教育情怀的语文老师，唤醒学生热爱生活、热爱生命的思想意识，用自己的生命状态影响学生的生命状态，“用生命影响生命”。新课标不是一个“死”的理论，用它指导语文教学，这真是一个纲领性的引导语文教学的“纲”，是旗帜，是航标，是指路明灯。教学要有法，更要有自己的方法。我们每个语文教师在教学中要有自己的读书法、教学法，以“新课标”为标，以语文教学为帆，驾驶着自己的语文之舟继续乘风破浪，享受语文带来的幸福。

课堂教学改革的六大趋势

张渊老师以《课堂教学改革的六大趋势》提醒广大青年教师关注课堂。在此文中张老师认为：课程改革有着相对统一的模式，需要充分理解和强力执行；教学改革存在着无数种可能，需要勇敢尝试和科学创新。在课程改革进入深水区的今天，教学改革的成功与否，既决定着课堂教学效率的高低，也决定着课程改革是否在课堂中能够生根发芽。

在分析课堂教学涌现出来的各种模式，透视课堂教学现象的基础上，可以把当前课堂教学改革的表现做如下总结。

让学生参与课堂

要让学生参与课堂，就得让教师让出课堂；虽然要教师让出课堂，但教师仍然是课堂的组织者。所以，让学生参与课堂最大的阻力，并不在于学生是否愿意参与，而是教师如何从课堂主导者转换为课堂组织者。这并不是教师教学能力的提高，而是教学能力的转换，前者只要努力就可以实现，后者需要重新学习才能实现。很有意思的是，在教师课堂主导能力越强的地方，教师更愿意也更有实力来捍卫现状，因此要实现这样的转换更加困难；在教师课堂主导能力越弱的地方，教师在学生不参与课堂或者在课堂上不学习的现状面前，不得不改变这种教师主导课堂的现状，反倒成了实现这种转换的突破口。

至此，我们就不难理解，为什么在21世纪初的教学改革大潮中，真正的领军学校并不是老牌名校，反而是像杜郎口中学等传统意义上的薄弱学校。

在那些老牌名校里，尽管教师主导课堂并不是理想的课堂教学模式，但由于教师有较强的主导能力，要么可以用权威要求学生听课，要么可以用魅力吸引学生听课，再加上学生也有更佳的学习能力和学习主动性，所以他们的课堂病态并不明显。

可真到了传统意义上的薄弱学校，教师主导能力弱一点，学生忍受能力也弱一点，当课堂中总是有三分之一的学生睡觉时，如何吸引学生真正参与课堂，就成为教学改革的头等大事了。

让学习主导课堂

“小呀么小二郎，背着那书包上学堂”，尽管这样的儿歌还在传唱，但学堂却已经杳无音讯了。学生到课堂是来学习的，教师到课堂是来教学的，究竟是教学主导课堂还是学习主导课堂，本来应该由教育目的（实现学习目标）决定的，但最终却采纳了谁强就由谁主导的原则，课堂很自然就成了教师主导、教学主导、教学目标主导的现状，学生、学习和学习目标反倒成了工具。

韩愈对师者的定义是“传道、授业、解惑也”，当学生只是被动地向教师学习时，只存在听得懂还是听不懂的问题，学生自己是难以形成困惑的。

事实上，没有学生的学，教师的教也就无从谈起。只有学生学习了，才会在学习过程中产生困惑，只有学生有了学习的困惑，教师的教学才有针对性，这就是皮之不存毛将焉附的道理吧。

先学后教，才会让教有针对性；以学定教，才会让教有有效性。在教学改革走在前沿的课堂里有着一个相同的原则，那就是教师教学的时间是可以想方设法压缩的，与之相应，学生学习的时间却是要给予保障的。

而且，让学生在教师教学之前，就主动地学习今天的教学内容，也成为课堂教学的一大亮点。

诚然，学生的学习问题，学生的学习困惑，只能在学习过程中暴露出来，只能在学习过程中形成，而不是在教师的课堂提问中产生。

学生的学习问题和学习困惑暴露出来后，究竟应该由谁解决，究竟应该怎么解决，这就成了另外一个问题，至少我们在学生学习过程中获得了真实的学习问题和学习困惑。

有效组织课堂

不管是知识的丰富程度，还是教学经验的多与少，教师总是比学生要强一些的，将教师与单个的学生相比，我相信教师肯定是占优势的；但如果将教师与学生群体相比，说教师一定比学生群体的知识要丰富，一定比学生群体更擅长于教学生的知识，那还真要打一个问号，毕竟“三个臭皮匠抵一个诸葛亮”。

因此，教师并不是把课堂还给学生就行了，还需要有效地把学生组织起来，充分利用同学之间的学习资源，营造互帮互助共同受益的学习组织和学习氛围。

课堂中的学生并不是孤立的个体，他们相聚在课堂之中，那就意味着他们应该是一个被联合起来的群体，他们共同的任务就是学习；事实上，也只有联合起来的学生群体，才会在学习知识的路上取得可喜的成绩。

在义务教育全面执行学生就近入学政策之后，班级学生间的水平差异拉大了，传统课堂以分层授课为主的模式迎来了强大挑战。

学生间的水平差异究竟是课堂教学顺利实施的障碍，还是提高课堂教学效率的资源，或者说如何实现从前者向后者的转换，是教学改革不得不解决的课题。

要在课堂教学中把学生水平差异视为教学资源，就得采用“让学生教学生，让学生帮学生”的方式，让学生“在课堂学习中学会团结、在课堂团结中学会学习”。

在教学改革中起着引领作用的学校，都在班级学生组织中下足了功夫，广泛采用了合作学习和分组教学的方式。合作学习和分组教学的模式，为那些先懂的学生提供了讲解知识的机会，让他们既巩固了已经掌握的知识，又锻炼了自己的表达能力；为那些后懂的学生提供了向身边学友学习的机会，这种机会比教师的讲解往往更加地“贴肉”。

完善学习过程

一想到课堂教学，就自然地想到教师在教室中上课；一想到学生学习，就自然地想到学生在教室中听课。

像这样理解课堂教学，在很久以前应该说还是基本到位的，但现在再去审视在教学改革进程中的学校时，就会发现这样的理解实在过于狭隘。

教师要在教室中上好课，这肯定是重要的，但只是在教室中上好课，却远远不够。从一堂课到一个单元，从一个单元到一个学期，从一个学期到一个学科，中间的路程还很艰难，但至少从一堂一堂的课，到一个单元一个单元的教学，已经成为这轮教学改革的主旋律了。

这不仅仅是教学改革的主流思想，也是课程改革深入课堂教学的象征，是教师在课堂教学中不自觉地应用课程理念的表现。对学生来讲，把学习视为听课，或者把学习视为练习，这不仅仅是狭隘地理解了学习，可以说是完全错误地理解了学习。

对于今天的学生，有几位会在做家庭作业前把老师今天讲的知识看一遍呢？又有几位会把家庭作业做完后再把老师明天要讲的知识看一遍呢？把老师今天讲的知识看一遍，这叫复习；把老师明天要讲的知识看一遍，这叫预习。

遗憾的是，原本非常正常的，也是应该要做到的复习和预习环节，在今天却变得异常珍贵。

正因为学生在学习过程中缺少了复习的环节，所以在教学改革中才听到那么多的“堂堂清、周周清”的做法，虽然这样的做法并不能替代学生的复习，但这样的做法有总比没有更好。

正因为学生在学习过程中缺少了预习的环节，所以教学改革中如此强调

“先学后教”，如果大家都有了课前预习，自然就不需要在课堂教学中强调“先学后教”了。

现在学校里普遍提倡的“导学案”，就力图解决学生没有预习的缺憾。但事实上，导学案的确可以解决学生没有预习而产生的知识问题，也就是让学生在导学案的引导下，获得去上课的前提性知识；但导学案仍然没有解决学生主动去学习，尤其是主动参与课堂学习的问题。

预习之所以重要，不仅仅是为后面的学习提供知识基础，还在于预习是学生主动学习的起步，只有有了这个起步，学生才会对整个学习过程负责任，因为学习过程是他启动的，他才能够意识到学习是属于自己的，而不是在帮老师的忙。

增加课堂的吸引力

如果学生在课堂上睡着了，我们的第一感觉就是这个学生太不像话，既对不起自己的学习，又没有尊重教师的劳动成果。可是，当我们静下心来想想，学生为什么会在课堂上睡着呢？第一种可能是学生自己想要睡觉，所以他就主动地睡着了；另一种可能是学生被课堂催着睡觉，所以他就被动地睡着了。

前一种情况证明学生在课堂上没有自制力，后一种情况证明教师在课堂上没有吸引力。

长期以来，我们都在指责学生没有课堂自制力，却发现这种指责并没有产生多大的效用。于是，在课堂教学改革中，有不少的学校尝试通过提高教师的课堂吸引力来解决这个问题。

在今天，虽然教学仍然是为了传授知识，却离照本宣科的教学形式越来越远，教师不仅要知道自己在教什么，还要关注自己的教法是否能够引发学生的学习兴趣，能否维持学生的学习兴趣。

在课堂上讲授教学内容时，一定要用多种表现形式来呈现教学内容，尤其是要将抽象的教学内容与学生具体的现实生活联系起来，看起来是为难了教师，有点强人所难的味道，实际上是以此提高课堂吸引力的重要举措。

此外，还要求教师在课堂教学中使用多种教学手段，尤其是要借用现代教学技术，实现信息技术与学科课程的有机整合，从而让学生能够更轻松地理解学科课程，也为了让课堂教学因融入信息技术而变得更富有现代气息。

由于提高课堂吸引力只是让学生更乐于上课，并不是学生上课的目的，所以大家容易把它理解成教师的课堂作秀。

事实上，就连教师自己也很难区分，自己究竟是在课堂作秀，还是在提高课堂吸引力。在公开课中，往往把教学中使用的教学手段有几种、教学中是否使用多媒体技术作为考核的指标，这种为了使用教学手段而使用，为了使用多媒体技术而使用，的确成了课堂作秀。而课堂作秀，也是对教师提高课堂吸引力最大的指责。

拓展课堂教学宽度

要让学生考得好，就得让学生学得多，而“学得多”在特定学科里，因为学生学习学科知识的边界已经划定了，所以“学得多”和“学得深”基本上是同义词。

这么多年来，大家都把学科知识学得深和学科考试考得好相等同，导致出现了教学中喜欢教那些偏、难、繁、杂的知识，道理很简单，其他教师都教过的知识，自己是一定要教到的，但这并不能保证自己的学生比其他教师教的学生考得更好；只有教了其他教师没有教到的知识，才可能让自己的学生“出类拔萃”。

当教师努力地教偏、难、繁、杂的知识时，一方面自己教得特别的辛苦，另一方面教学内容越偏、越难、越繁、越杂时，跟着学的学生会越来越少。

大家都承认，学生不学那些偏、难、繁、杂的知识，是不大可能在考试中“出类拔萃”的。问题在于，这些偏、难、繁、杂的知识究竟是学生自己学会的，尤其是在学习教师所教知识还有余力的情况下学会的，还是教师费尽心思把学生教会的。如果是学生学会的，那就给学生预留时间，而且还要在自己教学生时，培育学生愿意去学习偏、难、繁、杂知识的兴趣；如果是教师教会的，不但教师自己要学到位，还要保证学生学到位。

当在教学过程中发现，知识总是学生学会的，而不是教师教会的时候，才发现曾经的努力并没有让更多的学生成功，而是让他们远离了学科学习。于是，降低教学内容的难度，让学生在学科学习上有成就感，给学生更多自主学习的时间，才是让学生掌握偏、难、繁、杂知识并取得好成绩的捷径。

拓宽课堂教学宽度，还在于大家越来越意识到，学生的成功并不是单一学科的成功，而是所有学科共同的成功。从高中来看，如果学生每个学科都能考到 70 分（假设学科总分为 100 分），那这位学生基本上就可以上重点大学了。难度不在于在哪一个学科上考到 70 分，而在于学生每个学科都要考到 70 分。

所以，今天的课堂教学已经不再是哪一个学科教师的课堂，需要学科教师走出自己的课堂，去配合与自己搭班的其他学科教师的课堂教学。当自己所教学科太好时，往往是孤军深入；当自己所教学科太差时，往往会伤筋动骨，两者都不是好事。要让学生全面发展，要让学生不偏科，这样的要求是针对培养学生的教师的，要达到这样的目标，就意味着学科教师之间要团结协作，要互帮互助。

教学有法，但教无定法。因此，只需能够有效地完成课程改革赋予的教学使命，只要能够有效地帮助学生达成学习目标，每一位教师都可以寻找与自己相适应的教学模式。在多种多样的课堂教学模式的背后，对课堂教学规律的遵循，对课堂教学发展趋势的把握都是不可缺少的……

聚焦群文阅读教学　提升学生核心素养

开展群文阅读教学，提升语文综合素养。

传统的阅读模式往往比较单一，会让学生感到枯燥无味，而群文阅读的趣味性相对更强，对学生的吸引力更大。教学中，教师通过有效引导，创造相对轻松、自由的阅读环境，能快速有效地让学生展开课堂探究，让学生在课堂中更喜欢表达自己的看法，畅谈自己的阅读感受，有利于提高他们的语言表达能力，开拓他们的思维空间，提升阅读能力和阅读品位，促进自身综合能力的提升，为语文核心素养的发展夯实根基。群文阅读教学不仅能帮助学生在短时间内快速接触大量的阅读资源，积累丰富的阅读经验，使学生养成良好的阅读习惯，提高学生的阅读和写作能力，还能培养学生归纳分析、综合运用的能力。教师应改变传统阅读“填鸭式”枯燥、简单的教学模式，充分发挥学生的主体作用，注重学生对文本的体验、思考，注重学生阅读感悟能力的提升，使学生真正成为阅读教学的主角，提高他们自主阅读的能力，让他们把阅读当作一种享受，而不是一种负担。

群文阅读这种全新的阅读模式，突破了传统阅读模式的限制，不断地对阅读理念进行改革和创新，通过多种方式对文本进行有机融合，既锻炼了学生提炼有效信息的能力，又提高了学生的阅读效率和质量，对学生语文阅读水平的提高起至关重要的作用。群文阅读属于多文本阅读，信息容量大，相比传统阅读难度更大，教学中可以让学生借助合作探究的方式来进行，这样可以让他们的阅读更灵活、思维更敏捷。学生通过对比求同存异、分析归纳，对文章的主旨会有更深刻的理解，从而激发阅读兴趣，促进语文综合素养的提升。

开展多视角群文阅读教学，让学生深入体悟文本的内涵。

同一主题的群文阅读教学。在群文阅读教学中，教师可以根据单元主题或整合不同单元相同主题的文章来进行教学，从而丰富自己的阅读体验。如《秋天的怀念》是教材中的精读课文，是一篇回忆母亲的美文，文章真情流露出对母亲深沉的爱，母爱是包容与理解，母爱是无私与忘我，母爱是至死难忘的牵挂，作者把母爱上升到了一种壮美、崇高的境界。而为了让学生更好地感受这种主题情感，笔者将泛读课文冰心的《荷叶·母亲》与课外阅读文章老舍的《我的母亲》同时进行比较阅读教学，让学生对母爱这一主题思想有了全方位、深层次的认识。《荷叶·母亲》中，作者通过描写大自然中莲在荷叶呵护下茁壮成长的场景，想到子女在母亲的关爱下快乐成长；《我的母亲》通过对母亲的回忆，让人深深感受到母亲对儿女的爱，儿女对母亲的感激、怀念之情。这三篇文章虽然写作手法不同，但主题相同，都写到了母爱，都流露出对母亲真挚的情感。通过群文阅读拓展延伸，让学生对以母爱为主题的文章有了更深刻的理解。在群文阅读教学中，教师要善于研究探索，精心挑选文章，对相同主题进行整合，多角度、多广度进行阅读教学，从而更好地凸显文本的主题，积极利用好课内外文本，实现课内外知识的相互交叉、有机统一。

同一作者的群文阅读教学。作家在自己人生的不同阶段都有自己独特的情感，而要感受这种情感，可以选取他们不同时期的文学作品一起进行阅读教学，让学生在比较阅读中仔细品味，感悟作者所要表达的思想。鲁迅是大家比较熟悉的作家，有许多名篇佳作，分布在不同阶段的教材中。由于他的作品大都蕴含着深刻的哲理，学生对他的作品缺乏完整的认识，这时如果有选择地将鲁迅的作品整合在一起，将有利于加深学生对作者生平、性格、思想的了解。笔者就尝试用《从百草园到三味书屋》《孔乙己》《藤野先生》几篇文章来开展群文阅读。《从百草园到三味书屋》作者以儿童的眼光来看世界，写出了在百草园中快乐的生活和三味书屋中无聊的生活，文章中流露出的童真、童趣，让读者看到了一个不一样的鲁迅；《藤野先生》通过回忆藤野先生，赞美了藤野先生没有民族狭隘性及他高贵的品质，让读者体味到鲁迅的爱国精神和高尚人格；《孔乙己》是鲁迅的得意之作，通过生动刻画孔乙己这个人物形象，看出作者对封建制度和腐朽思想的痛恨。这些不同的作品让人深刻地感受到了鲁迅性格的多样性，让鲁迅的形象在读者眼中更加真实、丰满。如果能把同一作者的文章放在一起相互比较，找出它们的共性，对把握文章内容、理解文章主旨都有很大的帮助，同时阅读中也能感受到作者的不同风格，有利于提高学生的写作水平。

同一写作手法的群文阅读教学。群文阅读不仅可以围绕某个主题来展开，而且能以同一写作手法来进行，进一步加深学生对这种写作方法的认识，掌握更多写作技巧，并更好地运用到日常阅读和写作中。例如，学习“讽刺艺术”这一手法时，对比和细节描写就是其最常见的手法。为了让学生更好地掌握这一写作技巧，教学时笔者就把九年级的《我的叔叔于勒》《变色龙》和《范进中举》这几篇文章来进行群文阅读。这几篇文章都采用对比手法来刻画人物的性格特征。《我的叔叔于勒》中菲利普夫妇对于勒态度的变化，凸显出人性的异化；《变色龙》淋漓尽致地刻画出了阿谀奉承、见风使舵的奥楚蔑洛夫沙皇走狗形象，通过对比写出他随着狗主人身份转变而立场不断发生变化；而《范进中举》通过胡屠户、张乡绅和众乡邻对范进中举前与中举后态度的对比，让人们感受到了人情的淡漠和世态的炎凉。而文章通过对菲利普夫妇、奥楚蔑洛夫、胡屠户等人物的细节描写，更进一步生动、形象地刻画出了这些人物的丑恶灵魂，强化了“讽刺艺术”的效果。这些文章巧用对比和细节描写手法入木三分地描绘出生活中的荒诞与丑恶，完美地体现了讽刺的艺术。可见，以同一写作手法为中心展开群文阅读教学，可以使学生理解和运用这一写作手法的能力得到巩固与提高，为阅读水平和写作能力的提升打下良好基础。

聚焦群文阅读教学，提升学生的核心素养。

聚焦核心素养，明确阅读目标。在组织开展群文阅读教学时，教师首先要为学生制订明确的阅读教学目标，以此引领学生的思想和行为，从而更好地构建学生语言系统，促进学生思维能力的发展。群文阅读教学中要以培养学生核心素养为目标，教师可以根据学生的不同情况制订不同的阅读目标，着力培养学生的语言能力和思维能力。阅读的最终目的是让学生多阅读、更好地阅读，思维得以发展，为学生语文核心素养的发展奠定良好的基础。教师在教会学生阅读技巧的同时，更要注重他们阅读能力和素养的提高。总之，教学中要从不同视角引领学生学习和思考，聚焦核心素养，拓展思维层次，从而更好地实现阅读教学目标。

激发阅读兴趣，培养阅读习惯。兴趣是最好的老师，学生自己感兴趣的东西，他们就会全身心地投入其中。当前，初中语文课堂阅读教学多数还处于单篇内容分析式教学，阅读教学仍是以教师讲授为主，教师指导更多是为了应付考试，忽视学生的阅读体验与感受。学生在课堂上总是被动地接受知识，这样的教学方式当然难以引起他们的兴趣，因此要改变以往的教学模式，从学生的实际需要出发，提高学生的阅读参与度，让他们在阅读中找到快乐。教师在教学中要善于运用各种教学手段创设良好的阅读情境，让学生养成热爱阅读的好习惯，不仅要“读进去”，还要能“说出来”，让他们实现从“阅读”到“悦读”的转变，让他们在相互交流中不断挖掘自己的潜能，激发阅读兴趣，感受群文阅读的魅力，体验群文阅读带给他们的帮助，从而真正爱上阅读。

丰富阅读内容，提高阅读质量。教学中有些学生对群文阅读缺乏兴趣，主要是群文阅读的内容不够丰富、形式单一，因此要选取贴近学生生活的阅读文本，不断丰富阅读文本内容。群文阅读不是简单、机械地把几篇文章拼凑在一起，而要精心挑选高质量的阅读文本。文本既可以是课内的，又可以是课外的，可以不同主题、不同风格。这些文章应是师生自主选择的，是教师喜欢的、学生感兴趣的，可读性要强，既适合体现文章的主旨，又适合培养学生的核心素养。丰富的阅读内容，能有效增加学生的阅读量，使学生的知识面不断得到拓宽，让他们对学习新知识充满渴望，为阅读素养的提升提供保障。因此，要注重群文阅读质量，提升群文阅读品位，打造高效群文阅读课堂。

指导阅读方法，提升阅读水平。从传统阅读到群文阅读，学生的阅读习惯、方式和理念等很多方面都发生了很大变化，因此，加强阅读方法的指导尤为重要。传统的阅读教学注重精读而忽视略读，注重教师讲读忽视学生自读，而群文阅读则要求教师根据教学内容和目标，有目的、有选择地指导学生采用精读、泛读、略读、浏览、跳读等不同阅读方法。阅读时可以快速阅读，快速梳理有效信息，做到“不求甚解”；也可以精准阅读，细细揣摩品味优美句段，学会“咬文嚼字”；还可以读写结合，畅谈自己的理解和体会。总而言之，只要有利于调动学生阅读的积极性，有利于提高学生的阅读水平，有利于促进学生语文核心素养的提升，不论什么方法都应该去尝试。

“五育融合”理念

张渊老师曾多次为工作室成员强调五育融合理念，教育部2014年印发的《关于全面深化课程改革落实立德树人根本任务的意见》中明确提出以立德树人作为中国特色社会主义教育事业发展的核心，实现学生自身全面发展。由此可见，教育的根本任务就是立德树人，新时代的育人理念的变革必将带来育人方式的变革，以适应时代的发展和国民素质提升的现实要求。

习近平总书记在全国教育大会上提出，要把立德树人融入教育各环节，贯穿教育各领域。初中学生正处于青春期，是身体、心理全面发展的关键期，也是学生世界观、人生观、价值观形成的重要时期，学校是培养学生的重要阵地，对学生德、智、体、美、劳全面成长起着举足轻重的作用。学校教育如何贯彻党的教育方针政策，如何将对学生的“五育”做到贯穿于学校教育的全过程、全课程中来，就成为育人的关键所在。

如何真正实现为党育人、为国育才的新时代教育要求？如何才能在教育中真正完成立德树人的根本任务？如何在课程教学中实现五育融合的教育理念？首先要明确几个问题。育人，育什么人？是育德、智、体、美、劳全面发展的人。在课程教学中完成这个任务也就实现了课程教学中立德树人的根本任务。那如何完成呢？就要在课程教学中探讨如何将“五育”融为一体，在课程教学中实现五育融合，也就完成了课程教学中立德树人的根本任务。在课程教学中，“五育”并不是割裂开的独立概念，而应该是相互融合、相互关联、相互支撑的，协同发展才能促进立德树人根本任务的实现，从而为党培养全面发展的合格的人，为国家社会主义建设培养健全的人才。

《义务教育语文课程标准》（2022年版）中提出，在基础教育中“坚持德育为先，提升智育水平，加强体育美育，落实劳动教育”的指导思想，提倡学生“做中学”“用中学”“创中学”的全新育人方式，强调了实践在课程育人中的重要作用。初中语文课程是一门综合性的课程，强调语言在真实情境中的实际运用，实践性较强。如何合理运用教材、发掘课程资源，将教材中的教学资源同新时代五育融合教育理念相结合，巧妙设计教学环节，结合学生实际，合理设计作业，在整个课堂教学中包括课前、课中、课后观察学生的不同反应，做到因材施教、推进综合学习，实现语文课程教学“教—学—评”一体化。引导学生乐于学习、善于学习、主动学习的积极性和良好习惯的养成，真正将语文课程中的知识教学同德育、智育、体育、美育、劳育结合起来，实现语文课程中五育融合，培养学生的语言能力、文化意识、思维品质和学习能力，从而实现学生语文学科核心素养的培养，完成语文课程教学中立德树人的任务。

作业设计要有创新意识

张渊老师在学生作业设计中为工作室成员提供了示范，下面是张老师《秋天的怀念》作业设计。

<table>
<tr><td>教师</td><td>张　渊</td><td>所在学校</td><td colspan="3">银川二中灵武分校</td></tr>
<tr><td>学科</td><td>语文</td><td>学　段</td><td>初中</td><td>年级</td><td>七年级上册</td></tr>
<tr><td>作品名称</td><td colspan="5">《秋天的怀念》</td></tr>
<tr><td>对应教学章节</td><td colspan="5">人民教育出版社统编版语文七年级上册第二单元第 5 课。</td></tr>
<tr><td colspan="6">作业设计</td></tr>
<tr><td colspan="6">作业所对应教学内容、教学目标解析：
1. 作业所对应教学内容解析。
语言建构与运用：重视朗读，把握文章的感情基调，注意语气、节奏的变化。在整体感知全文内容的基础上，体会作者的思想感情。思维发展与提升：有的情感显豁直露，易于直接把握；有的则深沉含蓄，要在整体感知全文内容的基础上，从字里行间细细品味作者的思想感情。审美鉴赏与创造：增进对语言文字的美感体验，感受和体验文学作品的语言、形象和情感之美。文化传承与理解：传承中华文化——孝。</td></tr>
</table>

2. 作业所对应教学目标解析。

作业设计针对学生对课文的整体感知，学习完作品后一定会产生心理的震撼，这是对课文的整体领悟，是学生通过直觉在较短的时间内对课文要点进行大体上的领会和把握，通过自己的主观认识，综合运用学过的各种语文知识和语感，对阅读材料进行宏观的理解。新课程标准强调："要让学生整体感知课文内容，对课文的整体感知应起到理解内容、明确主旨的作用。"在本文的学习过程中，引导学生理解到不只是表现母爱，更有儿子的悔恨和愧疚之情，这是作者（文本）表达的感情；理解到对生命意义的感悟，这是作者（文本）表达的思想，也是本课作业设计的重要依据之一。

3. 作业设计以学生为主体，运用自主、合作、探究的学习方式。

从有效教学理念出发，教学以教师为主导，以学生为主体，强调学习的自主性，始终把学生置于学习的主体地位，给学生足够的活动机会，并通过学生的沟通与活动展开指导。鼓励学生对课文的自我解读和个性表达，鼓励学生大胆质疑。探究获得一定的知识和技能，也有利于情感的体验、个性的张扬和创造精神的培养。

作业设计展示：

课前作业：（2 分钟）

任务一：根据拼音写出相应的汉字，或给加点字注音。

tān huàn（　　）　　qiáo cuì（　　）　　jué（　　）别

整宿（　　）　　仿膳（　　）　　豌豆（　　）

任务二：朗读分享。

课文第 1 段与第 3 段两次写到"我"与母亲的对话，与同学合作朗读揣摩人物说话时的语气，尝试分角色朗读，注意传达出"我"和母亲在两次对话中不同的心情。

课堂作业：（4 分钟）

任务三：学习补写。 文章中有这样一段话：别人告诉我，她昏迷前的最后一句话是："我那个有病的儿子和我那个还未成年的女儿……"请补写出母亲没有说完的话。 任务四：深度学习，重点句子赏析。 "又是秋天，妹妹推我去北海看了菊花，黄色的花淡雅，白色的花高洁，紫红色的花热烈而深沉，泼泼洒洒，秋风中正开得烂漫。"从盛开的菊花中你读懂了什么？ 课后作业：（9 分钟） 任务五：情境模拟。 又一年的清明节到了，来到母亲的墓前，请把"我"想说的心里话说给母亲听听吧！ 任务六：叠词赏析。 课文中出现了许多叠词，找叠词，试分析叠词在文中的作用。 任务七：拓展探究。 能否把题目《秋天的怀念》改为《怀念母亲》，说说你的理解？ 选做题：扩展阅读《我与地坛》《合欢树》《我二十一岁那年》
分享细节，进一步体会作者对母亲的感情。
作业设计说明：结合作业内容针对作业目标、设计意图进行说明。

作业内容	作业目标	设计意图
任务一：根据拼音写出相应的汉字，或给加点字注音。 tān huàn（　　） qiáo cuì（　　） jué（　　）别 整宿（　　） 仿膳（　　） 豌豆（　　）	积累课文中出现的生字词的音、形、意。	注重积累，夯实基础。掌握重要词汇的读音及意义。这样设计，既可以达到检查课前预习的目的，又可以积累一定的词汇。

任务二：朗读分享。 课文第1段与第3段两次写到“我”与母亲的对话，与同学合作朗读揣摩人物说话时的语气，尝试分角色朗读，注意传达出“我”和母亲在两次对话中不同的心情。	引导学生揣摩第1段文字，要读出悲伤的语气，“我”的情绪极端的痛苦、绝望和暴躁。而母亲隐忍、鼓励，表现出极大的理解、忍耐和宽容。 第3段文字，要读出央求的语气，“我”很烦恼，勉强应付。母亲希望“我”能开心、快乐，内心沉重；答应去看花后，又是喜出望外，激动难耐。	通过分角色朗读，揣摩人物说话时的语气，整体把握人物的思想感情，体会母亲对儿子的关心和爱护。
任务三：学习补写。 文章中有这样一段话：别人告诉我，她昏迷前的最后一句话是：“我那个有病的儿子和我那个还未成年的女儿……”请补写出母亲没有说完的话。	在理解课文内容的基础上，培养学生的逻辑思维能力，通过联想和想象体会母亲离世前对两个孩子的不舍与牵肠挂肚。	通过补写训练学生的思维能力，在联想、想象的基础上，让学生体会母亲离世前的不舍与牵肠挂肚。

任务四：深度学习，重点句子赏析。 “又是秋天，妹妹推我去北海看了菊花，黄色的花淡雅，白色的花高洁，紫红色的花热烈而深沉，泼泼洒洒，秋风中正开得烂漫。”从盛开的菊花中你读懂了什么？	让学生体会秋风中开得烂漫、开得泼泼洒洒的菊花生命状态就是此后史铁生的生活。他坚强地活着，也激励着更多人好好地活，这既是妈妈生前对儿子最大的希望，多次想带他去北海公园看菊花的原因，也是对母亲最好的安慰、最深的怀念。	菊花代表着淡雅（展示了淡定从容的生活态度），高洁（显露了高尚纯洁的品格风骨），“热烈而深沉”表现了饱满深厚的思想感情，“泼泼洒洒”更是写出了无畏的气概和神色。写菊花其实是写出了自己对人生的态度。从菊花在“秋风中正开得烂漫”，可以看出“我”已经驱走了心头的阴霾，增强了生活的勇气和信心，而这正体现了母爱的伟大；写菊花的淡雅、高洁、热烈而深沉，象征了母亲对子女的那种纯洁高尚、深沉无私、感人至深的爱。

任务五：情境模拟。 又一年的清明节到了，来到母亲的墓前，请把“我”想说的心里话说给母亲听听吧！	情境片段训练，重在培养学生的语用能力，在理解作品主题的基础上，联系生活实际，对学生进行思想品德教育，从而达到立德树人的教育功效，落实语文的人文教育功能。	培养学生的创新思维能力，语用训练，深度学习，强化情感。
任务六：叠词赏析。 课文中出现了许多叠词，找叠词，试分析叠词在文中的作用。	找出课文中的叠词，并归类赏析，从不同的角度理解作品主旨。 ①写“我”的叠词：望着望着、听着听着； ②写母亲的叠词：常常、走走、看看、偷偷地、悄悄地、红红的、好好儿活、整宿整宿、准备准备、大口大口、絮絮叨叨； ③写景的叠词：唰唰啦啦、泼泼洒洒。	最是叠词藏深情。本文中的叠词较多，让学生在读中去体会叠词的妙用，再从叠词角度把握作品的主旨。在日常写作中，大家可以有意识地把叠词请进你的创作中，文字表达一定会更含蓄隽永。

任务七：拓展探究。 能否把题目《秋天的怀念》改为《怀念母亲》，说说你的理解？	在理解作品内容的基础上，对学生进行思维能力训练，体会文章题目的重要性，学会分析文章的题目，重视文章的题目，题目就是文章的眼睛和灵魂。让学生体会题目暗示着作者经受过命运残酷的打击，经历过暴躁绝望的心理过程，在母亲去世后，在秋天菊花绽放的时节，才真正体会了母爱的坚忍和伟大，懂得了母亲的牵挂与期望，悟出了生命存在的意义；感知作者身残志坚的信念和对母亲深深的感激与怀念之情。	通过改换题目，让学生感知原题目命制的意图和目的，能深层次理解题目的妙处，进而全面准确地理解作品内容。
选做题：扩展阅读《我与地坛》《合欢树》《我二十一岁那年》，分享细节，进一步体会作者对母亲的感情。	由课内向课外延伸，拓展学生的知识视野，激发学生的阅读兴趣。	充分体现“1＋X”教学观念，激发学生的阅读兴趣，全面理解作者史铁生，从宏观角度理解作品主旨。

作业困难分析：（预测学生完成作业可能遇到的困难并分析困难形成原因、陈述相应解决办法）

1. 任务四中的赏读写景语段，学生可能会忽视作者写景的真正目的：菊花代表着淡雅（展示了淡定从容的生活态度），高洁（显露了高尚纯洁的品格风骨），“热烈而深沉”表现了饱满深厚的思想感情，“泼泼洒洒”更是写出了无畏的气概和神色。写菊花其实是写出了自己对人生的态度。从菊花在“秋风中正开得烂漫”，可以看出“我”已经驱走了心头的阴霾，增强了生活的勇气和信心，而这正体现了母爱的伟大；写菊花的淡雅、高洁、热烈而深沉，象征了母亲对子女的那种纯洁高尚、深沉无私、感人至深的爱。部分学生会忽视借景抒情这种写作手法，不去挖掘写景的深层含义，可以引导学生从“黄色”“白色”“紫红色”这些写颜色的词代表怎样的生活态度的角度去突破。

2. 任务六通过品味叠词，另辟蹊径，理解作品主旨。由于文章中的叠词角度，学生可能不会对其进行归类，这样理解起来就有点散乱，引导学生分别找出写“我”的叠词、写母亲的叠词、写景的叠词，再进行体会，条理清晰，便于掌握。

3. 任务七通过改换题目，让学生感知原题目命制的意图和目的。这道练习是要在理解全文的基础上，理性地进行分析，才能理解考查的目的。可以先引导学生从理解散文标题的作用入手：（1）交代故事发生的时间或地点；（2）交代叙事的线索；（3）奠定文章的感情基调；（4）揭示文章的主题思想。这样学生就会抓住突破口，问题便迎刃而解。

创新点：

1. 通过不同形式的朗读加强学生对作品内容的理解。如：任务二中的尝试分角色朗读，任务四中的赏读写景语段，都是为了达到这个目的。

2. 注重学生创造性思维能力的培养。如：任务三中的情节补写，任务五中的情境片段训练。

3. 任务六通过品味叠词，另辟蹊径，理解作品主旨。

4. 任务七通过改换题目，让学生感知原题目命制的意图和目的，能深层次理解题目的妙处，进而全面准确地理解作品内容。

5. 选做题，扩展阅读充分体现“1 + X”教学观念，激发学生的阅读兴趣，全面理解作者史铁生，从宏观角度理解作品主旨。

作答解析：

任务一：主要检查学生课前预习，夯实基础。瘫痪、憔悴、诀别，xiǔ、shàn、wān。

任务二：第1段　悲伤的语气，“我”的情绪极端的痛苦、绝望和暴躁，而母亲隐忍、鼓励，表现出极大的理解、忍耐和宽容。

第3段　央求的语气，“我”很烦恼，勉强应付。母亲希望“我”能开心、快乐，内心沉重；答应去看花后，又是喜出望外，激动难耐。

任务三：只要学生能抓住主旨，答案可以多元。参考答案：我最担心的是我的儿子，他的腿在他年轻气盛之时不幸因病残疾了。他因为这件事变得十分暴躁、敏感，也对生活失去了希望，总是觉得没什么可活的了。我只想让他积极面对生活，活出自己对生命的坚强不屈，活出对亲人、对家庭的责任，绝对不要自暴自弃。我最大的愿望就是和他一起去北海看菊花，让他看看正在盛开、正在绽放的生命。好希望他的腿不会残疾，现在还是个健康人；好希望我不会得病，能和他一直在一起；好希望这一切都没有发生，他现在无忧无虑、一直快乐……告诉我的孩子们：我爱他们，永远爱着……

任务四：菊花代表着淡雅（展示了淡定从容的生活态度），高洁（显露了高尚纯洁的品格风骨），“热烈而深沉”表现了饱满深厚的思想感情，“泼泼洒洒”更是写出了无畏的气概和神色。写菊花其实是写出了自己对人生的态度。从菊花在“秋风中正开得烂漫”，可以看出“我”已经驱走了心头的阴霾，增强了生活的勇气和信心，而这正体现了母爱的伟大；写菊花的淡雅、高洁、热烈而深沉，象征了母亲对子女的那种纯洁高尚、深沉无私、感人至深的爱。

任务五：答案略。情境片段训练，重在培养学生的语感，理解作品的主题。只要学生能抓住主旨，答案可以多元。

任务六：写“我”的叠词的作用　刚瘫痪的史铁生是被命运禁锢的，“望着望着”“听着听着”后会“突然”“猛地”情绪发作，这是一个暴怒无常的史铁生。写母亲的叠词的作用　母亲身患绝症，她一边“整宿整宿”睡不了觉，一边“偷偷地”“悄悄地”关注着史铁生，母爱的苦和难在叠词中体现出来，还有作者的自责愧疚也融在这些叠词中。写景的叠词的作用　写景的叠词“唰唰啦啦”和“泼泼洒洒”，是两种生命状态，作者最终泼泼洒洒地好好儿活着，创造了生命的奇迹。

任务七：点拨　散文标题的作用①交代故事发生的时间或地点；②交代叙事的线索；③奠定文章的感情基调；④揭示文章的主题思想。“怀念母亲”太直白，“秋天的怀念”更有诗意；“秋天”是背景和“引子”，文中写景、叙事、记人，都与“秋天”有关；“秋天”是“我”不幸遭遇、暗淡心情的写照，具有象征性；“秋天”是“我”走出低谷、乐观生活的象征。

任务八：答案略。扩展阅读，充分体现“1 + X”教学观念。

以命题改革促进教学提质　新语文课标实施在路上

《义务教育语文课程标准》（2022年版）中关于学业水平考试的描述：学业水平考试的目的主要是通过学生的学业质量表现，检验学生在义务教育阶段结束时核心素养的发展水平，为高一级学校招生录取提供依据，为评价区域和学校教学质量、改进教学提供参考。

命题原则：坚持素养立意。以核心素养为考查目标，通过识字与写字、阅读与鉴赏、表达与交流、梳理与探究等语文实践活动，全面考查学生核心素养的发展水平。

命题要求：考试命题应以情境为载体，依据学生在真实情境下解决问题的过程和结果评定其素养水平。命题情境可以从日常生活、文学体验、跨学科学习，也可以从个人、学校、社会等角度设置。命题材料的选取要具有时代性、典型性和多样性，充分体现语文课程特点。命题材料要能够体现问题或任务的对象、目的与要求，能够启发学生调动既有知识和资源解决问题、完成任务，能够为学生解决问题、完成任务提供背景材料或知识支架。问题或任务是题目的主体部分，设计可以侧重阅读与鉴赏、表达与交流、梳理与探究中的某一方面，也可以设置综合型题目，让学生在复杂情境中充分展示核心素养的发展水平。

新课标注重的“教—学—评”，张老师要求工作室的所有教师要重视“以命题改革促进教学提质　新语文课标实施在路上”，并为全体成员呈现了“新课标背景下2022年宁夏初中学业水平考试语文试卷质量评析”。张老师指出：2022年宁夏初中学业水平考试语文试卷紧扣语文新课标，以落实立德树人为根本任务，基于统编教材理念，紧扣教材学习要求，创新文本选择，完善情境命题，凸显综合考查的命题理念，注重落实对核心素养的考查，引导教学方式进一步优化。

试卷注重文化素养考查，落实立德树人根本任务。

坚持立德树人根本任务，落实对文化传承与理解的考查，提升学生的道德水准和文化素养，既是语文教育的使命，也是语文评测的重要任务。2022年宁夏语文中考试卷有效渗透对中华优秀传统文化、地域特色文化和社会主义核心价值观的考查，引导学生厚植爱国情怀、激发家国自豪感，传承传统文化、树立崇高理想，关心时代和社会发展，践行社会主义核心价值观，充分发挥了语文试题独特的育人功能。

滋养家国情怀，激发家国自豪感。积累运用试题中的第1小题默写题、第3小题成语积累题，以“家国天下”为主题开展综合性学习活动。第6小题的任务二“根据以上三则材料，谈谈你对中国航天梦的认识”，引导学生以国家立场思考公民责任、社会利益，滋养学生的家国情怀，潜移默化地滋养学生的家国自豪感。

积淀传统文化，传承中华文化血脉。2022年宁夏语文中考试卷不断拓展对传统文化考查的深度，让学生体认古圣先贤的雅趣智慧与高尚情操，从而促进学生不断提升人文素养。第2小题名著阅读《朝花夕拾》考题，第5小题排序题考查了中华汉字的发展，第12、13小题考查课外古诗理解与赏析，节选杨万里的诗《初秋行圃》，引导学生认识并传承优秀的传统文化。议论文阅读《建筑是文化的传承创造》和散文阅读《春天的味道》，选取与建筑和中国传统节日有关的民俗文化，有着鲜明的传统文化特点和时代特色。

关注重大时代主题，渗透社会主义核心价值观。社会主义核心价值观是当代民族精神的集中体现，凝结着中华民族共同的价值追求。第6小题“中国载人航天发展历程”综合性学习，展示了我国航空航天事业发展中取得的非凡成就，激发学生为国家富强而奋斗的热情与志向。试卷命制者在努力挖掘新时代核心价值观的深刻内涵，让学生汲取精神力量，促进其心灵成长，使其逐渐成长为一个大写的“人”。

试卷凸显创新意识，优化试题甄别品质。

试题文本材料既是测查学生阅读能力、语文素养的载体，也是丰富学生人生体验、引领学生精神成长的养料。试卷创新文本材料的选择，自觉追求文本的经典性、趣味性和可读性，充分利用文本的原生价值与教学价值，扩大命题空间，优化命题甄别品质。

试卷内容难易适切，具有多元评价价值。首先，试卷贴近学生实际生活。试卷所选文本符合学生的阅读心理和生活经验，能激发阅读兴趣、启发答题思路，使学生乐于接纳。现代文阅读《建筑是文化的传承创造》和《春天的味道》都选择了生动有趣、文质兼美的文学文本。其次，试卷贴近教材。命题文本充分挖掘并拓展教材的文本价值，为学生搭建“学以致用”的脚手架，帮助学生建构教材文本的新意义，提高语文素养。

试卷文本体裁新颖，具有明确指导意义。试卷在文本体裁的选择上有所创新，对拓宽学生阅读视野，使其建构自主阅读体系有很好的指导意义。新颖的试卷文本体裁既能扩大学生的阅读面，引导学生依据文本特质选择恰当的阅读策略，也能较好地规避模式化的命题思路，促进真实、有价值的阅读的发生。此外，文言文试题的文本体裁也呈现出多样化的面貌，文本体裁兼具典范性与文学性，能引导学生对比阅读课内外多样体裁的文言作品，开阔文言阅读视野。如文言文考查第 11 小题：【甲】【乙】两文都写了山，分别说说它们是如何表现山的特点的。

试卷格调高雅，兼具美育、德育育人功能，坚守以文化人理念。试卷材料的格调影响着试题品质。2022 年宁夏语文中考试卷文本材料的选择遵循立德树人根本任务，以高雅的格调影响学生的精神品质；同时重视传统文化、优秀文化的渗透，激发学生热爱家乡、关注中华传统文化的情感，充分体现对学生精神成长的引导作用。第6小题“中国载人航天发展历程”综合性学习，议论文阅读《建筑是文化的传承创造》和散文阅读《春天的味道》所选的语料与文本均围绕富有传统特色的文化而展开，文质兼美，凸显传承传统文化的重要性，对发展学生的审美情趣与继承优秀传统文化情怀有积极的引导作用。

情境命题如出水芙蓉，有效考查学生素养发展水平。情境化试题对语文素养的测评更为全面准确，在情境化试题解决问题过程中，所呈现的是对学生语文素养更深层次的考查，情境本身就蕴藏了任务，为完成任务提出了素养要求，即灵活地根据问题的需求整合语文的文本知识、能力方法，通过实践活动探究世界，完成当下的现实任务。真实情境是贴近学生经验的生活场景。情境命题已成为2022年宁夏语文中考试卷的自觉行动，在第7小题根据提供的信息，撰写一则校园新闻和第24题写作部分都有体现。

> 附：第24题。学校组织了很多活动，有不少活动我们都亲身参与其中，如读书会、合唱队、打篮球、踢足球等等；我们在生活中也经常参与到各种劳动中，如动手洗衣、制作佳肴、种植作物等等。因为参与，我们学会了很多……请讲讲你参与过的活动或者劳动，并表达自己的见解，抒写自己的感受。根据以上内容，请你自拟题目，写一篇不少于500字的文章，要求内容具体充实，文体不限。

情境的范围虽然只有个别试题涉猎，但它已经透射出试卷命制者对2022年语文新课标的关注，这将对今后的语文教学产生潜移默化的影响。

以语文核心素养为纲，优化情境命题合宜路径。

真实、富有意义的语文实践情境，是学生语文学科核心素养养成、发展和表现的载体，积极探索素养立意的情境命题合宜路径。第 1 小题默写试题的“主题大情境”，彰显立德树人的价值追求，第 2 小题名著阅读试题、第 6 小题综合性学习活动试题、第 7 小题撰写校园新闻试题，构成“专题任务情境”。在任务情境中，又设置系列“情境小问题”，具体考查学生运用语文知识解决复杂问题的能力。情境衔接统编教材人文主题、校园学习或社会生活，契合语文核心素养，情境贴近学生的学习、生活和社会实践，情境问题考查学生运用语文要素解决学习、生活问题的能力。这样的命题情境，形成了“主题宏观情境—专题任务中观情境—考查问题微观情境”的情境命题合宜路径，能促进学生语文学科核心素养的养成、发展和落地。2022 年宁夏语文中考试卷在优化整合情境命题的合宜路径上作出了可贵的探索。

锁定核心知识，促成对语文能力的深度考查。

2022 年宁夏语文中考试卷涌现的优秀试题自觉锁定核心知识或大概念，使学生在进入试题情境时有发现、探究的冲动，继而在语言的理解、运用和迁移中，展示语言实践能力，这可以促成学生对核心知识的深度理解，进而使其达成对语文的深度学习。

文学类作品阅读能较好地体现对语文学科素养的考查，选择的文本能为语言、审美、思维、文化活动等提供相应的体验参与情境。在个人体验情境中，能否锁定大概念与核心知识，直接关乎测试任务及题组的考查价值与效果，体现了文学类作品阅读中不可或缺的读者意识，建构了全方位的阅读策略考查。

如，议论文阅读《建筑是文化的传承创造》共设计 4 道考题：

14. 下面对文章理解正确的一项是（　　）（2 分）

A. 从文章中可以看出，作者对建筑意境的感悟，全部来自中国诗词。

B. 陆游的“汝果欲学诗，工夫在诗外”，使作者“工夫在设计之外”的建筑设计观点更具有说服力。

C. 建筑师做设计，可以不考虑形式、功能、经济等现实问题，但要考虑人们内心的东西。

D. 作者阅读量大，涉猎面广，因此这篇文章的论述语言形象生动，说理性强，思维缜密。

15. “不论处于何种阶段，阅读、学习和思考对建筑师来说都非常重要。”这句话中加点的关联词有什么作用？说说你的理解。（2分）

16. 文章的首尾段之间有什么关系？请简要分析。（2分）

17. 作者说“不同的艺术形式、文化门类之间，完全可以相互启发、相互借鉴”。我们在生活中也有类似的体验，请结合实例，谈谈你的看法。（4分）

再如，散文阅读《春天的味道》共设计6道考题：

18. 文章首段描绘了怎样的春日图景？有什么作用？（2分）

19. 文章第⑧段：“藏在山上草丛里的水分少一些，但更有韧性；而躲在稻田里的，水分较多，更嫩一点”中加点字“藏”和“躲”用得很妙，请说说你的理解。（2分）

20. 请找出与文中第④段“要从中间掐断，你看，正好是妈妈手掌的长度，这样的才嫩”相照应的句子，并分析其作用。（2分）

21. 文章第⑤－⑩段采用了哪种记叙的方式，请你说说这样写的好处。（2分）

22. 母亲问孩子们清明糕是什么味道，儿子说“淡淡的甜”，女儿说“是春天的味道”，你怎么看？（2分）

23. 通读全文，说说文章为什么取题为《春天的味道》。（4分）

综合考查的命题理念更加凸显，关注问题解决意识与思维发展。

综合考查主要是指试卷体现出的强化考查学生综合运用语文知识、思维方法，发现、分析和解决问题能力的命题理念。试卷的综合性主要体现在三个方面：一是材料类型的丰富性；二是情境的真实性；三是任务（试题）的多样性。2022 年宁夏语文中考试卷从整体架构上改变了细碎而全面的知识体系，形成以问题为导向的整合性学习活动，体现出高度的综合考查意识。

试卷整体架构方面：强化整体立意，创新考查形式。

试卷的结构形式，是测试理念的反映。与往年相比，今年的试卷更注重整体统筹意识，突出试卷的主题立意，提升测试工具的整体性与综合性，整份试卷具有灵巧实用的结构形式。

试卷材料内容方面：材料类型更加丰富多元，材料组合更加综合有效。

试卷材料的丰富与综合与否，是能否真实考查出学生素养的前提。2022 年宁夏语文中考试卷语言材料的综合性特征更加明显：一方面强化学科内部知识的整合，突破以语体与文体分类的传统考查方式；另一方面注重跨界阅读，打通语文学科与外部的整合、与生活实际的关联。材料的类型及组合方式更加丰富多元，材料间的组合更加紧密，出现了“复合型”“混合型”的材料和跨学科试题。

如第 17 小题，作者说“不同的艺术形式、文化门类之间，完全可以相互启发、互相借鉴”，我们在生活中也有类似的体验。请结合实例，谈谈你的看法。（4 分）

附答案：17.（4 分）答案结构形式：举出例子或者现象，（2 分）并对此加以解释。（2 分）（举出一例，意思对即可）

参考答案示例一：苏州园林的建筑艺术受到了中国古典诗词、绘画、雕刻等审美影响；王维的“大漠孤烟直，长河落日圆”，诗中有线条、色彩、构图、意境，呈现出“诗中有画，画中有诗”的特点，这是诗词与绘画的相互启发和借鉴；大型舞蹈《只此青绿》以《千里江山图》为原型，体现出绘画与音乐、舞蹈艺术的相互启发与借鉴……（2 分）（举出一例即可）我们

要善于借鉴不同艺术不同文化的优点，并创新发展。（2分）

参考答案示例二：不同学科之间的学习也是可以相互启发、相互借鉴的。（2分）比如参加体育运动项目时，需要借助一些物理学科中的知识。（2分）

这些新颖的试题，实现了命题与任务的高度集中，一改试题散点分布的状况，将其整合成提出问题、解决问题的真实情境，整合成融社会生活、个人体验与学科认知于一体的综合情境，从而实现了综合性、结构化、跨学科考查。

试题设置方面：加强“情境”与“问题”的有机融合。

从外显特征看，试题情境更加趋于综合，更强调在生活中综合运用语文知识的能力。

第7题拟写校园新闻：请你根据下面提供的信息，撰写一则校园新闻。（4分）

时间：5月6日

地点：xxx学校体育场

事件：举行学校第15届运动会开幕式

运动会主题：拥抱阳光一起向未来

参加人员：全校师生

测试情境与测试任务之间深度融合，指向实践运用，关注的是学生运用知识的能力，设计的重点指向如何运用语文知识解决生活情境问题。

再如第2题：根据阅读提示，完成下面的读书任务。（6分）

阅读提示：《朝花夕拾》是鲁迅先生所写的唯一一部回忆性散文集，由《小引》《后记》和十篇文章组成，原名《　　　》。十篇文章中有的侧重写人，有的侧重记事，有的侧重议论而兼顾叙事。这组散文是鲁迅作品中最富生活情趣的篇章，我们可以借此了解鲁迅从幼年到青年时期的生活道路和心路历程。

任务一：请你将阅读提示中的空缺补充完整。（1分）

任务二：阅读经典作品可以丰富我们的人生感受和经验，可以帮助我们思考许多人生问题。请你为《朝花夕拾》写一段推荐语，带动更多的同学阅读这部名著。注意不要写成作品简介。（3分）

任务三：请说说阅读《朝花夕拾》时你采取的策略。（2分）

第2小题名著阅读分三个学习任务，对应三大学习任务群。任务一针对基础型学习任务群，任务二针对发展型学习任务群，任务三针对拓展型学习任务群。同时将名著与生活联系起来，从而赋予名著阅读现实的价值。此题站在“整本书”阅读的立场上，考查学生对名著的理解、感悟与思考，摒弃了细枝末节或大而不当的梗概式的考查，有一定的开放空间，也体现了综合化的能力要求。

注重过程与方法的考查，导引学教方式的进一步优化。

2022年宁夏语文中考试卷的最大目的是促进教与学的统一，并在兼顾学生作为被测试者和学习者这一双重身份的基础上，充分发挥考试评价对学习理念和方式的有效引导作用，不断变结果导向为过程导向，以体现考试评价的学习指导功能，在推进学习方式的变革，强调学习方法的有效指导，关注综合化的思维过程方面作了有益的探索，努力体现“评价即学习”的理念。

改变单纯知识性的考查为语文能力与素养考查。

多题努力跳出单一知识性、技能性考查的窠臼，改变过去对学习的静态认识，以更好地推进学教方式的变革。答题所需要的知识或技能，都需要学生从已有的知识或经验出发，自主地进行探索，这就体现了学习过程的重要性。

如第2小题任务三：请说说阅读《朝花夕拾》时你采取的策略；如第13小题，本诗写作手法多样，请你作简要分析；如第15小题，“不论处于何种阶段，阅读、学习和思考对建筑师来说都非常重要”，这句话中加点的关联词有什么作用，说说你的理解；再如第 3、第 4 小题。

附：第 3 题成语积累。（4 分）

地气是地中之王，是土地山川赋予的灵气。春日地气还阳，冰雪消融，春风带暖，送来①（鸟儿叫，花儿飘香。形容春天美好的环境和景色）的气息，人被春意鼓荡，深吸一口气，好像收纳了天地的新风，神清气爽。夏天，地气旺盛，林间的树木草叶粗壮了，饱满充沛，②，人在盛夏得了饱满地气的滋养，精神健旺。秋天，地气浓重，以丰收承载万物，当秋意拂过，稻花飘香，瓜果成熟，让人沉醉，③（留恋美好的事物而忘了归去）。冬天，地气收缩，隐而不发，树木不声不响，动物们④，人从山川雪野获得了一种力量，君子的力量，君子引而不发。一季有一季的风味，我们在沉寂中认识到生命的另一种壮阔。

（1）根据括号内的解释依次填出①③处的成语。（2 分）

（2）②④处成语填写正确的一项是（　　）。（2 分）

A. 郁郁葱葱　屏息敛声　　B. 遮天蔽日　屏息敛声

C. 遮天蔽日　销声匿迹　　D. 郁郁葱葱　销声匿迹

附：第 4 题。请根据提示将下面对联补充完整，并说说你对这副对联的理解。（3 分）

上联：行是______之始

下联：学非问不明

注：对联的作者是著名教育家陶行知，他原名知行，后来改为行知。

2. 改变传统考题为强调学习方法的有效指导。

学习是学生根据学习内容，自主建构并创造意义的过程。关注对学生的“学习指导”，助力其学会学习，在部分试题中表现突出。如第 19 小题，搭建学习框架，引导学生从词的意义和语境角度推敲实词的意义。如第 2 小题，任务三：请说说阅读《朝花夕拾》时你采取的策略。题干给学生提供三种小说阅读策略：有的侧重写人，有的侧重记事，有的侧重议论兼顾叙事。搭建框架，让学生根据整本书阅读时老师指导的阅读方法答题，暗示学生根据不同的要求运用多种方法完成相关的学习任务。如第 22 小题，引导学生在活动中品味语言、理解形象。这些试题都通过还原真实的教学情境，以学习活动的方式，启发学生运用适当的方法答题，进而加深对文本的认识。再如第 24 小题，写作题设计了丰富有趣的写作框架，以多种方式帮助学生打开记忆的空间，支持学生在特定的文体写作中获得经验，从而更好地完成写作任务。这些试题都基于统编教材理念，紧扣教材学习要求，提供适宜的学习策略或示例指导，启发学生在学习中提升迁移和运用能力，对教与学都有重要的指导意义。

改碎片化试题为关注综合化的思维过程。

发展与提升学生的思维，是语文教学的重要内容，也是命题者不断追求的目标。指向核心素养、强调能力导向的命题，更应注重考查学生在复杂不确定的现实情境中表现出来的综合性品质。试题的不断综合化，也意味着思维的不断综合化，这就要求学生必须在整合分析、建构知识中动态学习，不断提升思维能力。

如第 2 小题，任务二：阅读经典作品可以丰富我们的人生感受和经验，可以帮助我们思考许多人生问题。请你为《朝花夕拾》写一段推荐语，带动更多的同学阅读这部名著。注意不要写成作品简介。（3 分）

有效检测学生综合化的思维能力，不仅需要对事物进行整体的把握和分析，更指向引导学生通过自主学习、分析，形成合理的逻辑系统，实现知识的再建构。

试题材料更为开放，择选报刊、名著精彩篇、段入卷。

2022年宁夏语文中考试卷所选试题材料具有典型性、新颖性、权威性、时代性。如第3小题（摘自《人民日报》胡竹峰《地气》有删改）；如第5小题（摘自《光明日报》雷黎明、王玉蛟《汉字历史，规范汉字的根基》）；如第6小题，材料一（图片来源：《人民日报》　数据来源：国家航天局、中国载人航天工程办公室）、材料二（节选自《人民日报》余建成《勇做新时代奋斗者攀登者》）、材料三（节选自《人民日报》冯华《航天强国建设迈出坚实步伐》）；如文言文阅读理解（甲文选自郦道元《三峡》，乙文节选自曾巩《醒心亭记》）；如议论文阅读（《建筑是文化的传承创造》作者为中国工程院院士，选自《人民日报》有删改）；如散文阅读（《春天的味道》摘自《人民日报》有删改）。这些试题材料的选择，意图将语文课由课内向课外延伸，指导语文教学要实现“1+X”拓展化阅读，从而进入整本书阅读，不断提高学生的语文素养。

在学科实践的韵脚里　做一个深情的语文人

窦桂梅老师曾称：语文教育要给孩子一座田园，一座花园！面对新课改、新课标以及双减政策，作为语文人的我们，或许可以依托语文学科实践，给学生这座田园、这座花园，这份语文之美。崔允漷教授在《学科实践：学科育人方式变革的新方向》一文中提出：学科实践，指的是具有学科意蕴的典型实践，即学科专业共同体怀着共享的愿景与价值观，运用该学科的概念、思想与工具，整合心理过程与操控技能，解决真实情境中问题的一套典型做法。

一、以学科本质为根基，树立以学科实践为核心的育人理念

张渊老师在工作室第一次启动仪式中要求工作室成员密切关注《义务教育语文课程标准》（2022 年版）。从课程性质来看：语文课程是一门学习国家通用语言文字运用的综合性、实践性课程。工具性与人文性的统一，是语文课程的基本特点。因此语文的课程性质是一门实践性课程，学习的内容是国家通用语言文字运用，语文课程的基本特点之一工具性，这些均要求我们重视实践。新课标提出：语文课程应引导学生热爱国家通用语言文字，在真实的语言运用情境中，通过积极的语言实践，积累语言经验，体会语言文字的特点和运用规律，培养语言文字运用能力。

同时，新课标在课程理念、课程目标、课程内容部分均指出了语言实践的必要性。例如在课程理念部分——增强课程实施的情境性和实践性，促进

学习方式变革。引导学生注重积累，勤于思考，乐于实践，勇于探索，养成良好的学习习惯；倡导多读书、好读书、读好书、读整本书这样的语言实践活动。

在课程目标部分——义务教育语文课程培养的核心素养，是学生在积极的语文实践活动中积累、建构并在真实的语言运用情境中表现出来的，是文化自信和语言运用、思维能力、审美创造的综合体现。关心社会文化生活，积极参与和组织校园、社区等文化活动，发展交流、合作、探究等实践能力，增强社会责任意识。

由此可知，新课标将语文学科实践视为实现学生核心素养发展的学习方式，指引着广大语文人育人方式的变革。

二、以课程标准为指引，在知行合一中走向语文学科实践之路

转眼，2022 年版的课标颁布已经一年多了要，专家、学者、名师，也有很多一线的老师们依然争论不休。如果争论如何去实施新课标当然很好，“八仙过海，各显神通”，落实新课标最终是要看课堂教学效果如何，是否更有利于学生语文素养的提升。每次面临重大的教学改革，不管是教学大纲（课标）的变化还是教材的改革，一开始都有各种争论各种畏难各种慌张，但慢慢地，在不断地尝试和实践中，老师们的认识清晰了，策略明确了，行动淡定了，心态也就自如了。当然，这需要过程，最需要的是老师们坚持实践。“纸上得来终觉浅，绝知此事要躬行”，再好的理念不落实在行动上、课堂里、学生的学习过程中，都是一纸空文，唯有实践才能出真知。

《义务教育语文课程标准》（2022 年版）在课标第四部分“课程内容”中的内容组织与呈现方式明确主要以学习任务群组织与呈现。三个层面，第一层“基础型”1 个——“语言文字积累与梳理”，第二层“发展型”3 个——“实用性阅读与交流”“文学阅读与创意表达”“思辨性阅读与表达”，第三层“拓展型”2 个——“整本书阅读”“跨学科学习”。每个任务群的第一个词语“语言文字”“实用性”“文学性”“思辨性”“整本书”“跨学科”更多指向学习内容，后一个词语“积累与梳理”“阅读与交流”“阅读与创意表达”“阅读与表达”“阅读”“学习”就是我们熟知的语文的听说读写等实践活动，只是学习任务群比较巧妙地将语文学习的文本内容和语言的实践活动融为一体，目的是凸显语文课程“综合性”“实践性”的特点，“增强课程实施的情境性和实践性，促进学习方式的变革”。

不管是对语言文字的学习，还是文本的阅读理解，或是听说、写作能力的训练，都要尽可能“从学生语文生活的实际出发，创设丰富多样的学习情境，设计富有挑战性的学习任务”。语言文字作为“基础型”内容贯穿在语文学习的每一个方面，除了字词，还包括谚语、格言警句、对联等，以及语音、文字、词汇、语法、修辞等方面的知识。基于语言依据文本这是语文学习的根本，自然是“基础”。打好基础、夯实基础不是靠死记硬背、生搬硬套、机械训练，而是有效的在“积累与梳理”活动中学到语文知识，练就语文能力，提升语文素养。

1. 任务群与文体相对应

“实用性”以说明性文体、应用文为主，也包括新闻、传记、演讲稿等。“文学性”主要是文学体裁小说、诗歌、散文、戏剧，初中的课文里还有寓言、神话、童话等体裁。体现“思辨性”的文体自然是议论性文体，包括一般议论文——《论教养》；议论性散文——《精神的三间小屋》；文艺性论文——《山水画的意境》《无言之美》《驱遣我们的想象》；随笔——《不求甚解》《谈读书》；演讲词——《最苦与最乐》《敬业与乐业》《最后一次讲演》《应有格物致知的精神》《我一生中的重要抉择》等。值得注意的是演讲词从实际应用上看是“实用性”，但从内容上看更多地体现了“思辨性”，演讲词需要鲜明的观点、充分的材料、有力的论证、严谨富有感召力的语言，属于议论性文体的范畴。“整本书”在教材中体现在“名著阅读”，统编教材的编排体系本就是“教读”“自读”“课外阅读”，“课外阅读”包括一篇带多篇、必读名著、选读名著等。“跨学科”不过是用语文的形式打通、链接、整合、完成别的学科的内容，或者说利用别的学科的内容来实践语文活动，提升语文能力的方法。

2. 任务群层级之间的交融

六大任务群是在循序提升，彼此互相融合、交叉的，三个层级、六大任务群是一个整体，不能截然分开，但每个任务群是有所侧重的。

“语言文字积累与梳理”重在“求丰”。学习语言文字是“积土成山，风雨兴焉”“积水成渊，蛟龙生焉”的过程，是学生在长时间的课内外学习、实践、应用中逐步丰富的过程，是学生不断形成语文经验的过程，妄图一蹴而就是不可能的。

实用性阅读与交流重在“求实”。说明性文体教学的目的不在于学生获取了多少知识和信息，而在于学生学会阅读说明性文体的方法，在于学生能用口头和书面表达、交流这种知识。至于应用文，更是基于现实生活的目的、对象、情境的使用。

文学阅读与创意表达重在“求真”。“文学”是对现实或者想象生活的真实反映，是作者借助简洁凝练、生动活泼的文学语言和形象表达自己对自然、社会的真情实感，个性化的体验与思考。文学阅读与创意表达是学生感受文学语言和形象的独特魅力的过程，是学生欣赏、评价获得审美体验的过程，是学生尝试创作表达自我的学习过程。

思辨性阅读与表达重在“求证”。议论性文体是最具思辨性的文体，需要论证的能力。无论是观点的明确，证明观点的材料的选取，还是运用材料证明观点的过程都需要概括提炼、分析比较、归纳判断等较高的逻辑思维能力，它的阅读与表达是最能训练学生思维能力的语文实践活动。

整本书阅读重在“求法”。这也是统编教材名著导读的编写理念，着重于读书方法的指导。即便是经典名著，也汗牛充栋，一个人穷其一生，一刻不停去阅读，能够读遍万卷书吗？何况，读书的目的仅仅在于读书吗？因此，统编教材每一部必读名著重点指导了一种读书方法，比如《朝花夕拾》的读书方法是“消除与经典的隔膜”，《西游记》是“跳读与猜读”，《海底两万里》是“速读”等等。这就要求老师和学生要有计划地共读名著，有指导地读完名著，有方法地会读名著，有效果地读懂名著。

跨学科学习重在“求用”。这个任务群是不同学科不同知识的融合、运用，是综合语文之外的学科知识进行实践提升学生语文能力的过程。比如，在数理化、生物的观察、实验后写出观察或者实验报告，内容是数理化、生物学科的，但训练的是语文学科必备的观察能力、思维能力、表达能力。“跨学科学习”名称高大上，其实类似于教材中的“综合性学习”，都体现语文课程的综合性、实践性的特点。而教材与学习任务群是紧密相连的，并非两张皮，只是名称和概念的变化，体现的是更新的理念和内涵。

3. 核心素养与教材

新课标提出了语文的四个核心素养，那么核心素养与教材之间是什么样的关系呢？或者说，核心素养是如何体现在教材中的呢？

统编版教材单元的编写是按照双线组元的。一条线是“人文主题”，指向语文的“人文性”，体现在文本的思想内容上。比如七年级上册第一单元的《春》《济南的冬天》《雨的四季》《古代诗歌四首》这一组文本共同的主题是“四季美景”，通过这些文本的学习，领略景物之美，感受汉语声韵之美，涵养学生“亲近自然、热爱生活的情怀”。这些是侧重落实“文化自信”中的“热爱国家通用语言文字，热爱中华文化”这个方面，这是核心素养的前提，也表现“学生通过感受、理解、欣赏、评价语文文字及作品”的“审美创造”这一核心素养，是核心素养的最高要求。“文化自信”和“审美创造”帮助学生逐步形成“正确的价值观、必备品格”。另一条线是“语文要素”，指向语文的“工具性”，体现在文本的语文知识、语文能力、语文方法、语文习惯上。还以七年级上册第一单元为例，学习本单元，要学习朗读，把握重音和停连；要注意揣摩和品味语言；要体会比喻和拟人等修辞手法的表达效果；要关注、比较《春》《济南的冬天》《雨的四季》这三篇文章以及《古代诗歌四首》中四首古代诗歌的相同点和不同点；要初步了解写景抒情散文的基本特点、阅读方法；要学写写景抒情的文章；要积累、掌握生字词，作者作品知识，修辞的知识等。

这些首先是侧重落实“语言运用”这一核心素养，学生能在持久的语文学习中形成一定的语感、语言经验，运用语言文字的能力，这是语文学习的基础。其次是“思维能力”，这是核心素养中的核心。任何语文知识的获得、语文能力的培养、语文方法的掌握、语文习惯的养成都需要学生在学习过程中进行联想想象、分析比较、归纳判断等思维活动，从而训练学生具备一定的直觉思维、形象思维、逻辑思维、辩证思维，使得学生的思维具有一定的敏捷性、灵活性、深刻性、独创性、批判性，最终能够培养适应时代和社会进步的创新型人才。

“语言运用”和“思维能力”帮助学生逐步形成“关键能力”。核心素养就是学生通过课程的学习逐步形成的正确价值观、必备品格和关键能力，是课程育人价值的集中体现。“人文主题”是情感、态度、价值观，是德育、美育、心育；“语文要素”是知识、能力、方法，是智育。学生语文核心素养的形成是师生借助教材，借助一篇篇文质兼美的典范文本，在语文实践活动中积累、建构的，这是一个长期坚持的过程，积极活动的过程，有效教与学的过程。

无论怎样变革，“立德树人，培根铸魂”是教育的根本任务。这一根本任务的“根”就是中华优秀传统文化，着重在“优秀”上，“糟粕”是要剔除的，这是用“扬弃”的辩证态度对待文化的传承与理解。汉字本身就是传统文化。大量的古诗文，表现民俗民情的文章，比如《社戏》《安塞腰鼓》等，还有一些综合性实践活动，比如“有朋自远方来”“孝亲敬老”“天下国家”“君子自强不息”等，以及古典名著阅读，像《西游记》《水浒传》《儒林外史》等，不管是识字与写字，单篇阅读还是整本书阅读，是阅读还是活动，里面所包含的古代仁人志士的情感、意趣、志向、道理，他们向真、向善、向美的理念和追求，都是中华优秀传统文化的集中体现。

它的“魂”是革命文化和社会主义先进文化。《老山界》《黄河颂》《土地的誓言》《说和做》《谁是最可爱的人》《回延安》《灯笼》《最后一次讲演》《回忆鲁迅先生》《我爱这土地》《梅岭三章》《白杨礼赞》等文本都是“革命文化”的典范文章。这些文本反映了近代以来中华民族前赴后继、誓死抗争、保家卫国、振兴中华的精神，有深厚坚定、无私奉献的爱国主义情怀，有不怕牺牲、视死如归的革命英雄主义精神，有不畏艰难、以苦为乐的革命乐观主义精神，有团结互助、舍己为人的仁义友爱精神……学习这些文本，不但让学生直观、形象地了解百年以来中华民族艰难奋斗的历史，更能激励学生“为中华之崛起而读书”。

在中华优秀传统文化和革命文化的基础上，社会主义先进文化是对前两者的继承和发扬。《邓稼先》《消息二则》《驿路梨花》《大自然的语言》《在长江源头各拉丹东》《叶圣陶先生二三事》《台阶》《紫藤萝瀑布》《飞天凌空》等，这些文本表现了在社会主义建设的新时代下热爱祖国为祖国奋斗终身的爱国主义之情、为他人着想乐于助人的公德之心、崇尚真知追求真理的科学精神，特别是勤劳勇敢、诚实守信、坚强乐观、合作友善、开朗达观等个人美德。当然，还有民主法治精神、公民的意识，这一切都是新时期社会主义先进文化。“中华优秀传统文化”“革命文化”“社会主义先进文化”，这就是语文课程的主要内容。它是丰富多彩的，它是求真向善的，它是向往美好的，它是超越了时空的，是人类普遍共同的心声。

通过识字与写字、阅读与鉴赏、表达与交流、梳理与探究这些语文实践活动，能高质量完成语文课程主要内容的学习，自然就能深扎根，铸牢魂，从而圆满达成立德树人的目标——为党育人为国育才。

4. 学科实践中知识内容结构化，知识学习情境化、生活化

学科实践中知识内容结构化，知识学习情境化、生活化是语文学科实践的基本方法。作为语文教师应关注学科知识学习、学科实践活动与学生生活

的关系，秉持“大专题”“大任务”、学科融合等理念，开展遵循学生核心素养发展规律的实践活动。

知识内容结构化。张渊老师曾在讲座中多次强调整合阅读，把握文本的篇、段、字，思考文本写的什么、写的是谁、怎样写、为什么要写，再思考我是谁、要到哪里去、与周围人的关系、与社会的关系，以此来整合听说读写，把各类文本整合阅读，最后与实践应用相结合。张渊老师执教的群文阅读——《破阵子·为陈同甫赋壮词以寄之》《南乡子·登京口北固亭有怀》，整合了课本内容，把辛弃疾的两首词放在一起进行对比阅读，在课堂上引领学生通过字斟句酌、多种朗读实践感受辛弃疾的爱国热情，提升了学生的人格修养。在《卖油翁》一课中，整合人物形象与对联拟写，达到了在学科实践中育人的目的。2023 年 3 月 31 日，在张渊老师的组织引领下，我们与龙雪萍老师九年级复习课——《狼》群文阅读相逢，龙老师先以学生对课内《狼》一文字词句段章的理解为根基，从“复述情节、评析情节中的急与缓、关注时间段、借助资料明意图”等方面为学生构建语文知识结构，整合课内课外教学资源，设计“析精彩情节”“辨文化形象”语文学习任务群，课堂主题自然上升到对狼文化的认识与评价。

这些课，学生在丰富的语言实践中，通过主动积累、梳理和整合，了解了文言文的特点和运用规律，感受到文言文的丰富内涵。并通过比较、知识迁移，提升了直觉思维、逻辑思维、辩证思维和创造思维，开阔了文化视野，对中华文化有了深入的认识。总之，在课堂中学生通过自身实践，素养得到了提升。

在张老师《多维整合，中考古诗文复习策略》一文的影响下，我在《采撷一枚文言之花，点缀学生缤纷世界》讲座中总结了自己利用创新性作业，实现多维度整合——时间整合、主旨整合、文体整合、跨学科整合。比如复习了《论语》之后，要求学生整合三册课本中的先秦诸子散文《孟子二则》《鱼我所欲也》《庄子与惠子游于濠梁》《愚公移山》等；按时间的先后顺序对课内文言文进行整合复习。还参与了我校关于大单元教学的课题研究。以学生为主体整合单元内容，以点带面设计符合学生生活的教学实践活动。

知识学习情境化、生活化。张渊老师在指导工作室成员课堂设计中强调：每节课应有重点，其他环节应为之服务，引导学生生动学习、创新学习。王静老师的《一滴水经过丽江》，就以这样生活化的问题为学生创设了生动学习的情境，既关注学科知识的学习——邀请函的写法，又重视语文学科与学生生活的关联。

邀请函

亲爱的同学：

《跟着书本去旅行》栏目组，计划拍摄阿来的《一滴水经过丽江》，特邀你为本期节目出谋划策。希望同学们踊跃建言献策，贡献你的力量。

《跟着书本去旅行》栏目组

2023年4月20日

按照张老师的指导，我们也会以这样的作业形式引领学生进入生活，让学生在生活中学习语文，也让语文美化学生的生活。

行至最远的地方，去望最深的风景，心怀热爱，即使岁月荒芜，眼中依然有光，脚下依然有力，奔赴星辰大海，拥抱春暖花开。一川秋水，流下一缕芬芳，在语文的花园里，在学科实践的韵脚里，做一个深情款款的语文人。

三、以文言文教学为例，采撷一枚文言之花，点缀学生缤纷世界

在文言文教学的点滴思考中，我从课标出发，结合课例，从两个方面讲讲老师们与文言文教学之间的故事。

1. 切题入文，以提纲挈领的方式形成主问题

最早接触并应用这个理念是在我们的教研组长姚春玉老师的带领下，随后形成了《初中语文阅读教学中基于主问题设计的“切题入文”的行动研究》的课题成果。我在此例举杨燕老师在《咏雪》一文中的主问题设计以及段文老师在《诫子书》一文中的主问题设计。杨燕老师在《咏雪》一文课堂导入为“说说你知道的歌咏雪的诗句，你最喜欢哪一句，为什么？我们今天要去看看旧时王谢二家的子女们是如何咏雪的，谁更胜一筹”？“说说你知道的歌咏雪的诗句”，这样的导入使学生明晰了本节课要研读的文本是什么，在遵循学生身心发展规律的基础上，引导学生注重积累，对已有知识进行了整合；“你最喜欢哪一句，为什么”？鼓励学生勤于思考，乐于实践，勇于探索，养成良好的学习习惯；“我们今天要去看看旧时王谢二家的子女们是如何咏雪的，谁更胜一筹”？创设了学习情境，设计富有挑战性的学习任务，激发学生的好奇心、想象力、求知欲。段文老师在《诫子书》一文课堂导入为“书是指什么？《诫子书》又是写给谁的？写了什么”？这样的主问题设计有利于学生梳理文意，整合学习内容，问题简单，易于打动学生进入文本思考。

2. 多种读法综合使用，达到以读促悟的目的

每次教学时总会按照读的层次先来构建课堂，我常常会设计两个环节：一是我能读准确，这里的准确包括读音与节奏的准确，要求学生自读，再通过听读解决字音与节奏中的问题，随后再以男生读、女生读、齐读、一人一句逐句读等多种方式读顺文本；二是我能读明白，这里的明白指可以结合注解进行流畅的翻译，这时常常以默读的方式开展，要求学生把不懂的地方标注出来，再以小组合作的方式解决文意梳理的问题或遇到字词句中的共性问题，我会及时与同学交流达成共识，在此基础上进一步理解文章主要内容和写作技巧，领悟作者的情思以达到立德树人的教学目的。

2023 年 4 月，张渊老师工作室第二次相聚中，多次提及读的重要性。我查阅了《语文教学通讯》，在其 2023 年第 3 期的期刊中发现了关于朗读

的策略，我把这些整合成五个方面——补白性朗读、整合性阅读、反复性朗读、表演性朗读、合作性朗读。

比如张渊老师在《卖油翁》一文中，设计让学生补充卖油翁和陈尧咨对话时的神态动作。这样的朗读设计使得语段中藏匿的人物心理活动更加明晰，便于学生与主人公产生情感共鸣。整合性阅读，印象深刻的就是王静老师《一滴水经过丽江》中“节目组需要为纪录片配上最能打动人心的配音，请从文章中选取最能打动你的语言配在视频中”，这是把文章中的美的语言进行了整合。反复性朗读，我们可以通过改变重音反复朗读来体会作品的主要内容。比如张渊老师在执教《卖油翁》一文“公亦以此自矜”，重音“亦”，引导学生反复诵读“亦”，体会陈尧咨的自以为是、骄傲自满。在文言文教学中使用表演性朗读，既有利于表演者理解文意，也有利于学业能力弱的同学直白地理解课文的主要内容。比如我在《陈太丘与友期行》一文中，在教学的最后环节，要求学生“小组合作，演读文意”，学生们声情并茂地展现了陈太丘的无礼、元芳的据理力争。合作性朗读，在教学时使用的也比较多，有生生合作、师生合作。我印象比较深刻的是赵静老师在《愚公移山》一文的讲解中，设置“请同学们一人一句体会这一句有什么特点（虽我之死，有子存焉；子又生孙，孙又生子；子又有子，子又有孙；子子孙孙无穷匮也）”？老师读“虽我之死”后，以“小小火车哪里开”，一人一句逐句来读，学生很轻松地理解了“顶真”的修辞。

3. 利用创新性作业，实现多维度整合

听了龙雪琴老师的《狼》的群文阅读，我深刻地反思了自己在教学中“课内的联系与课外的延伸”处理有很多不妥之处，随后我也查找了一些资料，重新审视自己的“文言文教学”。我有了以下小结：在新课改与双减政策共同作用下，我们学校要求每一科的作业不得超过 20 分钟，并建立了“作业超市”，即每天的作业由学生根据自己的学业能力自行选择，这就要求老师的作业必须丰富、有趣、有效。在这样的背景下，运用作业测评机制，展开整合很方便且很有效。

一方面可以在课内文本中进行群文整合，比如在复习了《论语》之后，要求学生整合三册课本中的先秦诸子散文《孟子二则》《鱼我所欲也》《庄子与惠子游于濠梁》《愚公移山》等。可以按时间的先后顺序对课内文言文进行整合，先秦—两汉—两晋—唐宋—元明。《论语十则》春秋孔子—《曹刿论战》春秋末年左丘明选自《左传》—《鱼我所欲也》战国孟子选自《孟子·告子上》—《生于忧患，死于安乐》战国孟子选自《孟子·告子下》—《出师表》三国诸葛亮—《桃花源记》东晋陶潜—《三峡》北魏郦道元—《马说》唐韩愈大约作于795~800年—《小石潭记》唐柳宗元写于805年—《陋室铭》唐刘禹锡—《醉翁亭记》北宋欧阳修写于1046年八月—《岳阳楼记》北宋范仲淹写于1046年九月—《爱莲说》北宋周敦颐写于1071年—《记承天寺夜游》北宋苏轼写于1083年—《送东阳马生序》元末明初宋濂。也可以按照相同的文体进行整合，记叙性文章，如《愚公移山》；议论性文章，如《生于忧患，死于安乐》；说明性文章，如《核舟记》。还可以按人物个人遭遇来整合，体会同一境遇中的不同精神面貌，比如开展“名家古风我评说”的活动——苏轼与范仲淹同为贬谪之人，他们的心境有何异同。这样的作业有利于学生形成自己的知识框架，构建自己的知识结构图。

另一方面可以找寻课内与课外延伸文本之间的关联，进行课内与课外的整合。

比如《岳阳楼记》与下文“范文正公轻财好施，尤厚于族人。既贵，于姑苏近郊买良田数千亩，为义庄，以养群从之贫者，择族人长而贤者一人主其出纳。人日食米一升，岁衣缣一匹，嫁娶丧葬，皆有赡给。聚族人仅百口。公殁逾四十年，子孙贤令，至今奉公之法，不敢废弛”进行整合阅读，提出从两文中可以看出范仲淹具有怎样的精神品质，要求学生阐述，不少于150字。这一作业既有对课内文本的理解，也有对学生知识迁移能力的考查，同时对学生书面表达也做了有效提升。

也可以由我们的课内知识链接到其他学科，进行整合。

比如我们可以让学生用音乐的知识改编我们的文言文，或为其配乐；用美术形式为文言文中的某个情节配一幅画并解说。

王国维在他的《人间词话》中引三首宋词描述了人生的三种境界。第一种境界的诗句引自晏殊的《蝶恋花》——昨夜西风凋碧树，独上高楼，望尽天涯路。第二种境界的诗句引自柳永的《凤栖梧》——衣带渐宽终不悔，为伊消得人憔悴。第三种境界的诗句引自辛弃疾的《青玉案》——众里寻他千百度，蓦然回首，那人却在，灯火阑珊处。

就是这样一位位行进在语文之路上的前辈，打开了我对语文的新认识，时光携带着岁月不断前行，我将与语文同行，以语文学科为基点，让与语文相遇的学子们终有所获，去呈现最为美丽的人生。在这里我也想谈谈自己的感受，那就是“在学科实践的韵脚里，做一个深情的语文人”。

实践建构篇

初中语文阅读教学实践与建构

王荣生教授曾提出：“课堂教学的成效，主要不是靠教师在课堂教学现场的发挥，甚至也不取决于教师个人的教学才能，而是取决于课前的教学设计，取决于教师课前对教学目标、教学内容、教学过程、教学方法的周密考量。”一篇课文的教学设计，应围绕“教什么”和“怎么教”两个问题展开，前者包括学习目标和教学内容的确定，后者包括教学环节和学生活动的组织。教学设计是连接预设的学习目标与实际的学习效果之间的桥梁，要讲究有效性与学理性。前者指的是教学设计应精准对接教学目标，后者指的是教学设计本身的逻辑性。从有效性与学理性两个角度应对当前阅读教学设计中存在的问题。

教学设计应精准对接教学目标。加涅在《教学设计原理》一书中提出：“有意义的学习结果是大多数设计过程的起点与终点，因为对设计有效性的评价是针对目标的达成来进行的。”目前，教师制定教学目标主要存在的问题是：教学目标仅从教师与教材的层面进行制定，忽视了学生的主体性与实际学情；混淆了课程目标和一节课的教学目标，生硬照搬学科核心素养框架；目标过于宏大，不够具体；教学目标制定存在想当然的情况，主观意识过于浓厚等。更为突出的问题是：教学设计与教学目标脱节。教学设计的实质是教学内容的安排，因此教学设计和教学目标之间应呈现“前后贯通，一一对应”的状态，即有什么样的目标，就要设计相应的教学环节、活动、板块去实现该目标；反之，有什么样的教学设计，就应达成相应的教学目标。

教师执教蒲松龄的《狼》，可以依据单元导语、预习提示、课后“思考探究”“积累拓展”题目等，将教学目标确定为：运用“关键词概括法”，理清文章思路；运用“补充还原法”，分析屠户和狼的形象；运用“情感词解读法”，把握文章主旨。针对目标，设计了如下教学活动，在自由读、自主译的基础上，用“动 + 名”的短语概括五个段落的主要内容。然后再请学生在该短语前补充主语，进一步明确文章“先叙后议”的写作思路。请学生通过小组合作的方式，在原文中补充有关环境，屠户与狼的心理、动作等词语，通过表格的形式分别呈现屠户与狼的形象。请学生思考“乃悟前狼假寐，盖以诱敌”中隐含的“矛盾”：屠户为什么称自己为“敌人”呢？作者为什么不说“乃悟前狼假寐，盖以诱己”？本文题目是《狼》，为什么最后又说“禽兽之变诈几何哉”，而不说“狼之变诈几何哉”呢？在言语细节的品析中，学生理解作者对凶残狡诈的动物及象征物的对立斗争的态度，把握希望人类要运用智慧与勇气和恶势力斗争的主题。三个教学活动，恰好对应三个教学目标，这就是有效的教学设计。

教学设计应有合理的切入点。教学设计的“切入点”，应该是课堂教学的正式起点，亦即第一个教学环节和本节课教学内容的关系。从教学原理上讲，学情应该是教学设计最为合理的切入点。我认为：教师为什么要确立这个教学目标，是依据学生的学习基础和学习发展需要；教师为什么要安排这样的教学内容，是依据学生的学习经验发展需要；教师为什么选择这样的教学方法，是依据具体的学习内容和学生的学习状态。按照这种理念，“非指示性教学”是最为理想的教学样态。但在实际教学中，学情是很难精准把握的，一节课的起点要么是教材内容，要么是教学行为。教学设计以教师为主导，并不违背教育教学规律。一节课可以从标题、文本、文体、学生阅读活动等切入，然后设计教学环节，对接教学目标。以标题切入，比如《智取生辰纲》直接请学生从标题中看人物之间的关系，引出人数、装备、智谋，对比“杨志团队”和“吴用团队”。教师也可以从题目切入，紧紧抓住“智取”二字，直接进入有关吴用智取生辰纲的片段，然后再将两个团队进行对比，在对比中揭示小说的主题，这样就更为合理了。文体切入，比如《藤野先生》可以从“回忆性散文”切入，请学生思考并回答如下问题：本文回忆了谁？回忆了他的哪些事？除了主要对象，作者还回忆了什么？为什么要回忆这些事？你是如何阅读回忆性散文的？因为本文所在的八年级上册第二单元“单元导语”说“学习本单元，要了解回忆性散文、传记的特点，比如内容真实、事件典型、注重细节描写等”，因此，在进行教学设计时应涵盖“回忆性散文”的文体特征。文本切入，肖培东老师善于抓住文本中的某些句子，由此生发出系列问题，引导学生解读文本。例如他执教《孔乙己》，就抓住了“只有孔乙己到店，才可以笑几声，所以至今还记得”一句，请学生思考如下问题：“你们最‘记得’孔乙己的什么？”“小说中的其他人最能‘记住’孔乙己的又是什么？”“这些人真的是‘记住’孔乙己了吗？”例如《在长江源头各拉丹冬》，可从文中“各拉丹冬值得你历尽艰辛去走上一遭”一句切入，先抓住“走上一遭”，请学生把握作者的游踪；再抓住“值得”，请学生把握游记的“所见”；最后品读“历尽艰辛”，指导学生把握游记的“所感”，就很贴近文本。

要有整体意识，教学设计应关注脉络化的结构。确定合理的切入点后，教学环节要以此为起点，进行结构化的设计，教学环节、活动之间要有严密的逻辑性。这种“结构化”，既可以是文本本身的逻辑结构，如古代文论中“言”“象”“意”彼此关系，也可以是阅读本身的层次或结构，例如有教师提出的阅读评价“五侧面”——提取信息、整合信息、形成解释、作出评价、解决问题，本身可以进一步形成结构化的阅读教学设计。黄厚江老师执教《阿房宫赋》，就是抓住了刘勰在《文心雕龙》中对“赋”的解释：“赋者，铺也，铺采摛文，体物写志也。”教师首先抓住“体物”一词，将课文压缩成一百多字的短文，空出有关阿房宫特点的词语，请学生填空；其次抓住“写志”一词，改写了课文的结尾，请学生思考“后人”的具体含义；最后抓住“铺采摛文”，请学生赏析文本的语言特征。本节课的整体性和脉络性就体现在“赋”的文体规约上。黄老师认为：“教学过程是由一个个教学环节组成的，这些环节之间，这个过程的发展，应该是一个合乎逻辑的运行。”他称之为“教学程序的安排”。“程序”一词更加说明，教学设计应该是结构化的整体。正如韩荐老师所说：“语文教学设计的本质特点就是‘重构’，就是打散原来的材料、顺序、结构，运用原文材料重组一个语言、知识、方法、价值的新文本。”如张渊老师执教《智取生辰纲》，从小说的“情节”要素切入，指导学生从愿望、障碍、行动三个方面梳理有关杨志的情节，进而提出“情节解读三要素法”；继而迁移内化该阅读方法，将其运用到有关吴用的情节中；最后再次将这种方法运用到新的情境中，要求学生运用该方法分析“花和尚单打二龙山　青面兽双夺宝珠寺”的情节片段。这节课就实现了“知识建构—知识内化—知识迁移”的整体设计理念。总之，教学环节本身要符合教学规律和学情，教学切入点要合理，教学环节彼此之间存在着一定的逻辑关联，各个教学环节最终组成了一个严密的整体。当然，该整体并非是封闭的，而是伴随着学生每时每刻的生成性内容。

要有创新意识，教学设计应关注新颖的思路。不少教学设计是按照“背景介绍—整体把握—段落层次—写作手法—中心主旨—价值观教育”的步骤进行的，要么就是按照某种文体的要素，例如教小说就是按照小说三要素，将课堂分为“故事情节把握”“人物形象分析”“环境描写作用”“中心主旨把握”等环节，教议论文就是按照议论文的三要素，请学生分别把握“论点”“论据”“论证手法与思路”等板块。这类教学设计的最大问题就是机械化，忽视文本的文体特征以及其他特质，久而久之就会使学生出现“被动适应”的自动化状况，学生对语文学习也会渐渐失去兴趣。执教《白杨礼赞》，可采用“互文参照设计法”，即与课文“知识补白”部分茅盾先生的《题白杨图》进行参照式阅读。画家沈逸千根据《白杨礼赞》作了一幅《白杨图》，茅盾先生于1943年为这幅图写了《题白杨图》的诗。可以说，散文《白杨礼赞》和诗歌《题白杨图》是存在着互文关系的。教师以此作为设计思路，请学生找到《白杨礼赞》中与诗歌里某些诗句对应的句子，并比较二者的差异，进而引导学生比较两篇文本在思想感情方面的差异。执教《智取生辰纲》，可创新抓住小说的关键意象，即杨志团队的“藤条”和吴用团队的“椰瓢”，以此为切入点进行分析。前者代表的是杨志急功近利的暴躁性格，从而导致团队内部的分裂；后者则体现出吴用团队的机智、精细与团结。然后教师指导学生从人物性格、行动目标和作者立场等角度分析“藤败瓢胜”的原因，进而归结小说的本旨。最后教师提醒学生关注小说的道具（或曰“意象”），进而上升到小说阅读方法的点拨层面。执教《变色龙》，在分析奥楚蔑洛夫的形象后，教师又请学生思考，文中还有哪些“变色龙”？学生对文本进行细读后发现，巡警、赫留金、人群里的人、普罗诃尔等，都出现了前后不一、变来变去的行为。继而，教师又请学生思考，社会出现了这么多的“变色龙”，究竟是谁之过？这样就把学生的思维引向更深层，即探究小说的主题意义。

正如加涅所说：“教学系统设计过程是非常复杂的，不可能简单化为单一的结构性、逻辑性或动态性的表征，认识到这一点很重要。”除了精准对接目标、关注设计的切入点、整体性以及创新性外，教学设计还应时时以多角度解读文本为根基，采用合适的教学模式，凡是有益于教学实施的都应该精准使用。

多维度解读文本

一堂好课，离不开好的教学设计，一个好的教学设计离不开对文本的细致解读。关于文本分析，教学实施者可以按照编者意图、作者写作意图、读者阅读目的、文本本身四个方面来分析。

以小说《社戏》为例。先从编者意图角度思考，本文属于统编版八年级下册第一单元的第一篇课文。八年级相比七年级教材，内容上由表现学生周围的生活扩展到表现广阔的社会生活。体例上也过渡到文体特征明显的文章。在阅读教学方面的要求比以前丰富，难度也有所提升。八年级下册的第一单元是一个多文体的单元，有小说、诗歌、散文，但都有一个共同的主题，那就是“民俗文化”，学习本单元，能让学生开阔眼界，见识多样多元的民俗现象，增进学生对社会生活和文化的理解。根据单元导读第一课的预习提示和课后思考探究，我们发现本单元及本课的关键词有：民俗、表达方式、品味语言、概括文意、理解情思。从作者写作意图角度理解，《社戏》作为本单元第一篇课文，是鲁迅先生的一篇较长的短篇小说，作者用虚构的故事让学生随着主人公的眼光，体察平桥村的生活，感受那里淳朴的民风。本文既贴近学生生活情趣，又有着丰富的内涵。鲁迅，原名周树人，字豫才，浙江绍兴人，伟大的文学家、思想家、革命家。1918 年 5 月，第一次以“鲁迅”为笔名发表了中国文学史上第一篇白话小说《狂人日记》。本文选自《呐喊》。《社戏》是鲁迅 1922 年写的一篇短篇小说，作品以作者少年时代的生活经历为依据，用第一人称写“我”二十年来三次看戏的经历：两次是辛亥革命后在北京看京戏，一次是少年时代在浙江绍兴小村庄看社戏。《社戏》全文原有前后两个部分，课文节选的最后一部分，叙述的是看水乡社戏的往事。鲁迅母亲的娘家在绍兴附近的平桥村，童年的鲁迅因此有机会与农民的孩子交朋友，并了解农村生活。他的作品里有许多同情农民、歌颂农民的篇章，本文就是这类作品中的名篇。从读者阅读目的来看，授课对象是八年级学生，他们在前面三个学期的学习中，已经具备了一定的语文知识积累和一定的学习方法策略。对鲁迅的文章，学生是比较熟悉的，但是对于鲁迅全篇的小说还没有接触过，对于民俗的学习也是第一次，而且这批孩子的童年多与辅导班、电脑、手机联系在一起，对文章描述的淳朴农村生活场景难以产生共鸣。从文本本身来思考，本文属于小说，小说阅读往往围绕着人物、环境、故事情节展开，最终走向小说主题。《社戏》人物有迅哥儿（即我）、母亲、外祖母、八公公、双喜、阿发、铁头老生、老六一公公、桂生。主要人物有：双喜——小说中刻画最细致、着墨最多的形象。作者抓住了他的语言、动作进行细致地描写，透过他的种种言行塑造了人物形象。双喜是一个聪明能干、善解人意、做事周到、细心果断的农村少年。当“我”看社戏遇到波折时，双喜大悟似的提议。当外祖母担心都是孩子们时，双喜大声打包票，理由有三，船又大、迅哥儿向来不乱跑、我们又都是识水性的。分析铁头老生不翻筋斗的原因来安慰“我”。归航偷豆时双喜考虑周到，及时劝止大家。吃完豆，双喜所虑的是用了八公公船上的盐和柴，已想好了对策。送我回到家，“都回来了！那里会错。我原说过写包票的”！偷换话题，聪明地躲开了六一公公的责问。六一公公——平桥村村民的代表，是个宽厚善良、淳朴好客、真挚热忱的老人。文中关于他的描写并不多，大致有这样三处，“双喜，你们这班小鬼，昨天偷了我的豆了罢？又不肯好好的摘，踏坏了不少”。六一公公看见我，便停了楫，笑道，“请客？——这是应该的”。还问：“迅哥儿，昨天的戏可好么？”“豆可中吃呢？”第二天，六一公公送豆给母亲和我吃。

除了双喜和六一公公，文章还塑造了憨厚无私的阿发、勤快机灵的桂生等形象，给读者留下了深刻的印象。

一、文本中的环境

读《社戏》，扑面而来的是浓郁的乡土气息、淳厚的风俗人情，月夜行船、船头看戏、午夜归航这几个场景留给读者很深的印象。尤其是第 11–13 自然段，作者采用抒情的表达方式，将月下水乡描绘得清新、悠远，如梦如幻，散发着江南水乡淡淡的泥土的芬芳。透过字里行间，作者对故乡的挚爱之情也隐约可见。以第 11–13 自然段为例：“两岸的豆麦和河底的水草所发散出来的清香，夹杂在水气中扑面的吹来；月色便朦胧在这水气里。淡黑的起伏的连山，仿佛是踊跃的铁的兽脊似的，都远远的向船尾跑去了，但我却还以为船慢。他们换了四回手，渐望见依稀的赵庄，而且似乎听到歌吹了，还有几点火，料想便是戏台，但或者也许是渔火。……于是赵庄便真在眼前了。”这是夏夜行船去看社戏、船行水路上“我”的所见之景。仔细品读我们不难发现，作者采用绘画中的写意笔法，充分描绘了月夜行船所见的江南夜景，情景交融，充满了水乡特色。作者写豆麦、水草，写连山、水气，写渔火、灯光都抓住了自然与人文景物的特点来写，充分调动视觉、嗅觉、听觉等感官，从色彩、气味和声响等方面将江南水乡夜色描写得有形有色，有情有味，写法精妙，值得借鉴。色彩如豆麦的“碧绿”，连山的“淡黑”，月光的“皎洁”，渔火、灯光的“红”，航船的“白”；气味如豆麦和水草的“清香”；声响如船行的“潺潺”声，孩子们的笑声，横笛的“婉转，悠扬”等。用修辞手法也增强了景物描写的表达效果。例如：淡黑的起伏的连山，仿佛是踊跃的铁的兽脊似的，都远远的向船尾跑去了。句中运用比喻、夸张的修辞，“跑”和前文的“飞”遥相呼应、化静为动，形象传神地写出了夜色朦胧中，船行水面，看连山高低不平、起伏跳跃的特定情景。这句看似是客观描述，其实是主观看景。就是通过“我”的视角观察途中景象，“似乎”“料想”“但或者也许”，这几个词语都有表达推测的意思，正是这种不确定，更能传达出“我”既感到新鲜、陌生，又急于辨认社戏所在地的内心体验，从而真切地让读者感受到“我”去赵庄看社戏的迫切心理。“那声音大概是横笛，宛转，悠扬，使我的心也沉静，然而又自失起来，觉得要和他弥散在含着豆麦蕴藻之香的夜气里”。为什么会沉静而自失呢？大家可以想一想，笛声婉转悠扬使人不觉沉醉在月色里，但我的内心仍然想着快一点确定“渔火”，到达赵庄。这里“沉静”一词表明悠扬婉转的笛声使我迫切的心情得到了缓和。而“自失”“弥散”“果然”则生动地再现了“我”当时的沉醉之态。这些词语看似不经意，仿佛信手拈来，仔细品味就会觉得运用得贴切、生动，非常符合孩童的视角和心理，充满了童真童趣，从而增强了小说的可读性和感染力。环境背景设置在随母归省小住平桥村，钓虾、放牛的乡间生活，小环境设置的有“两岸的豆麦和河底的水草所发散出来的清香，夹杂在水气中扑面的吹来”——富有江南水乡特征的景物，这里有清香清新的空气。“月色便朦胧在这水气里”——江南月色在水气氤氲中迷蒙，富有诗意。“淡黑的起伏的连山，仿佛是踊跃的铁的兽脊似的，都远远地向船尾跑去了，但我却还以为船慢”——山在夜色中、山在船行进中的上下起伏。“那声音大概是横笛，宛转，悠扬，使我的心也沉静，然而又自失起来，觉得要和他弥散在含着豆麦蕴藻之香的夜气里”——横笛的悠扬，陶醉、沉静的江南之景。“回望戏台在灯火光中，却又如初来未到时候一般，又漂渺得像一座仙山楼阁，满被红霞罩着了”——如同画上仙境一般美丽动人。从自然环境来看，平桥村是一个美丽的水乡，“是一个离海边不远，极偏僻的，临河的小村庄”，有随船前行不断起伏的连山，有依稀可见的渔火，还有朦胧月夜中如仙境般存在的戏台。两岸豆麦与河底水草的清香在水气之中，同伴的谈笑声、船头激水声、横笛声令“我”在夜色里感到有些自失，营造出诗意朦胧的月夜水乡。从人文环境来看，平桥村小而偏僻，住户们也大多没怎么读过书，然而孩子们善解人意、大人们淳朴热情。

这里自然美，人性也美，是作者鲁迅理想中自在、和谐的乡村世界。

从故事情节解读，看戏前——先做铺垫，并不急于讲述“社戏”故事，而是先介绍平桥村的状况，讲述乡间生活，然后转入写“我”盼望看社戏（“起”）。看社戏——没船，使“我”一下子陷入失望的情绪之中（“伏”），双喜提议自己开船去，大家附议，似乎柳暗花明（“起”），外祖母、母亲不同意（“伏”），双喜打包票，伙伴们集体争取，终于出发（“起”），看社戏不甚满意，败兴而归（“伏”）。看戏后——返航水路上“偷”煮罗汉豆吃（“起”），事后余波，六一公公谈论“偷豆”的情节（“伏”）。

二、从主题探究，小说题目是《社戏》

真正直接写社戏的段落只有第 14-21 自然段，依然是以儿童的视角与心理写长胡子的人和一群赤膊的人打仗，写铁头老生不翻筋斗，写老旦咿咿呀呀地唱、大家喃喃地骂，写桂生没买到豆浆，写因无聊大家商量着回家等等，似乎读者期盼中的社戏不该是这个样子的呀！然而结尾作者写道：“真的，一直到现在，我实在再没有吃到那夜似的好豆——也不再看到那夜似的好戏了。”这句话意味深长，豆是普通的豆，戏也是让“我”昏昏欲睡的戏，作者却说“好豆”“好戏”，真正原因大概有以下几点：“我”真正难忘的是平桥村的环境和乡民，特有的农村风光，自由的空气，人与人之间淳朴真挚的感情，和谐亲密的关系；伙伴们看戏过程中无拘无束，自在玩耍的氛围和感受，这一切都是“我”童年时代在城镇未曾见到过，也是在以后的人生路上很少见到的；孩童对未知新鲜事物的追求与探索远远比直接得到它更有吸引力；加上时间久远，短暂的生活片段不仅是一些记忆，更是一种乡土情怀，历久弥新，时间越久越显得珍贵。

小说表现的是淳朴的民风民情，赞美的是淳朴善良的人性，那对于小伙伴们“偷豆”的情节该怎样理解？是否与主旨不符呢？“偷“一般意义上是残酷、自私、遭人唾弃的行为，文中“偷豆”的情节反映的则是小伙伴们诚恳的待客之礼，饱含着浓浓的乡情。小说中阿发多憨厚可爱啊，他还主动要求大伙“偷”他家地里的豆呢！六一公公对此事也只是轻描淡写。另一方面

“偷豆”的行为是热情无私的，反映了伙伴们周到细致、天真纯朴的天性，彰显了童真童趣，激起了孩子们的快乐，这才是让“我”一生难忘的原因，这也是小说中心主旨所在。

回过头再来看“再也看不到那夜似的好戏了”这句话，鲁迅通过扭转叙事时空，将读者带到迅哥儿的童年记忆，这段文字背后隐含着对平桥村这个桃花源般的地方的眷恋与向往、对理想儿童成长状态的呼唤，也以此对当下的现实生活时空进行了一种对比反思。结合 1922 年鲁迅创作《社戏》时的具体社会生活状况，类似于平桥村这片乐土上存在的热情友好、平等和谐，是难以在生活中普遍实现的，故而“好戏”不再。但这种“不再”却不意味着封存回忆，逃避现实并放弃追寻，而是仍于“不再”中进行着思索，以平桥村中的温情回忆勾勒着心中充满希望的未来。

总之，《社戏》全文情节曲折、人物形象生动、语言富有表现力。作者综合运用多种表达方式以儿童的叙述视角追忆童年，流露出较强的主观色彩，带领读者领略江南水乡民俗。小伙伴的友好、老人的慈爱、社戏的新奇、水乡夜色的神秘风光等都让读者身临其境。由此歌颂了淳美善良的人性，也表达了作者对早年往事的怀念和对家乡、对乡民、对民风民俗的热爱之情，难怪有学者这样评价：《社戏》就是一曲自然美的颂歌。

通过分析，教学实施者可以这样进行教学设计：

解题、了解作家作品。1. 题目《社戏》，“社”，是一个会意字。会意是造字法的一种，由两个或几个象形符号合在一起，构成一个新的字，表达一个新的意思。左边“礻”字旁表示祭祀，右半边的“土”表示土地神的意思。古代把土地神和祭祀土地神的地方叫“社”。按照我国民间的习俗，每到播种或收获的季节，农民都要立社祭祀，祈求或酬报土地神。在绍兴地区，后来发展为以演戏的形式祭祀，这时候演的戏就称为“社戏”。2. 作者介绍。鲁迅，大家必定不陌生，我们一起来温习：鲁迅原名周树人，浙江绍兴人。“鲁迅”是他 1918 年发表《狂人日记》时所用的笔名，也是他影响最为广泛的笔名，他是现代著名文学家、思想家、革命家，五四新文化运动的重要参与者，中国现代文学的奠基人。代表作有回忆性散文集《朝花夕拾》，小说集《呐喊》《彷徨》，诗集《野草》等。杂文是他进行革命的匕首和投枪，其作品内容丰富，数量最多。相比之下，他的散文和小说对于初中生而言，更通俗易懂一些。七年级时我们学过他的《从百草园到三味书屋》《阿长与山海经》。今天要学习的《社戏》出自小说集《呐喊》。

"横眉冷对千夫指，俯首甘为孺子牛。"——《自嘲》

"无情未必真豪杰，怜子如何不丈夫。"——《答客诮》

"其实地上本没有路，走的人多了，也便成了路。"——《故乡》

初读感知、梳理结构。1. 通读全文后，结合课后第一题梳理这篇文章的结构和内容。2. 课文详写了哪些事？略写了哪些事？作者为什么要这样安排详略？结合课后思考探究，进行情节的梳理。3. 情节发展的节奏与叙事的波澜。

精读课文、体会形象。1. 这篇小说在事件叙述中刻画人物言行，从而塑造了鲜明、生动的形象。大家读完全文后一定有自己喜欢的人物吧！例如，双喜、阿发、桂生这些小伙伴，我的亲人外祖母、母亲以及六一公公等。同桌合作朗读、分析、展示。补充追问：这里的动态场景描写有什么表达效果呢？ 2. 主要人物形象探究。双喜——小说中刻画最细致、着墨最多的一个形象，作者抓住了他的语言、动作进行细致地描写，透过他的种种言行塑造了人物形象。双喜是一个聪明能干、善解人意、做事周到、细心果断的农村少年。六一公公——平桥村村民的代表，宽厚善良、淳朴好客、真挚热忱的老人。除了双喜和六一公公，文章还塑造了憨厚无私的阿发、勤快机灵的桂生等形象，给读者留下了深刻的印象。

品读语段、分析环境。1. 品读重点语段，感受小说环境描写的精妙。2. 明确本文的中心主旨、品味语言表达的特色。读《社戏》，扑面而来的是浓郁的乡土气息，淳厚的人情，月夜行船、船头看戏、午夜归航这几个场景留给读者很深的印象。尤其是第 11–13 自然段，作者采用抒情的表达方式，将月下水乡描绘得清新、悠远，如梦如幻，散发着江南水乡淡淡的泥土的芬芳。透过字里行间，作者对故乡的挚爱之情也隐约可见。以第 11–13 自然段为例，具体品读分析（学生自选角度进行）。

写法归纳、学以致用。1. 以第 11–13 段为例说说小说中环境描写有什么作用呢？ 2. 儿童视角和心理的叙述方式。3. 探究本文的写作主旨。小说题目是《社戏》，真正直接写社戏的段落只有第 14–21 自然段，依然是以儿童的视角和心理写长胡子的人和一群赤膊的人打仗，写铁头老生不翻筋斗，写老旦咿咿呀呀地唱、大家喃喃地骂，写桂生没买到豆浆，写因无聊大家商量着回家等等，似乎读者期盼中的社戏不该是这个样子的呀！然而结尾作者写道："真的，一直到现在，我实在再没有吃到那夜似的好豆——也不再看到那夜似的好戏了。"这句话意味深长，豆是普通的豆，戏也是让"我"昏昏欲睡的戏，作者却说"好豆""好戏"，纵观全文内容，你是怎样理解的呢？

质疑表达、合作探究。小说表现的是淳朴的民风民情，赞美的是淳朴善良的人性，那对于小伙伴们"偷豆"的情节该怎样理解？是否与主旨不符呢？纵观全文的语言特色，我们归纳为以下三个特点：简练而精粹，内涵丰富；平实而富有情味；生动而有画面感。

课堂归纳、总结提升。《社戏》全文情节曲折、人物形象生动、语言富有表现力。作者综合运用多种表达方式以儿童的叙述视角追忆童年，流露出较强的主观色彩，带领读者领略江南水乡民俗。小伙伴的友好、老人的慈爱、社戏的新奇、水乡夜色的神秘风光等都让读者身临其境，由此歌颂了淳美善良的人性，也表达了作者对早年往事的怀念和对家乡、对乡民、对民风民俗的热爱之情，难怪有学者这样评价：《社戏》就是一曲自然美的颂歌。推荐课后阅读《本命年的回想》（刘绍棠）、《呐喊自序》（鲁迅）、《五猖会》

（鲁迅）。

综上可知，一堂好课，总是源自教师对文本世界的宏观把握以及对微观世界的深入解读。

对于文本中宏观世界与微观世界的解读，必然离不开“留白与补白”之法的运用。前文已经提及教材文本中内含着“世界、作品、作者、读者、编者”，那么我们这些语文教学的实施者就要帮助学生用恰当的教学方法把文本中的隐含的留白内容进行补白，同时让学生学会用补白之法，深入地理解文本的内涵与外延。我们仍然以具体的教学案例来谈。

以《记承天寺夜游》为例，这是一篇教读课文，出自统编版八年级上册第三单元第二课《短文两篇》中的第二篇文章，苏轼被贬黄州时所作的一篇小品文。课程标准提到阅读教学要在诵读课文的基础上，理清思路，理解分析内容，体味和推敲重要词句在语言环境中的意义与作用。对课文的内容和表达有自己的心得，能提出自己的看法，能运用合作的方式，共同探讨、分析、解决疑难问题。在阅读中了解叙述、描写、议论、抒情等表达方式。欣赏文学作品，有自己的情感体验，初步领悟作品的内涵，从中获得对自然、社会、人生的有益启示。对作品中感人的情境和形象能说出自己的体验，品味作品中富于表现力的语言。阅读浅显的文言文，能借助注释理解基本内容，了解常用的修辞方法，体会它们在课文中的表达效果。而本节课的学习目标则要求学生理解景与个人心境的关联，学习景物描写的技巧以及表达方式的综合运用。这样短小的散文，学生还是比较喜欢阅读的，加之语言的美感，学生在字面上可以达到浅层次的理解文章内容。比如文从字顺地梳理文意，找寻表达方式在文章中的运用以及写景的技巧与营造的意境。但对于作者要流露出的心境与对“闲人”的理解还是存在困难的。借助对作者的理解，苏轼由最初反对“新法”到后来反对“尽废新法”，屡遭贬谪终不得志，心中郁积着满腔的孤苦闲愁，夜游承天寺的经历使他获得了短暂的情感释放。文本仅用 85 个字，选取了特定而美好的生活片段，月夜庭院、玩竹赏柏，将月光下的竹柏之影视为水中摇曳的藻荇，沉醉其中超然物外，真切地表达了虽被贬谪却豁达开朗的情怀。因此我设置了“我能读准确”教学环节，活动要求自由朗读课文，注意读准字音，读出节奏，把自己难以把握的地方，用问号批注。再展示朗读，一名学生展示，教师范读，攻克难点，然后全班齐读。读语义环节，活动要求学生结合注释，译读全文，教师答疑解惑，教师预设“欣然、念、户、遂、寝、相与、空明、交横、盖、但”等重点词语。学法指导：梳理文意总原则，应抓住关键字词，以直译为主、意译为辅，做到字字落实。翻译的常用方法，留（保留）删（删除）补（增补）替（替换）调（调整语序）。难点攻克：“庭下如积水空明，水中藻荇交横，盖竹柏影也。”学法指导：抓住“如”“盖”，采用寻找本体和喻体的方法理解句意。教师活动：引导学生梳理语义，理解先叙事再描写景物最后抒情、议论的思路顺序。“我能读明白”：这是一轮怎样的明月？学法指导：先找出描写月夜的句子，再结合注解理解字面意思用相应的语言去描绘，补充描写明月的词语——清新淡雅、明净澄澈、洁净、清柔、如纱、皎洁、银白、醉人、柔美、晶莹、似水、如银、迷离……提问学生，作者运用了哪些手法为我们呈现了这样的明月？学法指导：文学中常见的艺术手法有夸张、对比、比喻、拟人、联想、想象，抑扬结合、点面结合、动静结合、叙议结合，情景交融、烘托、对比、前后照应、托物言志、借景抒情、虚实相生。教师预设：月色洒满庭院好像积水充满院落，清澈透明，水中有水藻荇草交错纵横，原来是竹子和柏树的影子。比喻：“积水空明”四字，比喻庭院中月光的清澈透明。用“藻荇交横”四字，比喻月下美丽的竹柏倒影。虚实结合，实景——月、松柏；虚景——积水、藻荇。烘托：以水中藻荇交横，烘托月的空灵澄澈。动静结合：“藻荇交横”是以竹柏倒影来烘托月光，给人以水草摇曳的动态之美，整个意境静中有动，动而愈见其静。教师引导：师生对话，检测学生对写景技巧的理解。运用补白：在文化传承与理解方面设置“何夜无月？何处无竹柏？”生活中似乎处处有月，处处有竹柏，为何只有苏轼可以发现这样的美景呢？教师预设：这样的闲人与这样的月夜相逢，他的心情是怎样的？学生活动：要求学生自主学习，沉浸式思考苏轼为何以“闲人”自称，展露出他怎样的情感世界？学生小组合作与交流，教师温馨提示可结合课下注解和资料链接，联系文章内容，形成观点。教师预设：清闲的人为苏轼，已被贬官，现处于“有职无权”的境遇，自然“无案牍之劳形”，入夜即“解衣欲睡”；见“月色入户”，便“欣然起行”；与张怀民“步于中庭”，连“竹柏影”都看得那么仔细、清楚，两人都很“闲”；有闲情雅趣的人——不是所有清闲的人都能看到这样的美景，而只有有闲情雅趣的人，才有这发现美的眼睛，比如在寒夜见“月色入户”就“欣然起行”，足见其高雅；指自己当时“有职无权”的境况，是对自己的一种自嘲；清闲之人，指能不汲汲于名利，能够寄情山水，有心欣赏自然美景的人，是一种自得欣喜；闲情雅致之人，自己本当为国家奉献，而现在却无用武之地，沦落至此，有一种失落，称“闲”无非是一种自慰，聊以自慰之人；生活的困苦，心中大志难酬，做到孤芳自赏，为自己的行为而自豪，旷达乐观之人。教师小结：那夜的苏轼拥有怎样的心境——赏月的欣喜，漫步的悠闲，贬谪的悲凉，失意的落寞，人生的感慨，自我排解的达观，种种微妙复杂的感情尽在其中，人生的感情尽在其中，反映了作者胸怀愤懑，而又自嘲自解的心态。在思维发展与提升方面，设置“穿越千古，相识相知”环节，补白以下诗句：40 多岁贬官黄州——长江绕郭知鱼美，好竹连山觉笋香；50 多岁贬官惠州——日啖荔枝三百颗，不辞长作岭南人；60 多岁贬官儋州——我本儋耳人，寄生西蜀州。要求学生联系本文写一写，苏轼是怎样的人，我想对你说……教师预设：苏轼能让我坦然面对人生，“人有悲欢离合，月有阴晴圆缺，此事古难全”。“竹杖芒鞋轻胜马，谁怕？一蓑烟雨任平生”。“拣尽寒枝不肯栖，寂寞沙洲冷”。“人生如逆旅，我亦是行人”。“试问岭南应不好，却道：此心安处是吾乡”。他豁达洒脱，让生命多了一分憧憬，少了几分惆怅……

本节课教学设计清晰，重难点把握准确，教学方法得当，课堂过程完整。

特别是沉浸式学习方式的使用，有效地使学生精心、静心、安心于文本之中，有时间、有精力沉入文本，这十分符合浮躁的八年级同学；自主合作与交流的学习方式，让学生有了小组分享的机会，有助于学生合作能力的提升。但在本节课中我也有遗憾：学生的朗读形式过于单一，使课堂缺少了朗读的风采。我想如果时间允许的话，将分片段读、男女生读、师生合读、学生独立展示等多种形式的朗读，运用到课堂之中。为贯彻落实国家新课改的要求，承担着工具性与人文性的语文学科，迎来了重点改革的新机遇、新挑战，语文教师不仅要转变教学理念，还要让语文课堂充实具体，让学生通过学习文本提升真正的语言运用技能。那么初中语文教学策略中，补白是必须要学生掌握的解读文本的有效方法。教学者心中一定要明晰文本中留白的内容有哪些，也就是需要你去帮助学生补白的地方，使得分析“留白”与进行“补白”成为初中语文教学改革的重要抓手。

以《记承天寺夜游》课堂设计为例，因为古人语言呈现的特殊性，经常会省略一些内容，老师在文本解读“我能读明白——语义顺序”教学环节中就用到了“补白”的教学策略。

【活动要求】

结合注释，译读全文——学生结合注解疏通文意，教师答疑解惑。

【教师预设】

“欣然、念、户、遂、寝、相与、空明、交横、盖、但”等重点词语。

课件出示全文。

【学法指导】

（导学卡展示）：梳理文意总原则——应抓住关键字词，以直译为主、意译为辅，做到字字落实。

翻译的常用方法——留（保留）删（删除）补（增补）替（替换）调（调整语序）。

我们发现文本原文“元丰六年十月十二日夜，解衣欲睡，月色入户，欣然起行。念无与为乐者，遂至承天寺寻张怀民。怀民亦未寝，相与步于中庭。庭下如积水空明，水中藻、荇交横，盖竹柏影也。何夜无月？何处无竹柏？但少闲人如吾两人者耳”中有很多文言省略的内容，学生在翻译的过程中，一定按照“补”的原则，这样才能为准确理解文意做好基础性铺垫。

学生补白内容：“元丰六年十月十二日夜，（吾）解衣欲睡，月色入户，欣然起行。念无与为乐者，遂至承天寺寻张怀民。怀民亦未寝，相与步于中庭。（月光）庭下如积水空明，水中藻、荇交横，盖竹柏影也。何夜无月？何处无竹柏？但少闲人如吾两人者耳。”

根据补白的内容学生很轻松地梳理出基础文意，翻译如下：“元丰六年十月十二日夜晚，（我）正准备脱衣入睡，恰好看到这时月光从门户照进来，于是高兴地起身出门。考虑到没有和我一起游乐的人，就到承天寺寻找张怀民。张怀民也还没有入睡，就一同在庭院里散步。（月光）照在庭院里像积满的清水一样澄澈透明。水中水藻、水草纵横交错，原来是院中竹子和柏树的影子。哪一个夜晚没有月亮？又有哪个地方没有竹子和柏树呢？只是缺少像我们两个这样清闲的人罢了。”

在理解了基本文意的基础上我们再从“世界、作品、作者、读者、编者”的角度来分析，对文本内容进行补白式梳理。

一、从世界的角度来看

北宋，是中国古代史上经济与文化发展的巅峰时期，取得了一系列成就，对后世产生着深远的影响，是传统经济新高峰，是古代最有近代化趋势的朝代。其中商品经济高度发达，城市化水平达到古代最高水平，出现了世界最早的纸币。在这样的情况下，宋朝的重农抑商政策松动了，工商业者的地位得到了提高，被历史学家称呼为“商业革命”。宋代在军事、财政、行政三大方面分割了地方权力，让地方失去了割据势力，中央集权终于战胜了封建割据，中国进入了相对稳定的统一时代。北宋又通过分权，抑制了相权，加强了皇权。因而宋朝在历史上具有转折点的地位，史学界也有“唐宋变革论”这个话题。同时期的其他文明——西亚方面，阿拉伯帝国已经崩溃，中亚的突厥化民族趁机涌入西亚，建立了花拉子模、塞尔柱等帝国。这表明未来的西亚可能会出现一个突厥化民族建立的大帝国，这个帝国就是奥斯曼帝国。在南亚，传统的印度文明走向衰落，西亚的伊斯兰势力涌入印度次大陆，建立了德里苏丹国。伊斯兰势力的进入，改变了印度的宗教、文化和民族格局。可见，传统的亚洲文明都开始出现了一种转向，这些转向都是因为旧文明的秩序崩溃为其提供了条件。欧洲也在悄然发生变化，这些变化会在 16 世纪后影响全球。在这个过程中，中国和西方文明都在孕育一些新的文明因素。中国传统的势力更强大，这严重限制了新文明因素的成长。而西方则不同，欧洲没有集权，社会管理比较松散，使新的文明因素的阻碍因素较小。在之后几百年，中国又巩固了集权，固守着自己的传统，而西方却在近代文明的带领下走向了强盛。生活在北宋时期的词人苏轼（1037–1101 年），在时代大兴“新法”、改革之风大盛时，由于反对王安石“新法”而被调离出京。神宗元丰二年（1079 年）七月，因御史李定、何正臣等说他写诗讽刺了“新法”而在八月被捕入狱。这就是当年有名的“乌台诗案”（乌台，指当时的御史府）。十二月苏轼出狱后贬为黄州团练副使，但不可以“签书公事”，也就是说做着有职无权的闲官。本文写于宋神宗元丰六年（1083 年），当时，作者被贬官到黄州已经有四年了。本文体现了深刻的世界观，比如“静”的哲学，“本心”的哲学。

二、从作品的角度来看

《记承天寺夜游》是一篇融合了记叙、写景、议论为一体的文言文。全篇只有 85 个字，对月夜景色却做了细致描绘，“庭下如积水空明，水中藻、荇交横，盖竹柏影也”，真实地记录了作者被贬黄州后的一个生活片段。“元丰六年十月十二日夜，解衣欲睡，月色入户，欣然起行。念无与为乐者，遂至承天寺寻张怀民。怀民亦未寝，相与步于中庭”，体现了作者与张怀民的深厚友谊，以及他对知音甚少的无限感慨。“何夜无月？何处无竹柏？但少闲人如吾两人者耳”。抒发了作者壮志难酬的苦闷及自我排遣，以及旷达乐观的人生态度。全文情感真挚，如行云流水，一气呵成。

三、从作者的角度来看

《记承天寺夜游》是在贬谪情况下写的。作者“解衣欲睡”的时候，“月色入户”，于是“欣然起行”，月光难得，不免让人欣喜。可是没有人和自己共同赏月，只好去找同样被贬的好友张怀民。这里面有多少贬谪的悲凉与人生的感慨呀！两人漫步中庭，又是悠闲自在的。自比“闲人”二字，则所有意味尽含其中。对澄澈透明的美妙的月色做生动形象的描绘，透露出作者在贬谪中虽感慨幽微，而又随缘自适、自我排遣的特殊心理。表达了作者对月光的喜爱，抒发了作者自解、自矜、自嘲，以及对自然生活的向往与欣赏。对与“闲人”相对的“忙人”（朝廷官员小人）的鄙夷和讽刺，表达的感情是微妙而复杂的，贬谪的悲凉、人生的感慨、赏月的欣喜、漫步的悠闲都包含其中。

四、从读者的角度来看

《记承天寺夜游》以课堂实施的维度分析，这里的读者包括：解读文本的老师，学习文本的学生。按照新课程理念以“学生为主体”的要求，这里解读文本的读者主体就应该是学生。这篇文章是八年级上册第三单元第10课，八年级的学生面对这样短小的散文，还是比较喜欢阅读的，加之语言的美感，学生在字面上可以浅层次地理解文章内容。比如，文从字顺地梳理文意，找寻表达方式在文章中的运用，以及写景的技巧与营造的意境。但对于作者流露出的心境与对“闲人”的理解还是存在困难的。

五、从编者的角度来看

《记承天寺夜游》出自统编版八年级上册第三单元第十课《短文两篇》中的第二篇，是一篇教读课文。第三单元的单元要求是“学习本单元课文，要借助注解和工具书，整体感知内容大意。反复诵读，借助联想和想象，进入诗人描绘的意境，感受山川风物之灵秀，体会作者寄寓其中的情怀。注意积累常见的文言实词、虚词”。而本文的预习提示之一是“面对风景，只有有发现美的眼光和感受美的心情，才能真正领会到其中的美。默读课文，展开联想与想象，体会两位作者发现的美和寄寓的情”。从新课标的角度解读来看，我们可以抓取关键点“感受美”“品味情”。

但这些内容都是零散的、隐形的，怎样把文本中留白的部分，让学生“补白”以达到深入理解的目的，是对老师课堂设计的艺术化的要求。教学艺术化是初中语文教学改革的重要途径，它能帮助学生营造沉浸式的课堂模式，为学生创设虚拟情境，使学生在课堂中更具备参与感，积极主动投入学习。比如课例中的导入环节：“古往今来，月被文人墨客赋予了不同的情感，月成了思乡的代表（举头望明月，低头思故乡）、友情的寄托（我寄愁心与明月，随君直到夜郎西），那苏轼《记承天寺夜游》中的月，又饱含作者怎样的情感？让我们走进这篇散文与苏轼共赏明月、共话人生吧！”授课教师巧妙地运用对“月”的诗歌汇总之法，以优美的语言把学生带入对月之美的感受与理解之中，为学生营造真情实感的氛围，给予学生充分发挥感性的空间，通过自身的情感体验，使得学生向往感受《记承天寺夜游》一文的“月”，进而理解“月”中所寄托的词人的情感。

常见的优秀作品都会留有一定的空白，以引发读者的思考。作为学生，在面对文学作品中的留白时，就需要教师对其加以引导，通过师生协同努力去填补文章的空白，使文章的情节、人物都能更加丰满，主旨更加明晰。例如，在学习《蒹葭》时，整篇文章都没有对伊人美好的直接描写，但是从“所谓伊人——在水一方、在水之湄、在水之涘”“溯洄从之——道阻且长、道阻且跻、道阻且右”“溯游从之——宛在水中央、宛在水中坻、宛在水中沚”，让我们在苦苦追寻中，看到了“伊人”的美好。所以教师在教学过程中要点明文本留白的部分，使文章中伊人形象呈现在学生的脑海中。在师生合作中，对作者的未言之意进行补白，从而激发学生对文本更深入的探索与研究，同时也使得学生的想象力能够充分发挥，从整体上把握文章内容。在学习鲁迅的《故乡》时，作者并没有对文章中的“厚障壁”进行具体的表述，所以教师就要在此处引导学生探寻文章中的文字，先从最浅显的“厚障壁”的产生原因探究，发现是“闰土的那声老爷”，再根据文本内容前后对比，曾经的闰土跟我是真挚的朋友关系，现在却喊我老爷，是产生“厚障壁”的直接原因。此时，教师也可以补白本文写作的时代背景，就可以发现“厚障壁”产生的根本原因是“封建等级制度”对老百姓的毒害。文本内涵的补白，使得学生更加深入地了解文本意蕴，理解我们解读文本的意义——要立德树人，要求学生具有平等观念。

我们再回到《记承天寺夜游》中，课堂设计者在“这是一轮怎样的明月”中引导寻找描写月夜的句子，让学生发挥想象和联想，补白描写明月的词语——清新淡雅、明净澄澈、洁净、清柔、如纱、皎洁、银白、醉人、柔美、晶莹、似水、如银、迷离……这样的课堂设计既符合本单元的教学要求中“联想与想象”能力提升的标准，又有利于学生把语言美与生活中的美景相互建构，体现了新课标对学生阅读能力的要求。

大多数文本会以含蓄性、开放性结尾作为结局，而文章的结尾处又往往是文章主旨的宣泄点，所以为了让学生更好地理解文章，教师应当对文章含蓄性的结尾予以引导，由学生进行补白，帮助学生想象更多的可能性，从而培养学生的发散思维、辩证思维，以这样的思维模式解决生活中的现实问题。例如，在师生共读《我的叔叔于勒》这篇文章时，对于于勒的最终结局，文章并没有进行明确的交代，所以学生对于勒的结局会有各种各样的猜想，或是于勒因年纪大身体变得不好而被船长赶下了船，或者是于勒被良知发现了的菲利普夫妇再次带回了家，从此过上了与家人团聚的生活……无论是哪种故事结局，都是学生基于文本的合理猜测，所以文本中本来就没有标准答案，主要是看持哪种观点的学生更能支撑自己的观点，最终达成一致。这个过程是培养学生的辨析能力，学生所坚持的某种结局的原因一定承载着其的情思过程，所以整个教学文本分析可贵的不是标准答案而应该是在辨析过程中学生的思维得到了提升，这也是语文核心素养的集中展现。

同样，这种以含蓄性、开放性结尾作为结局，而文章的结尾处又往往是文章主旨的宣泄点的，还有鲁迅的作品《孔乙己》结尾。单独成段的那句“我到现在终于没有见——大约孔乙己的确死了”，这样开放性的结尾，可以引发学生在课堂中的思维活跃度，这直接决定着学生在课堂中对知识的获取效果。所以对教师而言，此处要充分调动学生的思维活跃度，启发学生的思辨能力。而且如果学生具备对知识的探求精神就会对语文学科充满动力，尤其是在遇到这样的开放性问题，学生能够秉持探究的兴趣对文本进行学习。教师把学生引入这样的留白问题情境中，就会引发学生自觉地对文本进行思考，学生利用自身的求知思维去解决文章中的问题，从而重新找回学习语文的最好状态。

现在，我们再来看看统编版八年级下册《唐诗三首》中的《石壕吏》。从作品本身的角度来看这是一首古代叙事诗，教学这类经典叙事诗，难点在于如何透过诗歌所叙的事、所写的人来深度品悟诗人的笔法与情感。若能找准切入点，便能唤起经典叙事诗内在的课堂活力，那么补白就是极为可行的办法。以张渊老师《石壕吏》经典教学为例，要让课堂教学有效进行，就需要先从文本进行挖掘，寻找值得深入的切入点，然后在课堂活动中设置实践情境，让学生充分发挥想象力和创造力进行补白，这样有利于学生沉浸文本，进行深度体悟，从而达到对文本进行深度学习的目的。从作品出发，叙事诗，尤其是《石壕吏》这类现实主义体裁的叙事诗，其所叙之事、所写之人、所发之感，是存在于文本中的鲜活、生动的教学素材。其中，所写之人更是诗歌的中心，以人物为题，叙事随人而展开，情感由人而生发。在人物刻画方面，运用对比的手法，突出了官吏、宫使的蛮横、霸道，以及百姓的悲苦、无助。诗歌开头四句寥寥数字，直叙其事，既点明“有吏夜捉人”这一主要情节，也烘托出当时故事发生的背景——兵荒马乱，百姓恐慌。“吏呼一何怒！妇啼一何苦”一句，一“呼”一“啼”，一“怒”一“苦”，将官吏的蛮横暴戾与百姓的苦苦哀求形成鲜明对比。随后诗歌并没有一直延续这种对比，而是将内容集中在老妇“致词”，其话语中蕴含着深深的悲痛和无奈，与诗歌最后老妇的结局、诗人的哀叹相照应。在人物语言上，诗歌有所侧重地突出了老妇的“致词”，省略了官吏的逼问。

这种留白又与叙事情节、人物形象、诗歌主旨有着紧密联系。所以在课堂教学时，要设置语言实践情境，对这些关键内容进行补白，让学生充分理解叙事情节、人物形象、诗歌主旨。比如：补白官吏步步逼问的过程，在情境创设时就要尽量引导学生去感受蕴含其中的层次。具体实施如下：从“吏呼一何怒！妇啼一何苦！”中，我们已经能够感受到官吏蛮横暴戾、百姓卑微痛苦，但诗歌紧接着写的都是老妇“致词”的内容，并没有提及官吏所说的话。请你充分发挥想象，将下面的对话补充完整。

吏曰／问：“______________________________。”

妇答：“三男邺城戍。一男附书至，二男新战死。存者且偷生，死者长已矣！”

吏曰／问：“______________________________。”

妇答：“室中更无人，惟有乳下孙。有孙母未去，出入无完裙。”

吏曰／问：“______________________________。”

通过上述课堂活动的开展，学生积极融入语言实践情境。从课堂活动的实际情况来看，学生参与度高，课堂气氛热烈，小组同学在斟酌人物语言的具体用词时表现出惊人的创造性。下面是某一组同学小组合作完成的对话。吏问：“如今你们家可还有男子？如有隐瞒，当斩！”妇答：“三男邺城戍。一男附书至，二男新战死。存者且偷生，死者长已矣！”吏问：“难道屋子里也没有吗？”妇答：“室中更无人，惟有乳下孙。有孙母未去，出入无完裙。”吏曰：“哼！那我可不管，今天必须有个人要跟我走！”妇答：“老妪力虽衰，请从吏夜归。急应河阳役，犹得备晨炊。”

以上语文实践的情境创设，是在学生完成梳理叙事内容，初步地分析人物形象，了解表现手法的基础上进行的，是对学生认知的更高层次的发展要求。相对于诗歌本身来说，在留白处创设语言实践情境，对诗歌关键内容进行补白，能够激起并提升学生的思维活力，有利于学生进一步走进文本，沉浸在文本感知之中。由此可以看出，学生在完成对话时能够充分考虑老妇“致词”的内容，进行合理想象，官吏的层层逼问清晰可见。接下来我们可以再设计情境表演，让学生对内容的理解更深一层。简洁有力的对话，语气词和标点的恰当运用，配合学生的演读，逼问的气势透过人物语言更好地传达出来，学生的学习热情得以调动，想象力得以培养。老师顺势引导并追问：“从补白的完整对话中，你感受到了什么？”对话补充的是官吏的语言部分，学生在补充对话的过程中已经加深了对人物形象的理解，官吏的蛮横、霸道，层层逼问的气势在对话的编写和表演中再次表现出来。所以，补白让学生对官吏这个人物形象有了更深入的认识，老妇形象在对比中也得以显现，进而充分感受到诗人对身处战乱中的百姓的同情。

“留白”与“补白”是绘画中常见的艺术手段，如果将其应用到语文课堂中则可以使初中语文更具艺术化氛围。初中语文的“补白”正是适应了新时代以学生为主体，突出学生的主体作用的教育要求，让其成为课堂的主人。总之教师在深入研读文本的基础上，在课堂语文实践中恰当地运用“补白”，会使课堂更贴近学生的心理需求。

在教学的环节中怎样使用“补白”这一技巧呢？在导入环节使用补白，能激发学生的学习兴趣。我们都知道兴趣是促使学生主动学习的最大动力，教师要使学生对认知对象产生足够的兴趣，才能使得学生调动自身的已有知识、智力以及情感，积极主动地投入文本学习，进一步使课堂取得良好的教学效果。导入环节作为语文课堂中的第一环节，是激发学生学习兴趣的重要一步，所以语文教师应当抓住这个环节，让学生对本节课程的内容产生浓烈的兴趣，引导学生积极地进入本节课的文本学习之中。这使得教学导入阶段的补白环节，借冰山一角的内容充分调动学生的好奇心，将学生的注意力引入教学内容中，让学生在课堂中一直保持热情的积极状态，带着浓厚的好奇心投入语文实践学习中。例如，《记承天寺夜游》的导入“古往今来，月被文人墨客赋予了不同的情感，月成了思乡的代表（举头望明月，低头思故乡）、友情的寄托（我寄愁心与明月，随君直到夜郎西），那苏轼《记承天寺夜游》中的月，又饱含作者怎样的情感，让我们走进这篇散文与苏轼共赏明月、共话人生吧”！这里需要学生补白“苏轼《记承天寺夜游》中的月，又饱含作者怎样的情感”。当这样的问题出现在学生的脑海中，学生就可以带着对文章的兴趣投入学习，“补白”式的导入为本节课的教学设置了一个良好的开端。在进入新课以后，通过阅读补白的方式为学生带来全新的课程体验。作为语文教学中重要的组成部分，一直遵循着让学生掌握正确的阅读方法以及良好的阅读习惯的目标，在语文教学中具有特殊性，它既属于学生的个人行为，又属于教师教学的重点目标。教师在教学过程中承担引导者的角色，让学生自主地钻研文本，切身地进行阅读实践，以饱满的情绪投入文章的理解中，真正有所感悟和体会，能够受到启迪。学生在阅读过程中能够体会文章想要表达的真情实感，能够用心去体会文章的用意，这样补白艺术就真正发挥了效用。随着语文实践活动的深入，学生发现问题以及解决问题的能力就会逐渐增强，如此循环往复，他们就能形成自身的阅读方法，利用自己独特的阅读体验将其转移到其他的文本阅读中，也能进行对文本的个性化解读。例如，《记承天寺夜游》中“我与作者——共话心声”部分，教师设计了“‘何夜无月？何处无竹柏？’生活中似乎处处有月，处处有竹柏，为何只有苏轼可以发现这样的美景呢？这样的闲人与这样的月夜相逢，他的心情是怎样的？苏轼为何以‘闲人’自称，展露出他怎样的情感世界？”等问题，并为学生准备了助读资料，这样的补白式提问是检验学生学习成果的一种重要手段，也是教师与学生在课堂中互动的主要方式。

在传统的语文教学中，教师往往倾向于提问是非题，学生只要依据教材就可以找到答案，对于新课改而言，这种提问方式不能使学生的核心能力得到提升，学生只需要通过对知识进行机械性记忆就可以保证回答出老师想要的答案。学生在回答过程中是没有思考过程的，因此教师无法掌握学生的学习效果，学生的知识运用以及迁移能力没有得到充分展现。然而，新课改对学生的素养要求不断提高，教师加大了对学生核心素养提升的关注度，逐渐改变教学方式，转变教学理念，将知识的掌握以及能力的培养共同纳入教学目标中。这样，学生不仅能在语文教学中学到知识，又能将语文核心素养运用到其他学科的学习中。因此，教师在提问的过程中尤其注重补白艺术，让提问更加有效，能够启发学生的思维，锻炼学生的能力。为实现这类目标，教师要多询问学生开放式问题与启发式问题，给予学生探索问题的补白机会，让学生能够在回答问题的过程中积极开动脑筋，对学习的知识进行有效整合，从而表达出富有个性化的见解，使自己真正成为学习过程中的主角、学科能力的提升者。

总而言之，初中语文课堂实施是具有艺术化的，应建立在教师对文本留白的分析以及自己对文本补白的能力之上，努力帮助学生“创设情境、融入情境、感悟情境”，让学生的想象力、思辨力继续向课外延伸开去。补白是作为教师要考虑的，更重要的是考虑如何将其更好地应用到课堂中，让学生在教师的引导下，核心素养能够真正得以提升。

抓取关键人物

从文学的本质上看，人物是作家对作为社会实践的人的审美反映的成果，亦即文学是写人的，是“人学”。作家只有通过对各种各样的人物性格的描写、刻画，才能对社会生活作出审美的反映。离开了人物形象的塑造，既无法实现对社会生活的审美反映，当然也就无法实现对社会生活的“反作用”。塑造性格鲜明生动而又具有深刻内涵的人物，是叙事作品创作的中心任务。同时，在文学作品中的人物形象往往会影响读者的阅读体验和情感共鸣。比如当阅读英雄人物形象时，这种人物形象通常具有强烈的正义感和勇气，为了保护他人或他物，不惜冒险甚至牺牲自己的生命。他们通常具有超凡的能力和领袖魅力，能够带领他人走向胜利，这样的人物形象塑造让故事更加生动有趣，让读者深刻地理解他们的性格、行为以及思想。当这样的作品形象被读者所感知，自然会达到立德树人的效果。

因此，在教学实施时我们可以抓取“人物形象”。下面是《周亚夫军细柳》的教学设计，执教时紧扣文本“真将军”这一主要形象，以“看篇、看段、看句、看词、看意”五步法，品析周亚夫的形象和精神，实施“细柳营中真将军”教学设计。

一看篇　知故事之奇

讨论：胡曾《咏史诗》说的是谁？是什么故事？讨论：“军”字如何解释？题目是何意？读准字音和停顿：文帝之后 / 六年，匈奴 / 大入边。乃 / 以宗

正刘礼 / 为将军，军 / 霸上；祝兹 zī 侯徐厉 / 将军，军 / 棘 jí 门；以 / 河内守亚夫 / 为将军，军 / 细柳：以 / 备胡。上 / 自劳军。至 / 霸上 / 及 / 棘门军，直 / 驰入，将以下 / 骑送迎。已而 / 之 / 细柳军，军士吏 / 被甲，锐 / 兵刃，彀 goù/ 弓弩 nǔ，持满。天子 / 先驱至，不得入。先驱 / 曰："天子 / 且至！"军门都尉曰："将军 / 令曰：'军中 / 闻将军令，不闻 / 天子之诏。'"居 / 无何，上至，又不得入。于是 / 上 / 乃使使 / 持节诏 zhào 将军："吾欲 / 入劳军。"亚夫 / 乃 / 传言开壁门。壁门士吏 / 谓从属车骑曰："将军约，军中 / 不得驱驰。"于是 / 天子 / 乃 / 按辔 pèi 徐行。至营，将军亚夫 / 持兵揖 yī 曰："介胄 zhòu 之士 / 不拜，请 / 以军礼见。"天子 / 为动，改容 / 式车。使人 / 称 chēng 谢："皇帝 / 敬劳将军。"成礼 / 而去。既出 / 军门，群臣 / 皆惊。文帝曰："嗟 jiē 乎，此 / 真将军矣！曩 nǎng 者 / 霸上、棘门军，若 / 儿戏耳，其将 / 固可袭而虏 lǔ 也。至于 / 亚夫，可得 / 而犯邪 yé？"称善者 / 久之。学法指导：自主学习四步骤——自读疑问—自主学习—研读批注—合作探究；三个课堂财富——感受、疑问、发现；三个热线——工具书、课下解释、问老师或同学。学生活动：参照文后习题自读课文。熟读课文，简要复述文中的故事，想一想汉文帝为什么称周亚夫"真将军"，与同学交流；细读课文，说说文中哪些地方使用了对比、衬托的写法，对刻画人物起到了什么样的作用。（以学生自读为主，辅以教师点拨。）学生活动：选择用周亚夫或文帝的口吻，简单复述这个故事。（同桌互述互评，互相纠正互相补充。）如文帝身份：匈奴入侵，朕去慰问军营，在周亚夫所在的细柳军营看到了与其他军营不一样的地方，虽然朕进细柳军营不太顺利，但对亚夫将军却有着极大的夸奖。学生活动：假如把这个故事拍成微电影，需要几个场景？试给每个场景起一个名字。场景——边境紧张形势和刘、徐、周三军驻地；文帝细柳劳军；文帝赞叹周亚夫治军严格。

二看段　赏人物写法

讨论：这三个场景中，你觉得应该在哪个场景上下大功夫？预设：文帝细柳劳军经过。学生活动：细读第二段。鼓励学生用说书的口吻演读第二段。析人物——品将军之“真”。“奇”是《史记》的基本艺术特色，其事奇而信，其文奇而雄，这种艺术特色，在《周亚夫军细柳》一节文字中得到充分的印证。阅读课文，思考：文帝到细柳营劳军遇到的一系列奇事是什么？皇帝是如何评价周亚夫的？汉文帝为什么称周亚夫“真将军”？品味“真”：金文和小篆，由“目”和上部、下部两点组成。本义是“得道升天”，引申为与客观事物相符合，反义的有假、伪、僭，即说真话，做真事，不说谎。“真，正也。”上面是“直”，正见也，正直、正义、正气、守正……“真”乃是全句乃至全文的点睛之笔，仅一个字就将周亚夫的性格特征表现了出来，铿锵有力，掷地有声。“真将军”一词，表达了汉文帝对周亚夫发自内心的赞赏，突出了文章的中心。汉文帝为什么称周亚夫是“真将军”？请同学们结合课文语句，用以下句式来描述：“嗟乎，此真将军矣！亚夫真在__________”赏读：“军士吏被甲，锐兵刃，彀弓弩，持满。”描述这个画面，进行创意翻译。“锐”是动词，能不能把“锐兵刃”换成“持兵刃”？强调“被、锐、彀、持”几个动词，细节描写表现细柳军营军士吏士气高昂严阵以待的场面，表明这是一支训练有素的军队，这是一个整装待发、严阵以待、军纪严明的军营，从侧面突出了周亚夫治军严明，带兵有方。齐读，读出士气高涨、军纪严明，读出整装待发、严阵以待。抓住这一句：天子先驱至，不得入。先驱曰：“天子且至！”军门都尉曰：“将军令曰‘军中闻将军令，不闻天子之诏。’”让学生修复语言。出示：天子先驱至，不得入。先驱__________曰：“天子且至！__________”军门都尉__________曰：“将军令曰‘军中闻将军令，不闻天子之诏。’虽天子至，__________。”活动要求：添加修饰词语。引导填字加词的方式悟读。应读出先驱、使臣高高在上、颐指气使的语气，读出军门都尉、壁门士吏不容更改、坚定不移的语气。想象“天子先驱”被阻的心理活动，反复朗读。女生读：至霸上及棘门军，直驰入，将以下骑送迎。男生读：天子先驱至，不得入。先驱曰：“天子且至！”军门都尉曰：

“将军令曰‘军中闻将军令，不闻天子之诏。’”从对比中感受细柳营军纪的严明。这组对话，要读出天子所象征的皇权的至高无上与将军所代表的军令之间的交锋。

三看句　聚焦君臣语言

关于周亚夫的语言描写。将军亚夫持兵揖曰：“介胄之士不拜，请以军礼见。”用自己的语言翻译这句：将军周亚夫手执兵器拱手行礼，说：“披甲戴盔的将士不行跪拜大礼，请允许我以军礼参见（陛下）。”什么是“拜”？什么是“持兵揖”？比较“拜”和“持兵揖”的不同军礼。一个动作“持兵揖”，一句话“介胄之士不拜，请以军礼见”，两处对周亚夫的正面描写极其简洁，却画龙点睛，使“真将军”形象跃然纸上。借助想象，再次朗读体会“将军亚夫持兵揖曰：‘介胄之士不拜，请以军礼见。’”。活动要求：补充想象——想象当时情境，想象周亚夫心理活动：假如你就是周亚夫，面对至高无上的天子，说说你当时怎么想的？你为什么这样做？为什么这样说？用填字加词的方式引导学生悟读，添加修饰语：将军亚夫（　　）持兵揖（　　）曰：“介胄之士不拜（　　），请以军礼见（　　）。”演读，可以加上相应的动作。假如你是周亚夫，请你把话再说委婉一些，又该怎么说呢？周亚夫的“真”在于治军严明有方治军严整，在于他刚正不阿的风骨，更在于忠于职守、恪守本职、不忘将军之本，所以才赢得文帝的赞誉，读出深受感动、赞赏有加的语气。看到周亚夫不行跪拜之礼，反而持兵揖，以军礼见，跟随皇帝的群臣会怎么想怎么说？文帝怎么说的？假如你是当时的百姓，假如你是周亚夫，听到文帝这样盛赞周亚夫，请仿照“嗟乎，此真将军矣！”用“嗟乎，此________（用一个字形容）天子矣！”在“天子”前面加一个字，结合文中语句说一说你对文帝的看法。活动要求：分角色朗读或创意朗读，感受文帝的形象，读出故事的波折和交锋。（女读）：已而之细柳军，军士吏被甲，锐兵刃，彀弓弩，持满。（男读）：天子先驱至，不得入。（女读）：先驱曰：“天子且至！”（男读）：军门都尉曰：“将军令曰：‘军中闻将军令，不闻天子之诏。’”（女读）：居无何，上至，又不得入。于是上乃使使持节诏将军：“吾欲入劳军。”（男读）：亚夫乃传言开壁门。壁门士吏谓从属车骑曰：“将军约，军中不得驱驰。”（女读）：于是天子乃按辔徐行。（男读）：至营，将军亚夫持兵揖曰：“介胄之士不拜，请以军礼见。”（女读）：天子为动，改容式车，使人称谢：“皇帝敬劳将军。”成礼而去。（男读）：文帝曰：“嗟乎，此真将军矣！曩者霸上、棘门军，若儿戏耳，其将固可袭而虏也。至于亚夫，可得而犯邪？”

四看词　别具匠心的否定词

五个“不”。抓特殊的否定词“不得、不闻、不得、不得、不拜”等，从人物语气的演读、角色的朗读、关键词的品读等方式，品周亚夫治军严明的形象。文帝在细柳营处处受阻，面对这支敢说“不”的军队，面对这个敢说“不”的将军，却不以为怒，反而直赞“此真将军矣”。“既出军门，群臣皆惊”。群臣为何而惊？一个“惊”字，刻画了群臣或吃惊或惊恐或意外的心理。所有大臣都非常惊讶，闻所未闻，见所未见，还有这样的将军、此等的天子。小结可见，周亚夫是治军严明的真将军，汉文帝是深明大义、知人善任的明君、明天子。这正是“军纪严明士兵效命，亚夫尽职天子佩服”。课文标题是《周亚夫军细柳》，但是文章还写了刘礼军霸上、徐厉军棘门的情况，这样写有什么好处？课文先写文帝在霸上和棘门军营的情况，为后面写文帝在细柳营遇到的情况作铺垫并由此引出多处对比。对比之中凸显了细柳营军纪严明和周亚夫“真将军”的风范。

五看意　探主题之妙

好一个细柳营中真将军！假如你是当时的老百姓，知道这个故事你会说什么？你会怎样评价周亚夫？我们身边有没有像周亚夫这样的人？从“真将军”周亚夫身上，你得到什么启示？本文分析提升最终归结为：忧国忧民，是中华民族的中流砥柱。正由于他们在自己的工作岗位上任劳任怨、甘于奉献，才有了今天国家的繁荣昌盛。时代需要周亚夫，需要心中有规则，心中有责任，需要敬业、恪尽职守的精神。我们应该做这样的人：敢于负责，勇于担当；立身有责，尽己谓忠；恪尽职守，臻于至善。从这一课例以“看篇、看段、看句、看词、看意”五步法对人物形象中的关键形象进行分析，揭示文本的内涵，最终达到立德树人的教育目的。

而《藤野先生》的教学设计，则以文本中人物视角的转化为切口，分析本文的主形象“伟大”的藤野先生。具体的教学环节表现在：别人眼中的藤野；我眼中的藤野。首先是出场——别人眼中的藤野。请大家快速找出藤野先生出场时所说的一句话。“我就是叫做藤野严九郎的……”齐读思考怎样的一个人会以这样的一种语言来介绍自己呢？在别人眼中，他又是一个怎样的人呢？他人眼中的藤野：“据说是穿衣服太模糊了，有时竟会忘记带领结；冬天是一件旧外套，寒颤颤的有一回上火车去，致使管车的疑心他是扒手，叫车里的客人大家小心些。”（“我就亲见他有一次上讲堂没有带领结”。）藤野严九郎寒碜乱穿衣，毫无品质，声名在外（先抑后扬）。其次是交往——我眼中的藤野。那在我的眼中，藤野先生又是怎样的一个人呢？请从文本当中找出片段来有感情地读一读。你能用一个词来概括吗？——伟大。评价这个相处不过两年的老师，用了“伟大”二字，是不是言过其实呢？我们从文中理出藤野先生所做之事。请大家看第 11 至 35 自然段，归纳概括藤野先生所做之事。请结合具体细节说说我眼中藤野先生的具体形象。老师觉得自己也是这样的人，那我够不够得上“伟大”二字呢？藤野先生伟大在哪儿？文中哪些人是有民族偏见的，也是没有良知的？我们来齐读一下文章中的第 30、31 自然段，你能不能说说作者当时的心理活动？他们可以用来突出藤野的伟大，此外还有谁，还有怎样的经历也是起反衬作用的？从文中再找找，解释一下。这里还有中国的学生和在仙台的辛酸孤独。请读一读文中第 1、2、3、4、5 自然段，说说清国留学生的形象，分析在东京仙台的情感，推究作者的情感。散文是一种抒发作者主观的感受和情绪，抒发微妙复杂的独特情感的一类文体，请务必细细品。你觉得文中还有能被称之为伟大的人吗？说说你的理由。再齐读文章第 37、38 自然段，读出抑扬，读出我对藤野先生的深深的感激与敬意，读出一个革命者的“自省、坚定与韧性”来！

关于《藤野先生》的文本解读最终落实到情感价值与人生观上，可以作出如下的总结：藤野先生其伟大在于与清国留学生相比，他敬业负责、认真细致；其伟大在于与学校干事相比，他心胸之广博、心眼之良善；其伟大在于他给了我平等与尊重，给了我理解与温暖，给了我指引与力量。为学知识离家国，监狱饭食不嫌赖；花枝招展留学生，满腔赤诚最悲哀；弱国受欺都欢呼，刺耳笑声震心怀；弃医从文无他意，革命救国最当急；师恩如同面前灯，永照伟路心头爱。这篇文章其实也是一个伟大的灵魂在回顾另一个伟大的人，从而汲取力量，继续前行，留给读者的也是同样的精神体验。

运用“以文本中人物视角的转化为切口，分析文本主形象的方法”，我对《老王》一文进行了这样的教学设计：“我”眼中的老王；老王眼中的“我”。体会愧怍——同为彼此眼中的不幸者，为什么杨绛还会感到“愧怍”呢？任务一，“我”眼中的老王。请同学们浏览第 1-4 段，画出关键信息，填写老王的身世档案。

	情况	分析
称呼	老王	
职业	靠一辆破旧的三轮车活命	
外貌特征	只有一只眼睛，另一只是“田螺眼”，瞎的	
家庭住址	荒僻小胡同里的破落大院里的塌败小屋	
家庭成员	有个哥哥，死了，两个侄儿“没出息”	

请同学们用一句话总结“我”眼中的老王是一个怎样的小人物？预设：

作者眼中的老王是一个身份卑微、生活艰难、精神上孤独不幸的小人物。追问：那么“我”对于这样一个不幸的人怀着怎样的情感呢？预设：我经常照顾他的生意，送鱼肝油，给相应的报酬，怀着同情。我们刚才分析了在作者的眼中老王是一个不幸的人，那么在老王的眼中，杨绛又会是什么样的人呢？接下来，我们进入第二个任务，探究老王眼中的“我”。要想探究老王眼中的“我”是怎样的，需从老王与“我”交往的几件事入手，从事件来分析。活动一，请同学们速读文章，梳理老王与“我”交往的几件事。老师要在这儿提醒大家：我们要从老王的角度去概括，即老王做了什么？活动二，精读三件事，关注细节描写，说说老王对“我”怀着怎样的感情？提示：关注人物的动作、语言、神态、肖像等一些描写的细节。预设：第一件事，老王为我们送冰；第二件事，老王送默存去医院；第三件事，老王临终为我们送香油鸡蛋。老王眼中的作者是一个……的知识分子。大家都能感受杨绛的善良，还记得我们找到最能表达作者情感的一句话，杨绛称自己为幸运者，杨绛真的幸运吗？补充背景，请同学们一起朗读。1966 年“文革”爆发，钱锺书、杨绛夫妇被打为“反动学术权威”，被罚扫厕所，还要接受各种各样的批斗，如戴“高帽子”，挂“黑牌子”，剪“阴阳头”。1970 年 7 月，杨绛被下放到河南信阳的“五七干校”，在穷乡僻壤烧砖建房、打井引水、种粮为生，不多久就被累病了，所幸有钱锺书的照顾。1971 年，杨绛的女婿不断遭到批斗，最终不堪其辱，自杀身亡。1972 年，钱锺书夫妇才被“特赦”回京。从这段材料中我们能够感受到杨绛及其家人在“文革”时期被极尽迫害，身体和精神都遭受到了打击。在那个没人敢与他们交往的年代，是谁愿意与他们交往并尽力帮助他们？是谁看到了他们的不幸？是老王。总结提升，所以在老王的眼中“我”不仅是一个善良的人，还是一个需要帮助的不幸者。老王是一个生活在社会的最底层、穷困潦倒的不幸者，他却能体察到别人的不幸，从这一点我们更能够看到这位小人物的善良。任务三，体味愧怍——同为彼此眼中的不幸者，为什么杨绛还会感到“愧怍”？请结合全文，深入思考，小组讨论理解“愧怍”。预设：老王直僵僵地镶嵌在门框里……他面色死灰，两只眼上都结着一层翳，分不清哪一只瞎、哪一只不瞎。说得可笑些，他简直像棺材里倒出来的，就像我想象里的僵尸，骷髅上绷着一层枯黄的干皮，打上一棍就会散成一堆白骨。本应自己带着补品上门去看他的，可是，老王病成这个样子，竟然扶病来看我，还给我带来了贵重的香油和鸡蛋——愧怍。我也记不起他是怎么说的，反正意思很明白，那是他送我们的。他病入膏肓、生命垂危，却还一心想着我们。我们呢，却不曾为病重的他做过什么——愧怍。等到听不见脚步声，我回屋才感到抱歉，没请他坐坐喝口茶水。理应请他坐坐喝口茶水，或者为他做一顿可口的饭菜，尽一尽心意，让孤苦病重的他感觉人间温暖。可是，当时竟是什么都没有想到——愧怍。我不能想象他是怎么回家的。他病成那个样子，我应该送他下楼，或者送他回去。可是，没有。我当时什么都没做，只是把担心停留在想象里——愧怍。我回家看着还没动用的那瓶香油和没吃完的鸡蛋……老王去世了，我们交往多年，我竟是毫不知情，此刻，听闻他的死讯，睹物思人，心中不安——愧怍。每想起老王，总觉得心上不安。亏欠感始终纠缠着我，可是，再也没有补救的机会了——愧怍。我谢了他的好香油，谢了他的大鸡蛋，然后转身进屋去，他赶忙止住我说：“我不是要钱。”没有理解老王临终的心愿，让老王带着遗憾离去——愧怍。我也赶忙解释：“我知道，我知道——不过你既然来了，就免得托人捎了。”在作者与老王的交往中，作者多次给钱，其实是一种用物质来弥补对于老王情感的亏欠感，作者与老王情感付出不平等。同学们，让我们带着对愧怍的理解，带着无限的深情再来读这两句话：但不知为什么，每每想起老王，总觉得心上不安。几年过去了，我渐渐明白：那是一个幸运的人对一个不幸者的愧怍。杨绛在老王死后就感觉到愧怍了吗？是不安。从不安到愧怍经历了漫长的过程，这也是不断叩问自己内心的过程。我们从前面分析知道，其实在那个时代作者也是不幸的，可是善良的作者对当时自己的行为耿耿于怀并作出深刻的剖析，这也让我们看到了知识分子身上可贵的自省精神。

古人云“滴水之恩当涌泉相报”，老王把我们对他的善意看得很重。车费减半、送钱先生去医院，还有临终时送香油鸡蛋，在我们最艰难的时期尊重我们帮助我们，这都是他回报给我们的更深的情谊，这是小人物的至真至纯的善意，我虽然也还之以善良，但缺少了那一份平等与人情味，与老王给我们的情谊相比是那么的不深切。所以一想起这些，杨绛的心里就充满了愧怍，这份愧怍里也包含着对老王的缅怀以及对老王的感谢，也许到这个时候她才明白：给予老王平等以及尊重才是对老王最深的感谢。

《老王》选自统编版语文七年级下册第三单元第 11 课。本单元所选课文有两篇散文以及一篇小说和文言文，这些文章虽然文体不同，但从内容上看讲的都是关于“小人物”的故事。小人物的身上更展现着朴素的爱与单纯的善，有着平凡的向往与坚定的追求，还有着自信与智慧。《老王》是本单元的第二篇课文，杨绛以其平淡冷静的叙述，回忆了与车夫老王的交往，展现特殊年代中闪光的人性之美，讴歌人与人之间珍贵的友情，也表达了对于不幸者的悲悯以及对于自身的反省。文章写的是凡人小事，情节结构也不复杂，几乎是平铺直叙，读起来似乎了无障碍，但真要谈谈形象的典型意义、作者的写作意图，又不是那么容易说得清楚。二是作者的情感耐人寻味。文章中作者平静地叙述着老王的事情，并没有多少着意抒情的文字，只在结尾处谈到了对老王的愧怍，但我们分明感受到作者内心深处情感的涌动，而且越往深处，越能感到那种涌动的力量。所以这篇文章的教育意义以及情感价值是显而易见的。要想去突破难点，真正理解这篇文章的情感，需要落实单元目标中提到的熟读精思，反复品读，感受文章的意蕴。

七年级的学生已经具备了独立解读文章的能力，但大多数学生着眼于文章的大体内容，关注不到文章的细节之处，如何真正从品味文字中去获得对文章的感悟和理解，老师在教学时就要引导学生品读文章的关键语句，体会关键人物老王的苦。通过文本细读，体会作者一家与老王之间的珍贵情谊，理解作者和老王身上闪耀的人性之美。通过对文章细节描写的品味，探究作者对老王心怀愧怍的深刻原因，体会作者作为知识分子的可贵的反省精神。关注文章的重要语句，品味蕴含在文章深层的情感表达，熟读精思，体会情感，以文本中“我与老王”视角的转化为突破口，深耕细思文本中“愧怍的我”这一主形象。拓展任务：同学们，我们在这一单元中还学过《阿长与〈山海经〉》，作者鲁迅是一位知识分子，他对长妈妈的感情也是随着年龄的增长而发生变化。请你结合文章谈谈在鲁迅身上是怎么体现知识分子自省精神的？把文本内容引申到中国知识分子的自省精神，再布置作业：身为中学生的我们同样需要这种反省精神，在我们的身边也存在着许许多多的“老王”，想一想，我们该如何对待身边的“老王”？请同学们在课下试着把你的想法写下来跟同学们一起交流。以此引导学生关注社会，引发学生的悯人情怀，真正落实情感与价值观的目标，实现立德树人的根本任务。

我们还可以把作者设计为本文主要的研究对象，对文本内容进行解读。比如我在《就英法联军远征中国致巴特勒上尉的信》中，进行了这样的设计：活动一，速读文章，认识写作缘由。请同学们浏览文章，思考巴特勒上尉征询雨果对“远征中国”这一行为的看法，真实目的是什么？设计意图：针对提取信息能力较弱的学生，引导他们在速读文章时，理解原句含义。教师明确第一段：“你很想知道，我对英法的这次胜利会给予多少赞誉。”活动二，引读文章，初识作者雨果。巴特勒上尉为什么在乎雨果对此事的看法？课件展示：雨果（1802—1885），法国浪漫主义运动的领袖，生于法国东部贝藏松，父亲是拿破仑手下的将军，母亲是个天主教徒，保皇主义者。少年时期的雨果受母亲影响较大，曾获得路易十八赏赐的年俸，由于政治和文学方面的贡献突出，在法国有很高的威望。设计意图：引出对雨果的初步了解。活动三，浏览文章，明确文章观点。那么雨果对“英法联军远征中国”这件事到底持什么态度？哪些语句体现了雨果这种态度？课件展示：请同学们浏览文章，圈点勾画能够体现雨果对“英法联军远征中国”这件事态度的语句。活动四，自读文章，体会文章修辞（反语）。雨果认为英法联军是强盗，足见他对“英法联军远征中国”这件事持否定态度，可又说“这就是文明对野蛮所干的事情”“以上就是我对远征中国的全部赞誉”，难道这是作者的用词不当吗？本文中还有这样的现象吗？课件展示：“以上就是我对远征中国的全部赞誉。”设计意图：使学生能够判断哪些语句是反语，明确反语的含义、作用。教师预设：“以前他们对巴特农神庙怎么干，现在对圆明园也怎么干，不同的只是干得更彻底，更漂亮……”“丰功伟绩！收获巨大！”“今天，帝国……把圆明园富丽堂皇的破烂拿来展出。”明确讽刺劫掠者，教师小结反语作用——揭露，批判，讽刺某一对象，请同学们大声地齐读这些语句，体会它们的讽刺效果。活动五，听读与范读结合，体味铺陈与类比。教师引导初识雨果，过渡语是：从文章内容来看，这些劫掠者到底做了什么使雨果如此气愤？设计意图：提升弱等生筛选信息的能力，引出对雨果人格的分析。教师预设：对圆明园抢夺烧毁。体味圆明园的美，英法联军对圆明园抢夺烧毁使得雨果如此气愤，那么圆明园到底是一座怎样的建筑，在雨果心目中，圆明园具有怎样的地位？请女生读第三段，男生听读，找出自己喜欢的词汇来描述圆明园。设计意图：培养学生感受语言之美，并学会积累与运用语言，感知铺陈与类比的表达效果，提示学生听读课文时，课后习题可以帮助我们理解文章。教师预设：圆明园是一座恍若月宫，用大理石，用玉石，用青铜，用瓷器建造的一个梦，用雪松做它的屋架，上上下下缀满宝石，披上绸缎，这儿盖神殿，那儿建后宫，造城楼，里面摆上神像，放上异兽，饰以琉璃，饰以珐琅，饰以黄金，并施以脂粉。再添上一座座花园，一方方水池，一眼眼喷泉，有成群的天鹅、朱鹭和孔雀，外貌是神庙，是宫殿，那就是这座名园。教师明确对所描写对象进行浓墨重彩的描绘和渲染，这就是铺陈。本段文字分别从材料布局等方面细致地描绘了圆明园的盛况，类比突出圆明园在设计艺术中的价值与地位。活动六，品读文章，熟识作者雨果。小组合作，走近雨果，中国被掠夺，中国人谴责强盗、控诉掠夺是很正常的，而雨果一个外国人为什么能这样说，表现了他怎样的胸怀和品格？请同学们结合文章语句，小组合作，畅所欲言。设计意图：培养学生分析问题的能力以及语言表达的能力，引出对雨果人格的深入分析。教师预设：勇敢、正直、无畏、明辨是非、公正……点拨作者经历，剧本《克伦威尔》成为浪漫主义的宣言，后又创作《爱尔那尼》，还有长篇小说《巴黎圣母院》反对专制和教会，《悲惨世界》从人道主义观点描写资本主义社会的罪恶。他是一位很有人文情怀的人。“我希望有朝一日解放了的干干净净的法兰西会把这份战利品归还给被掠夺的中国，那才是真正的物主”。（正直的良知，人道主义——没有狭隘的民族主义）“治人者的罪行不是治于人者的过错”。（明辨是非）教师小结：提升学生的分析，人道主义精神。

《就英法联军远征中国致巴特勒上尉的信》出自部编版九年级上册第二单元第七课，作者愤怒地谴责了英法联军远征中国的强盗行径，控诉了他们火烧圆明园的罪行，高度赞美了圆明园这座世界奇迹，表达了对中国人民的同情。历史已经远去，新中国正以年轻的姿态出现在历史舞台上，我们坚信“几乎是超人的民族”会一雪前耻，在世界历史的画页上留下绚丽的一笔。本单元的单元目标是了解议论性文章的基本特点，正确把握作者的观点，区分观点与材料，理清论证的思路，学习论证的方法。本文的编写意图是了解本文作为议论文的特点，把握作者的观点。分析文章的结构，理清作者的思路。理解本文在写作上善于铺陈、类比，以及运用反语的特点。提升学生的爱国主义情怀。

从整套初中教材来看，议论性文章不是第一次出现。如七年级上册《纪念白求恩》，七年级下册《最苦与最乐》，八年级上册《我为什么而活》，八年级下册《应有格物致知精神》，但是九年级学生对于分析具体文章中作者的观点是什么、怎样提出观点、如何论述观点，这样的分析理解能力还有待进一步提升。所以应该关注本文作为议论文的特点，把握作者的观点。分析文章的结构，理清作者的思路。引导学生体会雨果对“英法联军”和“中国”的态度，注重朗读教学对体味语文之美的积极作用，采用多种朗读方式，引导学生体味反语、铺陈、类比等写作方法所展示出来的语言美。采用品读与合作交流的方式熟识作者形象，体会作者身上闪现的人性美。通过拓展延伸呼唤学生内心美的展现，使学生明白雨果的这种正直、公正、明辨是非、勇敢等精神品质的可贵。在拓展延伸中讨论圆明园是否该还原？从情感态度、价值观上引导学生“牢记历史，不忘初心”，提升学生的爱国主义情怀。

总之，我们可以运用“看篇、看段、看句、看词、看意”五步法，抓取文本中人物的关键形象，也可以从“文本中人物视角的转化，分析本文的主形象”，还可以“把作者设计为本文主要的研究对象，对文本内容进行解读”。这些策略的使用，能更为清晰地明确作者寄托在文字中的道德理想，既有益于我们教学实践的建构，又实现了以文本育人的目的。

巧用对比阅读

对比阅读是阅读教学的重要教法之一。在教学中，教师引导学生进行对比阅读能有效提升学生的学习品质。在对比阅读中，文本的主题、体裁、观点和表现形式都是需要重点关注的，教师要进行有针对的教学设计提升学生的阅读品质和主动进行对比阅读的意识，当然对比阅读也可以给学生提供更多认知机会。在对比阅读教学中，对比阅读的文本要有清晰的对比点，教师的阅读引导要有明确的方向，学生的阅读活动要有明确的目标，以此为基点，对比阅读就可以拓宽学生视野，激发学生阅读兴趣，具有探究与创新意识，顺利引导学生进入文本学习之中，促使学生快速建立阅读认识。在统编版八年级下册第六单元课外古诗诵读《卜算子·咏梅》文本教学中，采用对比阅读教学设计，即把陆游的《卜算子·咏梅》和毛泽东的《卜算子·咏梅》进行多维比较，帮助学生理解文本内容，取得了良好的教学效果。我们可以通过以下角度进行对比阅读。

感情基调对比。听读体会，感知基调。按年代的先后顺序，学生齐读两首词。（注意节奏、读准字音）观看视频学朗读，学生自由诵读并展示，把握两首词不同的感情基调。板书：陆游“咏梅”词的凄苦、忧愁，毛泽东“咏梅”词的自信、豪迈。此环节中，指导学生观看视频朗诵，体会两首诗词不同的风格，进而鼓励学生自由朗诵并大胆展示，在读准字音、把握节奏的基础上初步感知诗歌的情感基调，为进一步学习诗歌做好准备。

形象对比。想象画面，感受意境，思考体会两首词中梅花的生存境况分别是怎样的？交互式白板批注式学习，加入想象，描绘诗词中的画面。在毛泽东的眼中，风风雨雨把春天送走，满天飞雪又迎春天来到。看悬崖已结下百丈坚冰，仍有缀满梅花的美丽枝条。虽美好却不与百花争春，只把那春的消息来预报，等鲜花开满山野的时候，梅花在花丛中摇曳含笑。在陆游的眼中，郊外的驿站旁，破损的断桥上，有一株梅花孤独寂寞地开放着，既无人去欣赏，也没人来顾怜。已是傍晚黄昏时分，暮色四起，梅花似乎又在独自伤感和愁苦，何况还要遭受凄风苦雨的侵袭。凌寒独放，只为报春无意争春，本是天生丽质却遭受群芳妒忌。梅花即使片片飘落被碾成灰尘，它的高雅香气在世间依然存在。小结：面对冰天雪地，一个开无主，一个花枝俏，一个零落成泥碾作尘，一个山花烂漫丛中笑，让我们感受到不同的梅花形象。

含英咀华，体会形象。诗歌画面中都有一个引人注目的形象，那就是“梅”，两首词的题目也都是《咏梅》，两位词人分别咏赞梅花的什么呢？结合具体的词、句说说你的理解。小组合作，互助交流，运用关键词批注法感悟两位词人所赋予梅花不同的品性和精神。陆游词“无意苦争春”“一任”“香如故”；主席词“犹有花枝俏”“不争”“只把春来报”“丛中笑”。诗歌教学最难的莫过于引领学生走入画面，感受诗词的意境美了。新课程标准要求“欣赏文学作品，要有自己的情感体验”“对作品中感人的情境和形象，能说出自己的体验；品味作品中富于表现力的语言”。在新的课程标准的引领下以及“推进课堂变革”活动的进行中，更加强调“学生内化过程成为教学的关键环节，学生有效合作成为课堂的主流文化”。因而，想象诗歌画面、批注圈点关键词进行讲解分析在此环节中有着重要的作用，学生们能在积极的参与中、分析中交流分享学习成果，从而获得新的感悟和提升。

情志对比。设置知人论诗，感悟情志教学环节。清代学者王国维在《人间词话》中谈道：“以我观物，故物皆著我之色彩。”两首“咏梅”词的作者，一位是南宋爱国诗人，一位是高瞻远瞩的革命家、领袖，他们的词不仅仅是咏物，更咏赞一种气质、一种神韵、一种风骨，也寄托了个人的情怀。结合背景介绍感知词人借梅花所表达的情与志。介绍：陆游（1125—1210），南宋著名爱国诗人，字务观，号放翁，越州山阴（今浙江绍兴）人，生活在日益衰败的南宋时代。他一贯主张抗金收复失地，是坚定的主战派，屡遭主和派的打击，因而情绪愤懑抑郁。毛泽东的《卜算子·咏梅》写于1961年12月，当时正值三年自然灾害时期，国际上的反华势力十分的猖獗，新中国面临着严峻的考验。毛泽东“读陆游咏梅词，反其意而用之”中“反其意”的意思你是否了解？明确两首词虽然立意不同，但都写出了梅花的一些共同的特征。相同点，都写出了梅花不畏严寒的特征——“已是悬崖百丈冰，犹有花枝俏”“已是黄昏独自愁，更著风和雨”。都表现梅花不与群芳争春的特点——“俏也不争春，只把春来报”“无意苦争春，一任群芳妒”。都赞颂了梅花的高尚品质——“待到山花烂漫时，她在丛中笑”“零落成泥碾作尘，只有香如故”。两位作者且都以梅花自比。不同点，感情基调，一个凄苦忧伤，一个激昂豪迈；梅花的形象，一个孤傲坚贞，一个乐观谦逊；象征意蕴，一个是天下寒士命运的象征，一个是革命战士的形象代表。梅花遇见风雪，更见风致，更显精神；陆游遇见孤梅，更顾影自怜，更显高洁傲然，悲愁中暗含“独善其身”的神韵和风度；毛主席遇见陆游“咏梅”词，更乐观自信，更显卓尔不凡，豪迈中弘扬“兼济天下”的气概和风骨。面对同一事物——梅花，为何词作在感情基调、梅花形象、表达情志方面大有不同呢？这就要追溯其写作背景和词人的性格经历了，教师适时地引出两首诗词的不同背景，在对比分析中引发学生对于诗词“情与志”写作意图的探究，此时思想的火石定会碰撞出智慧的火花。教师的自创小诗《遇见》让学生在深入分析后更加深了对梅花形象的理解，也能较好地提升学生对诗词“情与志”的感悟。

本课的教学设计对教材教学内容和学生学习情况展开详细调查，确立阅读对比视角，顺利引导学生进入文本学习环节之中，促使他们快速建立阅读认识。引导学生运用“对比阅读”解读诗词中梅花的不同形象，鼓励学生自主分析研读、大胆尝试边批注边讲解分享自己的学习结果，从而巧妙地引领学生进一步探究诗词中渗透词人所表达的“情与志”。贯穿整堂课的教学过程依然离不开“以读促悟—边品边悟—悟后再读”的教学思路，在学生原有的认知水平上进行有效的合作探究；在注重学生的情感体验基础上将知识内化。《卜算子·咏梅》是统编版八年级下册第六单元课外诵读中的一首。陆游的咏梅词寄寓了词人忧国伤时、坚守节操的情志，在孤独和寂寞中，坚守心灵的矢志不渝。毛泽东的咏梅词昂扬乐观，大气豪迈，寄寓词人在艰难处境中不屈于环境的险恶，从容大度的处世之风。八年级学生已经积累了大量的课内课外古诗词，古诗词学习已有了一定的基础，并掌握了基本的朗诵技巧和品析诗歌的方法。然而进入初中以来学生对比阅读同题词作的机会不多，在诵读品析中感悟、在批注讲解中提升，需要师生课前的充分准备和深厚的知识积累。听视频把握诗歌的情感基调，学习有感情地朗读两首词，寻找诗歌意象，分析两首词中梅花的生存境况，运用关键词批注法感悟两位词人所赋予梅花不同的品性和精神，知人论诗，体会词人所处时代、经历、遭遇、心境等不同，词作所表达出来的不同情感。两首诗词都是君子文化浸润的中国人的气节风骨，值得教师在对比阅读中加深感悟，从而提升学生对诗词欣赏和感悟的能力，使学生受到传统文化的思想洗礼和教育。不同时代，人们赋予了梅花不同的品质，但都赞颂了梅花的神韵、气度、风骨；不论是陆游笔下的“寒士”之梅，还是毛泽东笔下的“战士”之梅，都体现了传统文化中的“君子品格”，而这种品格根植于广阔的“中国精神”的土壤中，散发着持久的魅力，滋养着一代代炎黄子孙。

诗中有画，画中有情，诗歌追求的是情景交融的美妙意境。要让学生在短短的一节课中领悟诗词妙不可言的意境美，是古诗词教学的重点和难点。长久以来，教师用传统的讲授方法势必会将自己独白式的分析来代替学生的阅读实践，造成学生学习的被动性和依赖性。阅读是学生个性化的行为。阅读反映了学生个性心理的行为，由于每个学生生活积淀不同、文化底蕴不同、审美情趣不同，审美的结果也就不会相同。教师要珍视学生独特的感受，让学生在积极、主动的思维活动和情感活动中加深对诗意的理解，从而受到情感的熏陶和思想的启迪。在对比阅读教学中，对比阅读的文本有清晰的对比点，教师的阅读引导有明确的方向，学生的阅读活动有明确的目标，有力地拓宽了学生视野，激发了学生的阅读兴趣，实现了探究意识与创新意识的提升。

梯度整合

义务教育语文课程结构遵循学生身心发展规律和核心素养形成的内在逻辑，以生活为基础，以语文实践活动为主线，以学习主题为引领，以学习任务为载体，整合学习内容、情境、方法和资源等要素，设计语文学习任务群，能根据表达的中心，选择恰当的表达方式，合理安排内容的先后和详略，条理清楚地表达自己的意思。而句子排序题就是命题人在中考试卷中落实这一理念的最好载体。常考题型有：选出在语段横线处插入的或依次插入的与上下文衔接最恰当的一项；选出句子顺序排列正确的一项；用序号重新排列句子顺序，使其通顺或符合逻辑。具体要围绕这样一个单元主题，将语文课程中的同一知识梯度化整合，给学生创建一个有序的语言学习环境，其中最关键之处还要将思维有机整合，高效教学，进而提高语文教学的质量。下面以“中考排序题专题复习课——斗榫合缝排句序”为例，将学生的思维有机整合，进行高效教学。

第一关　初窥门径

【学生活动】同学们根据导学案，独立完成，精神抖擞来闯关。

例 1. 疫情复课前夕，我接到了班里学生这样一则短信：

①在生命的路途中，我总能体会世间的种种温情。②汶川之难，共结一心重建家园的温情。③今日，新冠之灾，师生同心共赴中考的温情。④非典肆虐，齐心协力共治疫病的温情。

读完短信，总觉得思路不清晰，你能帮老师想想办法吗？

【教师活动】引导学生关注语段中的时间标志：非典、汶川之难、新冠之灾。

例 2. ①你瞧，位于卧室西北角的书桌，它静怡自然地记录着我每天的学习生活。②在我的家中，有一方属于我的小天地，那就是我的卧室。③书桌对面是我的小床，蓝色的床单总能让我的内心平和……

【教师活动】教师引导学生关注语段中的空间标志：西北角、书桌对面。预设答案②①③。

例 3. 春暖花开，桃树、杏树、梨树，你不让我，我不让你，都开满了花赶趟。__________，__________，__________。

①白的像雪　　②红的像火　　③粉的像霞

【教师活动】教师引导学生明晰本题中桃树开花为红，杏树开花为粉，梨树开花为白，这是植物的生长规律。题干中的顺序为桃树、杏树、梨树，根据逻辑对应的原则，正确的语序是②③①。

第二关　驾轻就熟

【学生活动】同学们根据导学案，独立思考，深入探究。

例 4. 春风拂面，把我的思绪引向了景色宜人的六盘山国家森林公园，这里一直吸引着全国各地的人们前来观赏，你能把“六盘山描绘的四季华章”重新排列，使之斗榫合缝吗？

①野花开放而散发出的阵阵幽香

②秋风浩浩，天高气爽的惬意舒然

③霜露洁白，苍石裸露的空灵静安

④高大的树木枝繁叶茂形成的片片浓阴

【教师活动】引导学生明晰本题中暗含着春夏秋冬四季变换的顺序。预设答案①④②③。

【小结过渡】这就是四季变换的时间顺序。“从古到今的漫漫岁月，默默无语的花开花谢，从晨曦中抚摸带露的玫瑰朵朵到夜幕中聆听晚归的驼铃声声，前世今生的轮回辗转，万物的生长消亡”，都彰显着别样的“时间顺序”。

例 5.“凡尔赛宫前面是一座风格独特的法兰西式大花园，站在宫前极目远眺……”我们应该怎样介绍它呢？请根据下面的文字，组成一段语意连贯的导游词。

①两侧大树参天，郁郁葱葱

②近处是两池碧波

③玉带似的人工河上波光粼粼，帆影点点

④绿荫中女神雕像亭亭玉立

⑤池边的铜雕丰姿多彩，美不胜收

【教师活动】引导学生明晰本题中暗含着由远眺“人工河”到近观“两池碧波”，由“人工河上”到“两侧大树参天”再到“绿荫中”的空间变换。预设答案③①④②⑤。

【小结过渡】这就是由远到近、由上到下、由中间到两边的空间顺序。“牛女二星河左右，参商两曜斗西东，茅店村前，皓月坠日，板桥路上，青霜锁道，大陆仰视长空，赤日拥抱苍穹”都包含着多样的“空间顺序”。

例 6. 松鼠是一种漂亮的小动物，__________，非常敏捷，非常机警。

①四肢轻快

②身体矫健

③它面容清秀

④眼睛闪闪有光

【教师活动】引导学生明晰题中是按照松鼠的身体结构排序的，遵循由整体到局部的逻辑顺序，即按照由“面容”到“眼睛”，由“身体”到“四肢”的顺序来排列。同时，“漂亮”形容松鼠的外貌，对应的应该是“面容”，“敏捷”说明松鼠的“身体矫健”，这也是一种逻辑对应。预设答案③④②①。

第三关　心领神会

逻辑顺序是按照事物、事理的内部联系及人们认识事物的过程来安排的顺序。具体体现：由整体到局部，由抽象到具体，由易到难，由浅到深，由表及里，由此到彼，由因到果，由主到次，由一般到个别，由现象到本质……表现在句子之间则为并列、顺承、选择、递进、解说、转折、条件、假设、因果、目的等关系。

【学生活动】选择自己最感兴趣的一道命题，完成探究："明话题""抓标志""找规律""探逻辑"。

例 7. 根据语境将备用选项填入横线上，使之表达准确连贯。

黄河，中华民族的母亲河。五千多年的华夏文明史，与黄河有着血肉相连的联系。黄河流千古，流出了__________，流出了__________，流出了__________。

①漫无边际的黄土地

②灿若明珠的黄河古文化

③黄皮肤人的群落

例 8. 根据语境将备用选项填入横线上，使之表达准确连贯。

打造"美丽宁夏川"，要有追赶思维，更要有探索精神。因为探索精神可以让我们__________，__________，__________。

①实现突围

②看清前方的路

③找到经济发展的突破口

例 9. 根据语境将备用选项填入横线上，使之表达准确连贯。

王蒙在他的一篇文章中说，还是写小说更文学，更想象，更自由，更留下了创造、理解、发挥，更真实的虚构，更鲜明的直观，还有懂与不懂、__________、__________、__________的空间。

①五体投地与气急败坏

②竖大拇指与评头论足

③看得下去与看不下去

【教师活动】

引导学生明晰：由此及彼条件关系，所以例 7 正确语序是①③②。

引导学生明晰：由因到果层层递进，所以例 8 正确语序是②③①。

引导学生明晰：由表到里层层递进，所以例 9 正确语序是③①②。

【小结过渡】从以上的探讨中，我们发现“明晰顺序”可助我们“斗榫合缝”，寻找句子中的“逻辑对应”也可为排序之路“锦上添花”。

例 10. 请选择合适的语句，使上下文语意连贯、音节和谐。

A. 每逢深秋时节，__________。松竹山茶，色彩绚丽，美景尽览。

B. 远眺群山环抱，__________；近看小河流水，茶园葱绿，松竹并茂。

①置身山顶，俯瞰槐榆丹枫

②置身山顶俯瞰，槐榆丹枫

③白云缭绕，层林叠翠

④层林叠翠，白云缭绕

【教师小结】“明话题”“抓标志”“找规律”“探逻辑”，可使我们在生活中的表达“通顺连贯”。

第四关　挑战真题

【学生活动】根据所学内容独立完成。

1. 根据语境将备用的三个选项分别填入括号内，使表达准确连贯。

青年的理想信念关乎国家的未来。要树立理想、坚定理想，正是因为理想是一个“总开关”，有了理想，（　　），（　　），（　　）。理想信念，从来都不是空洞的、抽象的，而应该是具体的、实际的。当每一份青春的力量，都向着民族复兴的梦想汇流之时，就必将成为推动历史的磅礴力量。

①人生才有航向

②奋斗才有目标

③青春才有持久向上的力量

2. 根据语境将备用的三个选项分别填入括号内，使表达准确连贯。

古人常用“皓首穷经”形容一个人对于传统典籍学习的执着。作者对中国传统文化典籍有着特殊的爱好，有时甚至达到痴迷的程度。他对经典的这种痴迷，主要表现在三个方面：一是（　　）；二是（　　）；三是（　　）。这使得他在同行之间出类拔萃、更胜一筹。

①传播传统文化，热情有加

②热衷搜寻典籍，收藏丰富

③用心钻研典籍，涉猎广泛

3. 将备选的三个短语分别填入下面语段中的括号内，使表达准确连贯。

读书可以让人（　　），让人（　　），让人（　　）。

①得到智慧启发　　②滋养浩然之气　　③保持思想活力

4. 将备选的三个词语分别填入下面语段中的括号内，使表达准确连贯。

培养、教育孩子是一个相当漫长的熏陶的过程，是通过（　　）、（　　）、（　　）实现的，不能指望通过“短平快”的方式立竿见影，必须有打“持久战”的思想准备，没有良好的家风是不可能的。

①潜移默化　　②言传身教　　③耳濡目染

第五关　攻克难关

【学生活动】根据所学内容独立完成。

1. 将备选的三个选项分别填入下面语段的横线上，使表达准确连贯。

我国海洋意识提升历经坎坷，随着海洋战略地位的不断提高，民众日益关心海洋、爱护海洋，海权意识明显提升。我们要用更先进的理念，更有力的行动，更优秀的作品，________，________，________。

①为海洋事业发展凝聚强大的精神力量

②奏响建设海洋强国的时代强音

③营造有利于增强全民海洋意识的环境和氛围

2. 将备选的三个选项分别填入下面语段的横线上，使表达准确连贯。

青春之路是似水年华的情景再现，包含着丰富的情感记忆和生活意义，________，________，________。

①可以洞悉梦想微光

②可以慰藉心灵世界

③可以吹散生活的迷茫

3. 将备选的三个选项分别填入下面语段的横线上，使表达准确连贯。

每每参观世界文化遗产和世界知名博物馆时，我都深切感受到，人类已经走过数十万年，未来的路还很长，________，________，________。

①我们有一万条理由同舟共济、和谐共生

②共创和平、安宁、繁荣、开放、美丽的世界

③努力构建人类命运共同体

【课后作业】完成下列习题。

1. 下列句子排序最恰当的一项是（　　）

①这就是享誉中外的醉翁亭。

②道旁两侧浓荫蔽空，如入苍黑色的幽寂之境。

③湿漉漉的宽阔青石板道长约二里许。

④那天秋雨连绵，驱车出城，在琅琊古道上步行。

⑤举首可见林木掩映的亭台楼阁紧靠崖壁下。

A. ①⑤④②③　　B. ③②⑤①④

C. ①③②④⑤　　D. ④③②⑤①

2. 根据语境将备用的三个选项分别填入横线内，使表达准确连贯。

清明的悠久意蕴，让复杂的情感得以联通。人有志，家有谱，国有史，________，________，________。

①清明是家国情怀的一种体现

②清明是情感的一个出口

③清明是绿叶对根的一种眷恋

3. 根据语境将备用的三个选项分别填入横线内，使表达准确连贯。

你想世界给你精彩的生活，你就得用智慧的眼光看待世界。________，为发现一朵花开放而欣喜，看到清晨第一缕阳光而欢乐；________，关注周围的生活，关注生活的世界；________，这样才能让我们释怀，让我们生活得更加精彩。

①让我们用欣赏的眼光看世界

②让我们用坦然的眼光看世界

③让我们用发展的眼光看世界

4. 根据语境将备用的三个选项分别填入横线内，使表达准确连贯。

文化影响人的思维方式和行为习惯，调节人与世界的关系。在一个文化厚实的社会里，人懂得尊重别人，他不霸道，因为不霸道所以有道德，________，________，________。

①人懂得尊重自然，他不掠夺，因为不掠夺所以有永续的生命

②人懂得尊重自己，他不苟且，因为不苟且所以有品位

③这样，人才能实现从“小我”向“大我”的转变，成为一个有文化、有教养的人。

语言是流动的思想，灵动多变是它的外现。只要大家扣住中心话题，明辨语段顺序，就一定能够构建斗榫合缝的语言殿堂。本节课是银川市语文教研员指导的中考复习展示课，课程设计以生活为基础，以学生喜闻乐见的游戏通关为实践活动主线，激发了学生参与课堂的积极性，“教学评”一体化在课程推进中一并实施。贴近学生生活的情境性设置，也符合当下新课程标准对课堂的新要求。

值得关注的是课堂的梯度性，课程设计者从课本内容选取材料指导学生明确排序题内涵的“时间顺序、空间顺序、逻辑顺序”，由课内引向课外知识，这是课内与课外的整合，又以学习任务为载体，遵循学生身心发展规律和核

心素养形成的内在逻辑，符合初中学生的认知规律。同时在总结三种顺序时，教学设计者也是按照学生对知识理解的难易度，让最为复杂的“逻辑顺序”在最后隆重登场。总之，本节课能整合学习内容、情境、方法和资源等要素，设计语文学习任务群。

在课程实施时，教学的梯度性还体现在提问的先后顺序，我们可以先让学困生回答，自由选择问题回答，后提问中等生，最后是学优生。随着基础教育改革浪潮的出现，许多学校都在尝试改变教学的理念，转变教学方式，重建学校的教育评价制度，促使教育者们深入思考、积极探索高效的教学模式。《国家中长期教育改革和发展规划纲要》明确指出：提高课堂教学效率，提高教师专业水平，提升学生核心素养，促进学生健康发展。可是，目前初中语文课堂教学还存在不少问题：学生预习不到位、学生的主体作用不够突出、小组学习氛围还不浓，导致学生的认识不一，能力不同。笔者在平时的教学中，常常根据问题的难易程度，按学困生—中等生—学优生的顺序来进行环节互动，比如在讲《我的叔叔于勒》一文时，针对“本文出现的小说人物有哪些”？学困生率先找到“我的叔叔于勒”，中等生会找到“菲利普夫妇”，学优生会观察得更为仔细，找到“船长”等不易发现的人物。以这样的学困生优先原则，不仅使得每个学生皆有所获，而且能展现学生思维在班级中的变化构成，让每个在课堂上的学生都能在思维梯度中前行。

在教学评价时，教学实施者也可以采用梯度评价，给出相应的达标要求，梯度诊学是初中语文教学中一个重要的环节，也是学生展开学习活动的极为重要的组成部分。教学实施者应借助课堂练习或其他手段的监测与实施，对不同层次的学生当堂学习的成果进行考量，这样可以帮助学生及时对所学的知识加以巩固，提升了学生及时发现问题、深入分析问题、主动解决问题的能力，同时还可反馈教学实施者的教学设计与教学过程管控的效果，为教学实施者灵活调整教学内容、改善教学手段提供有力的参照。其中我们要关注教学诊断、质量检测侧重于阶段性、过程性和教师教的测馈，而当堂诊学则侧重于“当堂”的“学”，关注整体学生与个体学生的课堂状态和学习效果，具有更强的“及时性”“针对性”“学习性”“减负性”。

从语文课堂教学的角度，分析高效教学的维度、要素与突破路径，设计对应的梯度诊学方法与手段。记录在当节课堂上不同层次学生的学习状态及效果，并对学生进行定性、定量分析，总结学生学习得失的原因，研究应对的策略与方法。比如，张渊老师在《卖油翁》课例中，设置了评比台，根据答案的质量梯度给予学生相应的分数，最后评选出最优表现者，并能在学生解答不到位时及时地给予学生引导与关注。

研究面向不同层次的学生，诊断学生对基础知识的掌握程度及基本技能的运用情况；关注差异，设计分层诊学作业，难度适中，形成有特色的教学诊断校本作业。比如本教学设计案例中下题：

1. 下列句子排序最恰当的一项是（　　）

①这就是享誉中外的醉翁亭。

②道旁两侧浓荫蔽空，如入苍黑色的幽寂之境。

③湿漉漉的宽阔青石板道长约二里许。

④那天秋雨连绵，驱车出城，在琅琊古道上步行。

⑤举首可见林木掩映的亭台楼阁紧靠崖壁下。

A. ①⑤④②③　　B. ③②⑤①④

C. ①③②④⑤　　D. ④③②⑤①

上面这道题属于基础题型，而随后的题型会逐级递增，这样的整合性教学会让不同层次的学生都积极动手动脑，把学生从被动中解放出来，真正成为愿意主动学习者，同时与常规的教学活动、授课环节、校本研究结合起来，研究梯度诊学与它们的关联性。张渊老师工作室成员王丽老师在《茅屋为秋风所破歌》课例展示“环节一对比阅读，比较《春望》《茅屋为秋风所破歌》

两首诗的异同”时，提出活动要求——同桌协同完成；活动评价——找到形式上的不同 +1 分；找出韵律上的不同 +1 分，找出其他不同 +2 分，找出相同之处 +2 分，最后评出一组最佳同桌。这样的梯度评价，激发了学生的课堂积极性，让每个学生在课堂梯度评价中不断得到思维的提升。

总之，学生的个体认知差异是客观存在的，作为教学的设计者和实施者需要遵循学生身心发展规律和核心素养形成的内在逻辑，梯度整合，在课程设计、实施与评价时整合学习内容、情境、方法和资源等要素，设计语文学习任务群。梯度教学时教师应关注教学中的各个方面的梯度性，面对不同学生的学习情况，进行层次性教学设计，这就为学生的学习成长带来了计划感和任务感，将整个新教学过程变得清晰明了。这也是新课改、新课标下对教学实施者提出的新要求。

大单元教学

大单元教学是一种教学思想和教学手段，其主要目的是在一个更宏大的框架内设计教学内容，以帮助学生更好地理解和掌握知识。其关键点在于将一个主题或任务拆分成多个较小的单元，然后将这些单元进行整合和组织，以便学生在完成任务的过程中逐步掌握知识和技能。这种教学方法重视知识的系统性和整体性，常以大主题或大任务为中心，将学习内容进行分析、整合、重组，以形成具有明确主题、目标、任务、情境、活动、评价等要素的结构化教学单元。每个单元的教学目标必须全面充分表达总体目标的每一个维度，每个课时、每个任务、每个活动等是一个单元总体目标实现的组成局部，可能是总体目标每一个维度的落实，也可能只是其中一局部维度的落实。

下面是以大单元教学理念建构的统编版初中语文七年级上册第三单元整体教学设计；统编版初中语文八年级上册第二单元整体教学设计；统编版初中语文八年级上册第六单元“教学评”专题教学实践与课堂建构。

成长之光，师恩难忘——统编版初中语文七年级上册第三单元整体教学设计。设计意图：统编版初中语文七年级上册第三单元围绕着“学习生活”选编课文，展现了不同时代、不同国别少年儿童的学习状况和成长经历，也呈现了不同的教师形象。学习本单元，要求掌握默读方法，以保证阅读感知的完整性和一定的阅读速度。还要学会在阅读中借助标题、开头、结尾及文段中的关键语句把握文章基本内容，了解文章大意。本单元中，《从百草园到三味书屋》讲述了少年鲁迅在三味书屋跟随寿镜吾先生学习的经历，塑造了一个严慈相济的师者形象；《再塑生命的人》记叙了小海伦·凯勒在莎莉文老师的耐心教导下走向“光明”的故事；《〈论语〉十二章》记载了孔子及其弟子的言行，其中闪烁着至圣先师的学习智慧。三篇课文内容丰富，题材多样，写法各异，但均与学习生活相关，分别体现了不同的师生关系，呈现了教师在个人成长道路上的作用。单元设计的核心任务是“献礼教师节，学校拟开拍《我和我的老师》微电影，现向全校征集微电影故事内容。学习本单元，从古今中外的作品中感受师生情，写下你和你的老师之间发生的故事”。这一核心任务聚焦学生写作，与本单元阅读教学紧密相关。具体设计思路：默读课文，了解文章大意，梳理文章情节；聚焦课文人物描写，赏析人物形象，学习人物描写的方法；分析课内课外范文，学习讲好人物故事的方法；筛选写作素材，列出提纲，撰写完成文章《我和我的老师》。学习流程：第一课段，学习默读方法，引导学生通过关注文章标题、开头、结尾和关键语句，了解文章大意，梳理课文中令人印象深刻的人和事，感受师生情谊；第二课段，精读文章中描写老师的片段，结合文中插图，批注品鉴文中师者形象，参照单元写作任务中肖像漫画的手法，选择生活中的一位老师，给他/她画一幅肖像画，并配上文字解说；第三课段，鉴析课文选段和课外范文，学习选取典型事件和细腻的心理刻画来凸显人物形象的方法；第四课段，确定写作对象，选择典型事件，列出提纲，撰写“我和我的老师”的故事。学习依据：以《义务教育语文课程标准》（2022年版）第四学段（7~9年级）的课程目标，在“阅读与鉴赏”中要求引导学生“养成默读的习惯”，能够“在通读课文的基础上，理清思路，理解、分析主要内容，体味和推敲重要词句在语言环境中的意义和作用”，“对作品中感人的情境和形象说出自己的体验，品味作品中富于表现力的语言”。在课程内容中，本单元的课文契合“发展型学习任务群”中“文学阅读与创意表达”的要求，其第四课段（7~9年级）旨在引导学生阅读表现人与社会、人与他人的古今优秀文学作品，“学习欣赏、品味作品的语言、形象等，交流审美感受，体会作品的情感和思想内涵”。在第四学段（7~9 年级）的“学业质量描述”中要求学生能够通过概括的方式，表达对作品的理解，“能从多角度揣摩、品味经典作品中的重要词句和富有表现力的语言”。综上，课程目标、课程内容和课程评价都要求在学习人与社会、人与他人的优秀文学作品时，应关注概括、人物描写与关键语句三个方面的内容。学情研判，诊断测试：请从所学过的课文中选取你印象最深刻的人物，为同学讲解他 / 她的故事并分析其形象特点。数据分析：测试样本为两个教学班，共计约 106 位学生。概括：97% 的学生能对课文内容进行简要概述，但仅 58% 的学生能归纳出人物的特点。人物描写：76% 的学生在人物讲解中缺乏对课文中人物描写语段的关注，无法结合内容和情节进行分析。关键语句：79% 的学生在人物讲解中无法关注到标题、开头、结尾等关键语句，从文章写法的角度对人物进行分析。根据前测试题完成情况的统计，可以发现学生在阅读塑造人物形象的文学作品时，能够基本掌握内容，但对人物形象缺乏整体和细部的把握。具体情况如下：93 位学生（约占测试人数的 97%）能够简要概括课文内容，但仅 54 位学生能够从整体上归纳出人物特点；74 位学生（约占测试人数的 76%）无法从人物描写的语段中分析人物形象，76 位学生（约占测试人数的 79%）无法从标题、开头、结尾等关键语句中分析人物形象。学习内容确定：依据前测反馈的情况可知，阅读塑造人物形象的文学作品，学生基本能把握主要内容，但缺乏从整体和细部中分析人物形象的能力。因此，借助人物描写、关键语句把握文章内容和人物形象，学习人物的基本写法，是本专题设计的学习内容。学习目标：语言目标，学习默读方法，迅速了解文章大意，尝试用自己的语言概括文章内容，并归纳课文中不同老师的特点；精读关键语段，重点分析有关人物描写的句子，学习通过多种描写来刻画人物形象的方法；速读课文，关注标题、开头、结尾及文段中的关键语句，分析不同位置关键语段的作用。思维目标，通过归纳、比较、分析等方式总结课文中塑造人物的方法，并尝试将其运用到写作之中，提升读写迁移能力；对比课文中儿童与成人的不同视角，学习多维度观察和分析问题的方法。价值目标，在阅读和写作中，体悟师生情谊，学习老师身上的高尚品质，感受师生之间的爱与尊重；感受童真、童趣，友谊和爱；热爱童年、热爱生活，获取人生启示，提升思想品德修养。核心任务：献礼教师节，学校拟开拍《我和我的老师》微电影，现向全校征集微电影故事内容。学习本单元，从古今中外的作品中感受师生情，写下你和老师之间的故事。

教学实施

第一课段　初探：读课文，把握情节

核心任务：学会默读，在阅读中把握基本内容，了解文章大意。

学习任务：默读课文，明确默读的基本要求；跳读课文，关注文章标题、开头、结尾等关键语句，把握文章基本内容；梳理课文中令人印象深刻的人和事，感受师生情谊，课上交流互动。

课时安排：1 课时。

学习资源：鲁迅《从百草园到三味书屋》；海伦·凯勒《再塑生命的人》；梁实秋《我的一位国文老师》

完成任务：带着以下问题，默读《从百草园到三味书屋》《再塑生命的人》：文章讲述了发生在百草园的一些什么事儿？讲述了在“三味书屋”发生了哪些故事？为什么生命要“再塑”呢？谁来“再塑”生命？如何做到的？

知识链接

默读的要求：（1）不出声，不动唇，不指读，不回看，一口气读完全文，保证阅读感知的完整性；（2）保证一定的阅读速度（阅读一般的现代文，每分钟不少于 500 字）；（3）适当运用猜读和跳读。

圈画标题，跳读课文，完成“学习任务单一”。

学习任务单一

步骤一：读题		
任务	标题	关键词
勾画关键词	《从百草园到三味书屋》《再塑生命的人》	从……到……；再塑
步骤二：读文		
跳读课文，勾画关键语句，并说说这些语句的作用：划分文章层次；照应文章标题等。	范例 1："我不知道为什么家里的人要将我送进书塾里去了……Ade，我的覆盆子们和木莲们！……" 范例 2："冬天的百草园比较的无味；雪一下，可就两样了。" 范例 3："老师安妮·莎莉文来到我家的这一天，是我一生中最重要的一天。……回想此前和此后截然不同的生活，我不能不感慨万分。"……	划分文章层次／照应标题的语句，是过渡语段，承上启下。划分文章层次。这句话能让读者了解到，前文所写是百草园的春、夏、秋，接下来便要写百草园的冬了。照应文章标题。"最重要的一天""截然不同的生活"与标题的"再塑"相照应。……
步骤三：悟情		
梳理文中令你印象深刻的情节，同学之间相互交流阅读感受。	1."我"问寿镜吾先生"怪哉"虫；2.寿镜吾先生读书；3.莎莉文老师教"我"拼写单词"doll"；4.莎莉文老师带我感受"水"。……	

学习评价：默读梁实秋的《我的一位国文老师》，本文 2500 字左右，学生计时阅读，自主检测能否在 5 分钟内读完；完成以下写作小练笔。

<table>
<tr><th colspan="4">写作小练笔</th></tr>
<tr><td colspan="4">如果有机会，你更想做哪位老师（寿镜吾 / 莎莉文老师）的学生？结合文章内容，写一写你的想法，并说明理由，字数在 200 字以上。
我更想做（寿镜吾 / 莎莉文老师）的学生……</td></tr>
<tr><td colspan="4">小练笔自评表（满分：20 颗星）</td></tr>
<tr><th>评价维度</th><th>评价内容</th><th>评价等级</th><th>评价说明</th></tr>
<tr><td>文章结合度</td><td>结合文章具体内容</td><td>☆☆☆☆☆</td><td rowspan="4">越符合评价内容，星级越多。</td></tr>
<tr><td>理由完整度</td><td>理由充分，有理有据</td><td>☆☆☆☆☆</td></tr>
<tr><td>语言趣味度</td><td>生动形象，充满趣味</td><td>☆☆☆☆☆</td></tr>
<tr><td>逻辑流畅度</td><td>逻辑严谨，行文流畅</td><td>☆☆☆☆☆</td></tr>
</table>

第二课段　赏析：品人物，细处寻味

核心任务：品鉴人物形象，学习人物描写方法。

学习任务：精读文章中描写老师的片段，结合文中插图，品析文中师者形象；参照“写人要抓住特点”单元写作任务中肖像漫画的手法，选择你生活中的一位老师，给他 / 她画一幅肖像画，并配上文字解说。

课时安排：2 课时。

学习资源：鲁迅《从百草园到三味书屋》；海伦·凯勒《再塑生命的人》；《〈论语〉十二章》；义务教育初中语文七年级上第三单元写作《写人要抓住特点》。

完成任务：精读《从百草园到三味书屋》《再塑生命的人》中描写老师的片段，朗读《〈论语〉十二章》中老师的语录，批注品鉴师者形象，完成

“学习任务单一”，课上相互分享交流。

批注要求：勾画描写老师的片段，旁批阅读心得。批注示范——第二次行礼时，先生便和蔼地在一旁答礼。他是一个高而瘦的老人，须发都花白了，还戴着大眼镜。（外貌描写）我对他很恭敬，因为我早听到，他是本城中极方正，质朴，博学的人。（别人对先生的评价）

知识卡片

人物形象特点	
人物形态特点	即描绘人物外貌及神态描写的句子，先析外在特点，然后在特定的环境中思考分析体会人物情感。
人物言语内容	即抓住人物语言，联系上下文，由表及里，辨析领悟人物思想情感。
人物行为特点	即抓住描写动作的关键词句，理解表层意思，分析深层含义，品析人物的精神风貌。
人物生活环境	即描写人物所处环境的语句，立足环境，分析人物特点，理解人物形象。

学习任务单一人物形象之我见	
形态特点□　言语内容□　行为特点□　生活环境□	
	特点：高瘦发白，充满学究气。 从文中哪里可以看出来？ 这样写给我写作带来的思考是？
	特点： 从文中哪里可以看出？ 这样写给我写作带来的思考是？
	特点： 从文中哪里可以看出？ 这样写给我写作带来的思考是？

参考文中插图，尝试勾勒人物外在特点；结合上一任务完成的学习单和课上交流结果，总结人物总体特点。

图片	人物特点
	范例：图片中的寿镜吾先生，严肃认真，穿着简单，质朴专注。 我心中的寿镜吾先生：是一个严肃认真的人。如果在他的课堂，想必得腰背挺直、踏实认真，否则会被先生用戒尺惩罚。
	图片中的莎莉文老师…… 我心中的莎莉文老师是一个……
	图片中的孔子…… 我心中的孔夫子是一个……

参照“写人要抓住特点”单元写作任务中肖像漫画的手法，选择你生活中的一位老师，给他 / 她画一幅肖像画，并配上文字解说。

步骤一：细心观察，抓住特点				
 图 1	 图 2	 图 3	 图 4	问题
				对比鲁迅、爱因斯坦的照片和漫画，说说漫画家抓住了人物的什么特点？

<table>
<tr><td colspan="3">步骤二：选择人物，列出提纲</td></tr>
<tr><td>写谁</td><td>外貌 / 神态描写</td><td>独特之处（最少 2 例）</td></tr>
<tr><td></td><td>（要求：至少用一种修辞）</td><td>1.
2.</td></tr>
<tr><td colspan="2">步骤三：根据特点，画出肖像</td><td>步骤四：配上文字解说</td></tr>
<tr><td colspan="3">学习评价：参考以下评价表格，学生互评课上所画的老师人物肖像图和所配的文字。</td></tr>
<tr><td>评价标准</td><td colspan="2">不契合：★；一般契合★★★；非常契合：★★★★★</td></tr>
<tr><td>配图特点</td><td colspan="2">肖像图所抓特点与人物形象是否契合☆☆☆☆☆（填涂）</td></tr>
<tr><td rowspan="2">配文用语</td><td colspan="2">形态特点□言语内容□行为特点□生活环境□
配文的人物描写与人物形象是否契合☆☆☆☆☆（填涂）</td></tr>
<tr><td colspan="2">□比喻□夸张□对比□其他
配文的修辞与人物形象度是否契合☆☆☆☆☆（填涂）</td></tr>
<tr><td>图文匹配度</td><td colspan="2">所画的图片和所配的文字是否契合☆☆☆☆☆（填涂）</td></tr>
</table>

第三课段　得法：析手法，感知匠心

核心任务：深入分析三篇文章在内容和写法上的精妙之处，讲好“我和我的老师”的故事。

学习任务：默读课文，学会从文中准确获取信息并进行分析概括，把握关键语段、梳理典型事件；品读语段，借助圈点勾画和批注，了解作者通过写自己的反应和变化来凸显老师个性魅力的方法。

课时安排：2 课时。

学习资源：鲁迅《从百草园到三味书屋》；海伦·凯勒《再塑生命的人》

《〈论语〉十二章》；梁实秋《我的一位国文老师》。

完成任务：速读课文，找出几篇文章中对老师的概括性评价的一句话，完成“学习任务单一”。

学习任务单一　关键句子，概括评价

课文篇目	对老师的概括性评价
从百草园到三味书屋	他是本城中极方正，质朴，博学的人。
再塑生命的人	老师安妮·莎莉文来到我家的第一天，是我一生中最重要的一天。
我的一位国文老师	我在十八九岁的时候，遇见一位国文先生，他给我的印象最深，使我受益也最多，我至今不能忘记他。

学习提示：学生快速阅读文章，快速找到对老师概括性评价的一句话，旨在引导学生关注文章中的特殊位置的关键句段，并了解这些特殊句段的作用。结合“学习任务单一”，找出三篇文章在对老师的概括性评价中的共同之处，完成“学习任务单二”。

学习任务单二　关键语段，着力表达

	出现位置	副词使用	情感表达
从百草园到三味书屋	文章第二部分的开头	极	方正，质朴，博学
再塑生命的人	文章开头	最重要	是我最重要的一天
我的一位国文老师	文章开头	最深、最多	我至今不能忘记他

学习提示：引导学生回顾学习的课文中有没有类似的语段，进一步加深学生对关键语段着力表达的印象，分析这种朴素表达的妙处。比如《背影》

的开头段：“我与父亲不相见已二年余了，我最不能忘记的是他的背影。”再如魏巍《我的老师》开头段：“最使我难忘的，是我小学时候的女教师蔡芸芝先生。”跳读课文，找出文章中老师与“我”的事件，对比事件前后“我”的感受和变化，完成“学习任务单三”。

学习任务单三　我写我师，“一题两面”

文章	师：立身之事	师：立人之言	生：彼时变化
从百草园到三味书屋	寿镜吾先生不回应“怪哉”的问题，使我知道不问不应该问的事，只读书习字。	“读书！”“铁如意，指挥倜傥，一坐皆惊呢……金叵罗，颠倒淋漓噫，千杯未醉嗬……”	小鲁迅：恭敬、忐忑、放纵、佯怕、读书多了，画的画也多了。 大鲁迅：
再塑生命的人	莎莉文老师把我紧紧抱在怀中，使我感到她就是那个来对我启示真理、给我深切的爱的人。	莎莉文老师把我的一只手放在喷水口下，一股清凉的水在我手上流过。	小海伦：愤怒苦恼、疲惫不堪——花团锦簇、美不胜收 大海伦：
〈论语〉十二章	（学生思考）	“饭疏食，饮水，曲肱而枕之，乐亦在其中矣。不义而富且贵，于我如浮云。”	（学生思考）
我的一位国文老师	徐老师大勾大抹我的作文，使我学会写文章。	“×××！你是什么东西？我一眼把你望到底！”	少年梁实秋： 成年梁实秋： （学生思考）

学习提示：学生通过“老师……，使我……”这种句式表达，找出“我”与老师的关联，在比较中梳理出老师对“我”影响最深的事件，进而学习选取典型事件来塑造人物形象的方法。另外，能凸显人物个性的语言，是贴在人物身上独一无二的标签。这四篇文章有像寿镜吾和“徐老虎”这样非常有个性化的语言，也有莎莉文老师特殊的无声之言，还有孔子大篇幅的语录，引导学生在朗读中感受老师的独特魅力；跳读课文，圈画词语，感知“我”的变化。通过批注重点赏析，以“小鲁迅”为例带着学生梳理；“小海伦”的变化给出一头一尾，让学生填空；“少年梁实秋”的变化完全交给学生来完成。此外，《再塑生命的人》是自读课文，要引导学生利用旁批帮助理解。示例：朋友，你可曾在茫茫大雾中航行过？在雾中神情紧张地驾驶着一条大船，小心翼翼地缓慢地向对岸驶去，你的心怦怦直跳，唯恐意外发生。在未受教育之前，我正像大雾中的航船，既没有指南针也没有探测仪，无从知道海港已经临近。我心里无声地呼喊着：“光明！光明！快给我光明！”恰恰在此时，爱的光明照到了我的身上。批注：作者把自己比喻成大雾中没有方向指引的航船，生动形象地写出了自己的彷徨和无助，对光明的呼喊的三个感叹号，表达了小海伦对光明的强烈的渴望，为莎莉文老师的到来做铺垫。

学习评价：自主阅读魏巍《我的老师》、鲁迅《藤野先生》以及孔子教导弟子的经典故事，小组之间相互交流；结合学习的几篇例文，回顾自身学习生活中与老师交往的典型事件，用手账的形式记录下来。

第四课段　落笔：列提纲，撰写文章

核心任务：回顾学习生活中给自己带来重大影响的老师，筛选典型事件，刻画老师的形象，彰显老师的独特魅力，写一篇文章，不少于600字。

学习任务：筛选给自己留下深刻印象的老师，梳理出他（她）对你影响深远的事件，确定写作对象；运用学习的写人物故事的方法，根据提纲框架，确定写作思路；写一篇以“我和我的老师”为题的文章。

课时安排：2课时。

学习资源：鲁迅《从百草园到三味书屋》；海伦·凯勒《再塑生命的人》《〈论语〉十二章》；梁实秋《我的一位国文老师》；义务教育初中语文七年级上册第三单元写作《写人要抓住特点》。

完成任务：回顾自己学习生活中遇到的老师，初步梳理筛选确定写作对象，完成“学习任务单一”。

学习任务单一　人物信息

老师姓名	外貌	品质特点	体现特点的典型事件	“我”的感受及变化	主题

学习提示：在此环节，学生可以罗列出多个老师，根据表格中的填写内容，与同学相互讨论进行筛选，最后确定一个老师作为写作对象。分解老师外在特点，选择他（她）最有代表性的特点，并分析其特点对应了他（她）怎样的性格特点或精神品质，完成“学习任务单二”。

学习任务单二　外在特点

观察角度	人物特点	体现的人物品质
人物及身份		
相貌		
衣着		
身材		
标志性动作		
个性化语言		

概括“我和老师”交往中的典型事件，罗列出来，并说明选择这一事件的理由，可以选一件事，也可以选多件事，完成“学习任务单三”。

学习任务单三　典型事件

事件	事件概括	选择理由
事件 1		
事件 2		

结合前三个学习任务单内容，选择开头结尾的方式，搭建写作框架，完成“学习任务单四”。

学习任务单四　写作框架

开头	开门见山式直接点出人物	
	由人物对自己的影响叙述引出	
	直接抒情引出	
	由某件东西或某种情境引出	
外在特点	相貌、衣着、身材、动作、语言	
反映人物性格特点的典型事件	事件 1+ 我的变化及对我的影响；事件 2+ 我的变化及对我的影响；事件 3+ 我的变化及对我的影响	
结尾	我对他（她）的感情	

学习评价：《我和我的老师》作文评价量表。

维度	评价内容	评价等级	评价说明
选材立意	抓住特点真实可感	5分	能抓住老师的外在特点，得1分；抓住外在特点并能体现老师的个性特征及性格品质，得2–3分；能把人物放在事件中，选择真实的典型的事件来体现人物的内在品质，塑造老师形象，展现老师魅力，得4–5分。
描写手法	用语准确生动形象	5分	能抓住老师的外貌、语言、动作等外在的特点，并进行简单的描写，得1–2分；能抓住老师最典型的外在特征，运用修辞、白描等手法具化老师形象，得3–4分；既有对老师的具象描写，又有对“我”的细腻的心理描写，得5分。
情感表	感情真挚精妙	5分	客观陈述事件，缺乏情感，得1分；在叙事、描写中穿插议论或抒情，感情平淡，得2–3分；综合运用多种表达方式，感情深沉真挚，得4–5分。

测试反馈：必做题1. 对于自己的老师，鲁迅只写过三个人，一个是三味书屋的寿镜吾，一个是日本留学时的藤野先生，一个是《关于太炎先生二三事》中的章太炎。比较这三篇文章，看看这三位老师有什么相同点和不同点。2. 从成人后的成就来看，作为学生的鲁迅、海伦·凯勒、曾子、颜回、子夏无疑是优秀的；从学生对老师的评价来看，作为老师的寿镜吾先生、莎莉文老师和孔子无疑是成功的。请你结合本单元的学习和自己的认识谈一谈，师生之间如何构建美好的友谊？选做题1. 开启自我教育的旅程，做自己生活的老师，《论语》中许许多多话都带给我们智慧的启迪。阅读与搜集《论语》中的名言名句，选择一句作为你的生活格言，并用毛笔书写在宣纸上。优秀书法作品于课上展示交流。2. 启迪和影响我们的人，不一定是学校里的老师，在你的生活中，有没有一个人也曾带给你“再塑”的影响？请你仿照《再塑

生命的人》的开头，写写你和他 / 她之间的故事。“________________的这一天，是我一生中最重要的一天。这是______年______月______日，当时我才____________。回想此前和此后截然不同的生活，我不能不感叹万分”。

单元整体评价：单元设计反思，统编版初中语文七年级上册第三单元选编了一组关于“学习生活”的文章。本单元的目标是：通过学习默读，掌握默读的基本方法和要求，保证阅读的完整性，提升阅读速度，并在默读过程中通过简单圈画把握文章的基本内容；通过关注标题、开头、结尾等重点语段，培养阅读意识和阅读习惯，分析特殊位置特殊语段的作用，迅速把握文章结构层次了解大意；通过对三位老师形象的分析，学习把握人物个性化特点和选取典型事件来塑造人物形象的方法；通过对作者细腻的心理活动的描写，侧面凸显教师的独特人格魅力，加深对作者情感态度的认识和理解；通过比较分析作者“彼时的记忆”和“此时的感受”，感知成人与儿童的双重视角，加深对课文主题的理解；通过阅读、分析、概括等方法提炼出讲好人物故事的要点和方法，并将其运用到写作实践中去，提升写作能力。“成长之光，师恩难忘”单元整体设计的核心任务是“献礼教师节，学校进行‘我和我的老师’微电影拍摄，面向全校征集故事素材”。这一核心任务聚焦学生写作，与单元写作任务“写人要抓住特点”相对应，将“人”这个宽泛的写作对象确定为“我的老师”，与单元内容相契合，更加聚焦。单元整体教学设计的思路是“初探：读课文，把握情节—赏析：品人物，细处寻味—得法：析手法，感知匠心—落笔：列提纲，撰写文章”，在分析、理解、品鉴、评价、概括中提升综合素养。单元设计在实际实施过程中，需要注意以下几个问题：三篇文章虽都是写学习生活，但在时代或地域上存在很大的差异，也与学生自己的学习生活存在很大的不同，学生在理解的时候难免会产生一些偏差。因此，老师需要给到比较厚重的铺垫，如私塾学堂、海伦·凯勒的成长经历、孔子的教育思想等，让学生在充分了解的基础上进行学习；《〈论语〉十二章》是语录体，没有从人物描写上刻意刻画，也没有典型的事件支撑，要引导学生发挥联想和想象，结合孔子及其弟子的相关故事，从这些分散的语录中读出人物的魅力。

课例设计二：“重要他人”人物主题馆——统编版初中语文八年级上册第二单元整体教学设计。

设计背景：统编版初中语文八年级上册第二单元从内容主题看，都与“生活回忆”“重要他人”有关，选编的四篇课文《藤野先生》《回忆我的母亲》《列夫·托尔斯泰》和《美丽的颜色》，前两篇是回忆性散文，后两篇是人物小传。回忆性散文和传记的共同特点都是以记人为主，内容真实，事件典型，同时注重艺术表现。但在人物刻画上，这几篇文章又各具特色。其中《藤野先生》中刻画多起典型事件，双线并行，《列夫·托尔斯泰》中恰到好处地运用了欲扬先抑的写作手法，《回忆我的母亲》语言风格平实质朴，《美丽的颜色》中大量运用了传神的细节描写及传主日记，均为后文单元核心任务的完成提供了经典指导。结合这些共同点及本单元的写作训练《学写传记》的要求，我们设计了“布置‘重要他人’人物主题馆”的任务。通过“搜集名人主题馆资料”，学习选取典型物件和具体事例来凸显人物特点的方法；通过“布置名人主题馆”，学习将叙述、议论和抒情相结合，写出人物平凡中的伟大和伟大中的平凡；通过“举办‘重要他人’人物主题馆”，在实践运用中掌握本单元选材真实、事件典型、注重细节等要义。由从对课文中名人写普通人（老师，母亲）和名人写名人（偶像，母亲）的学习，到由自己动手写心目中的重要他人的实践；从文中人物的生平事迹中汲取精神营养，丰富生活体验；从对“重要他人”的布展过程中，增进对他人的了解，提升个人人格魅力。各课段之间层层递进，从样例展示、方法指导逐步过渡至自主创作，直到完成单元作品。学习依据：以《义务教育语文课程标准》（2022年版）第四学段（7~9 年级）的课程目标，在“阅读与鉴赏”中要求引导学生“在通读课文的基础上，理清思路，理解、分析主要内容”“对课文的内容和表达有自己的心得，能提出自己的看法”，并“能对作品中感人的情境和形象说出自己的体验”。在课程内容中，本单元的课文契合“发展型学习任务群”中“文学阅读与创意表达”的要求，其第四学段（7~9年级）旨在引导学生“阅读表现人与社会、人与他人的古今优秀诗歌、散文、小说、戏剧等文学作品，学习欣赏、品味作品的语言、形象等，交流审美感受，体会作品的情感和思想内涵”。在第四学段（7~9年级）的“学业质量描述”中要求学生“在阅读过程中能把握主要内容，并通过朗读、概括、讲述等方式，表达对作品的理解”“能从作品中找出值得借鉴的地方，对照他人的语言表达反思自己的语言实践；能与他人分享自己获得的对自然、社会、人生的有益启示，能借鉴他人的经验调整自己的表达，能根据需要，运用积累的语言进行口头或书面表达”。综上，课程目标、课程内容和课程评价都要求，在学习以写人为主的优秀文学作品时，应关注人物形象、情感表达以及写作手法三个方面的内容。学情研判：诊断测试，请从所学过的传记作品中选取一篇，为同学讲解其中的人物形象、蕴含的情感，以及对应的写作手法。进行数据分析，测试样本为两个教学班，共计106位学生。人物形象：约83%的学生能够从事件中讲解人物形象，但无法从人物身份、穿着、与作者关系、人物评价等方面分析人物特点。蕴含情感：约60%的学生对情感的概括比较单一，无法分析出作品蕴含的丰富情感。写作手法：约72%的学生无法对文本的写作手法或脉络进行细致地梳理和分析，约85%的学生无法从语言表达中分析写作手法。前测分析，根据前测试题完成情况的统计，可以发现学生有一定的传记文学阅读积累，能够关注到传记文学中的人物形象，但仅停留在表层的事件梳理与表层形象概括上，无法细致深入地多角度剖析人物形象，体味蕴含的情感及其塑造人物形象的写作手法。具体情况如下：72位学生（约占测试人数的83%）能够从事件中分析人物形象，但无法细致深入解析人物特点，细挖出人物内心深处的情感或者矛盾的性格；62位学生（约占测试人数的60%）无法分析出作品中蕴含的丰富情感；73位学生（约占测试人数的72%）无法对文本的写作手法或脉络进行细致地梳理和分析；84位学生（约占测试人数的85%）无法从语言层面分析写作手法。学习内容确定：依据前测反馈的情况可知，学生有一定数量的传记文学作品阅读积累，但是对传记文学作品阅读赏析的方法需要进一步学习、提炼。因此人物形象塑造、作品丰富的情感表达、独特的写作手法并借鉴进行创作是本专题设计的学习内容。学习目标：语言目标，初读四篇文章，从人物身份、穿着、与作者关系、人物评价等方面提取主要人物的特点，体悟作者对所记之人的情感，罗列人物所用物件、人物所在场景、对作者影响最深刻的事件等，梳理并学习作者选材、组材的角度和方法；思维目标，从物件、塑像、色调、场景等方面分析四篇文章在选材和表现手法上的特点，训练学生分析和想象能力，学习选择平常生活小事表现平凡中的伟大和紧扣人物身份凸显伟大中的平凡的手法，迁移运用尝试写一篇小传，培养学生的演绎思维；价值目标，在"'重要他人'人物主题馆"策划活动中，从文中人物的生平事迹里汲取精神营养，丰富自己的生活体验；从对身边"重要他人"的布展过程中，增进对他人的了解，加深情感连接。核心任务：为身边的"重要他人"写小传。

第一课段　搜集名人主题馆资料

核心任务：了解人物基本信息，概括典型事件，填写主题馆陈列表。

学习任务：初读四篇课文，并借助网络资源，了解人物基本信息；理清全文脉络，概括文中典型事件；分析典型事件，概括人物形象特点，并据此选择能够体现人物特点的主题馆陈列物，填写陈列表。

课时安排：2课时。

学习资源：八年级下册第二单元四篇课文；有关藤野先生、朱德母亲、列夫·托尔斯泰和居里夫人的多媒体网络资源。

知识学习：回忆性散文，当我们把回忆和散文放在一起考察时，我们发现并非所有的散文品类都与回忆挂钩牵连。就其可能性和充分性而言，回忆仅与记述、抒情散文存在着一种内在的必然的联系……回忆性散文作为一种回忆与散文相结合的文体，它的主要价值在于作者也就是叙述者所经历的事与人，以及由这些事和人产生的有关“过去”与“现在”相互交织的两种情感。传记文学属于文学范围，多用形象化方法，描写各种著名人物的生活经历、精神面貌及历史背景，以史实为根据，但不排斥文学描写。

完成任务：通读《藤野先生》《回忆我的母亲》《列夫·托尔斯泰》《美丽的颜色》四篇课文；结合课文内容，借助课外资料，了解有关藤野先生、朱德母亲、列夫·托尔斯泰和居里夫人的基本信息（可从人物身份、与作者关系、人物评价等角度入手），并以小组为单位交流讨论，加深了解；理清全文脉络，概括文中典型事件；分析典型事件，概括人物形象，并据此选择能够体现人物特点的主题馆陈列物，依照示例设计陈列表。

“藤野先生馆”陈列表（示例）

典型事件	人物品格	对应陈列物
初见藤野先生	不拘小节	藤野先生领结歪斜的课本插图
添改讲义	认真负责	有红笔添改痕迹的讲义
纠正解剖图	治学严谨	一幅正确的解剖图，一幅血管被移动过的解剖图
关心解剖实习	真挚诚恳	实验器材，及正在做实验的鲁迅画像
匿名信事件	正直无私	写着“你改悔罢”的匿名信 写着“请全数到会勿漏为要”的黑板 “漏”字画个圈
……	……	……

学习评价：在藤野先生、朱德母亲、列夫·托尔斯泰和居里夫人中，选择一位让你印象最深的人物，并结合典型事件，说说TA给你留下深刻印象的原因。

第二课段　布置名人主题馆

核心任务：再次阅读四篇文章，并查找相关资料，结合人物的特征和情感，从安排场景风格（背景、人物肖像、音乐、色调）、自助语音导游、宣传册文本等角度策划布置名人主题馆。

学习任务：学习细节描写刻画人物的方法，给人物馆配上陈列词或自助语音导游，同时展开综合实践活动，结合人物的特征和情感，从背景、人物肖像、音乐、色调等角度出发设计主题馆的场景风格；学习如何选用平凡小事来展现人物伟大的手法，并紧扣人物身份凸显其伟大中的平凡，迁移运用给场馆写一篇小传作为宣传册文本。

课时安排：2 课时。

学习资源：八年级下册第二单元四篇课文；有关藤野先生、朱德母亲、列夫·托尔斯泰和居里夫人的多媒体网络资源。

完成任务：分析文章中细节描写等刻画人物的方法，给第一课段中选出的展览物件配上陈列词或自助语音导游。要求可以直接引用或者改写文章原句，学习并模仿其刻画人物细节的手法。比如通过对典型语言或重要行为的记录来展现人物的独特气质、工作态度和人生追求等。

“居里夫人馆”部分语音导游词（示例）

人物特征：全身心投入工作，不慕名利只爱真理，在工作环境极为严酷的情况下提炼出了“镭”。

人物情感：对实验结果“镭”的珍惜和爱护。

物件及陈设方式：放进极小玻璃瓶里散发着蓝色光芒的“镭”（仿制），被放在钉在墙上的板子或者紧靠墙的桌子上，墙的背景是居里夫妇相依望向“镭”的剪影，居里夫人要更前倾一些，比埃尔的手轻轻抚摸着她的头发。灯光要昏暗，以衬托“镭”的蓝色荧光。

导游词：“看啊……看啊！它的颜色多美啊！”为寻找它沥尽心血的居

里夫人此刻如同一小时前望向躺在睡床上的孩子一般，身体前倾，眼神慈爱，热切地望着散发着蓝色荧光的来源。夫妇二人如同孩子一般，用人类的眼睛第一次望向这一神妙世界的奇观，望向“镭”，望向他们的“镭”。“镭”，终于在一个残破的棚屋里被发现的“镭”！

陈列词：纯净的镭是银白色的，居里夫妇于1902年提取出的是氯化镭，氯化镭是白色固体，其中的镭会产生射线，使装它的玻璃容器产生蓝色荧光。

活动：结合人物的特征和情感，从背景、人物肖像、音乐、色调等角度设计主题馆的场景风格。要求：通过分析文章以及查找资料，揣摩人物特征和情感，借此来统筹整个场馆的布局，同时抓取人物的主要特征来确定场馆的命名。

“列夫·托尔斯泰馆”布局

人物特征：出身贵族，身份高贵，热情好客，睿智理性，拥有一双能看透一切本质的眼睛，同时也因此无法在人间收获幸福，晚年抱恨而逝。

人物情感：晚年的他憎恶自己的身份和生活，对现实失望，甚至绝望而悲悯。

条目	布局	设计理由
背景	一个简朴的乳白色背景墙，堆放大量的书籍以及一些名人肖像画。	伯爵托尔斯泰经常在家里的客厅会见访客，而中年以后，他的房屋更显简朴，这些设计来自于他生活了60年的庄园。

条目	布局	设计理由
音乐	柴可夫斯基交响乐	柴可夫斯基是与列夫·托尔斯泰同时期的著名音乐家，他的作品深刻地反映了19世纪80~90年代在沙皇专制高压政策下的俄国知识分子阶层的苦闷心理，恰如晚年出走，无法在人间收获幸福的文豪托尔斯泰。而同时他也与列夫·托尔斯泰有过交往，受到后者的赞赏，能领悟到他音乐中承载的人民的苦难。
色调	乳白色的墙面，比较昏暗的色调，可以配有一些墨绿的橡树影。	这也是模拟了中年后列夫·托尔斯泰的寓所，朴素而普通。
命名	天眼	茨威格的文中着重刻画了托尔斯泰的犀利眼睛，展示他“天才灵魂”的深邃、伟大。同时也表达了对其看透一切本质进而缺少幸福的悲悯，恰如王国维的“偶开天眼觑红尘，可怜身是眼中人”，伟大而又艰辛。

学习如何选用平凡小事来展现人物伟大的手法，并紧扣人物身份凸显其伟大中的平凡，迁移运用给人物写一篇小传作为宣传册文本。

要求：可以通过剪贴法摘录文章原句，同时结合查找的资料来原创，凸显人物平凡与伟大的双重性。

列夫·托尔斯泰（示例：结合原文以及查找的资料）

伟大之处：有着一双能看透一切的眼睛，可以任意支配整个世界及其知识财富……

——摘自原文

19 世纪中期俄国批判现实主义作家、政治思想家、哲学家，被誉为“俄国革命的镜子”，是具有“最清醒的现实主义”的“天才艺术家”。创作出《战争与和平》《安娜·卡列尼娜》《复活》。他还试图解放农民，办学校，自力更生，想要去改变当时社会上的一些腐朽现象……

——外部资料

平凡之处：长相丑陋而平凡，是在俄罗斯随处可见的大众脸，与俄罗斯大众同呼吸共命运。逃脱不了人世间的愁苦，缺少属于自己的幸福……

——摘自原文

发现自己与世界的诸多矛盾无法解决后，晚年力求过简朴的生活，最后出走离去，孤独地病死在小车站里，遗体安葬在亚斯纳亚·波利亚纳的森林中，坟上没有树立墓碑和十字架。

——外部资料

宣传册文本：天眼——列夫·托尔斯泰

他，有着一双惊才绝艳的眼睛，含有一百只眼珠的眼睛。

如黑豹，似钢刀，若枪弹，犀利，锃亮，击中要害，入木三分，无法遮掩。又能如妇人流泪，星辰闪耀，阴云密布，幽谷莫测，X 射线般的冷酷锐利，儿童般的赤子好奇。揭露一切微不足道的细节，探照广袤无垠的宇宙。（这部分可配上作者的名著图片和精彩选段）

他，就是列夫·尼古拉耶维奇·托尔斯泰，19 世纪中期俄国批判现实主义作家、政治思想家、哲学家，一个永远流浪的天才灵魂，一个能看透一切真相的智者，一个用笔写尽人世无常的伟人。《战争与和平》《安娜·卡列尼娜》《复活》……如椽大笔，力透纸背。（这部分可配上作者的名著图片和精彩选段）

但他同时，也是一个侏儒。生就多毛的脸庞，长满疯狂的长髯和胡须，仿佛一个粗制滥造的小屋，藏着粗糙凹陷的脸颊和厚厚的嘴唇。失调、崎岖、平庸，甚至粗鄙。直至晚年，白色的大胡子才使他显出几分慈祥可敬，俊秀之光才使这块悲凉之地解冻。（可配上肖像画和照片）

正如他长着的那张在俄罗斯随处可见的脸，他把自己藏在了俄罗斯的宫殿、酒肆、学校、军营、乡村、马车、府邸之中，试图解放农民，办学校，自己耕种劳作，为被压迫者写诉告，和全体俄国人民同呼吸共命运，却发现自己终究无力反抗，无法改变，甚至无法自救，也无法在红尘中找到自己的真正幸福。

“偶开天眼觑红尘，可怜身是眼中人”。

革命、斗争、反抗，直至晚年离家出走，却因为肺病死在一个小小的车站里，像人世间所有因病走向终点的老人，无力而无助。最后，他被葬在亚斯纳亚·波利亚纳的森林中，坟上没有树立墓碑和十字架。

“彩云易散，霁月难逢”。红颜终白骨，英雄亦凡人。

……

活动评价：以小组为单位，评估组员的设计，从严谨性、审美性、创新性三个角度评出最优设计。

第三课段　“他们”主题微展览

核心任务：通过第一、二课段的综合学习，自主完成人物小传，并在班级为身边的“重要他人”策划微展览。

学习任务：通过填写人物推荐表，积累传主素材，挑选关键事件；通过细节描写、外貌描写等写作方法凸显人物情感，把握人物个性，完成小传；通过课段评价量表，合作完成作品自评、他评，根据评价修改作品，完成展览。

课时安排：3 课时。

学习资源：八年级下册第二单元四篇课文；有关藤野先生、朱德母亲、列夫·托尔斯泰和居里夫人的多媒体网络资源。

完成任务：根据推荐表，选择候选人。

（1）自主选择身边人物，根据要求填写推荐表。

“他们”班级微展览人物推荐表			
姓名		性别	
性格		展示物品	
人物经历			
人物肖像			
特色言行			
典型事件	平凡小事		不凡之处

（2）根据学习评价表，在小组内开展自荐表/推荐表互评，从场景、语言、肖像、事件、言行五个角度分别对自荐表/推荐表进行评价，若符合单项，可获得1颗星；若全部符合，则获得5颗星，可以成为“他们”微主题展览候选人。

评价维度	具体要求	评价等级	备注
场景设置	1. 陈列物件选择能够代表传主核心品质，贴合人物身份及经历的物品； 2. 场景设置需要符合传主身份特征。		符合评价维度则可得1星

评价维度	具体要求	评价等级	备注
语言表达	1. 内容真实自然，无虚假、故意夸张、造作之嫌。 2. 表述准确具体，不模棱两可泛泛而谈。		
肖像刻画	1. 语言生动，能给人留下深刻印象及画面感。 2. 如果作画，需抓住人物面部主要特征。		
事件选择	1. 选择真实准确的事件，挖掘其中的不凡之处。 2. 事件能反映人物性格，体现内在精神或品质。		
特色言行	1. 与典型事件、人物性格相符。 2. 言行恰当反映出传主特征。		

大单元教学案例三：承万人师表，继君子之风。（八年级上册第六单元教学评专题教学实践与课堂建构）

设计意图：在统编版初中语文八年级上册第六单元选编的三篇课文《〈孟子〉三章》《愚公移山》《周亚夫军细柳》，都是我国古代的经典文言名篇，体裁涵盖了诸子散文、寓言、传记文学等。从主题来说，都与人的品格、志趣、情怀和抱负有关。《〈孟子〉三章》以睿智雄辩论述人生理想，《愚公移山》以奇特想象寄寓不凡追求，《周亚夫军细柳》以生动事迹彰显人物品格。每一篇作品都是厚重的中华优秀传统文化的代表，是对学生进行情感、态度、价值观教育的优秀材料。从写作手法来看，本单元的三篇课文都运用到对比的写作手法。《〈孟子〉三章》中孟子用正反对比来推行其“仁政”的理想，《愚公移山》中愚公与智叟言行的对比，以及《周亚夫军细柳》中细柳营与霸上、棘门军营的对比。同时，三篇课文的语言风格各有千秋：《〈孟子〉三章》以雄辩著称，大量使用排比句、对举句，气势非凡；《愚公移山》以寓言的形式讲述“精诚所至，金石为开”的故事；《周亚夫军细柳》则在冷静准确的叙述之中暗含褒贬。学习这三篇课文，有利于培养学生积累丰富的语言素材。本单元共设计四个课段。第一课段学习《〈孟子〉三章》，在疏通三篇文章文义的基础上，通过填写思维导图梳理行文思路；同时，通过反复诵读排比、对举句子感受孟子雄辩滔滔的气势。第二课段学习《愚公移山》，通过文中人物之间的对比，感受愚公的志诚之心。第三课段学习《周亚夫军细柳》，基于前文学习的对比手法来分析周亚夫的人物形象，并通过演读的方式展示。结合这些文章的特点以及本单元的写作主题“表达要得体”要求，第四课段设计以为古代圣贤人物撰写颁奖词为核心任务，带动学生对古代圣贤精神的理解，以表达对他们的敬仰之情。学习目标：语言目标，在借助课下注释以及工具书梳理文章文义的基础上，梳理常见的文言词汇与文言句式，积累古今异义词等相关文言知识，通过有感情地反复诵读，体悟古代圣贤的君子之风；思维目标，比较、分析第六单元的五篇文章在选材、组材上的特点，从人、事、思想等方面归纳君子形象，训练学生聚合思维和概括能力，通过赏析古文名篇，体悟古代圣贤的内在志趣，任选一位人物为其写一篇颁奖词（不少于 100 字），培养学生的分析能力和演绎思维能力；价值目标，在“万人师表——圣贤”的活动中，学生通过撰写颁奖词，对自己心中敬佩的有高尚品格和不凡志趣的人物进行评价，同时也可让学生结合现实生活和自身经历，谈谈对这些品格志趣的理解，以及如何以此为榜样修身正己。核心任务：研读三篇课文，概括文义，任选文中的一个人物撰写一篇颁奖词，不少于 100 字。

第一课段　雄辩君子——孟子

核心任务：通过反复诵读、分析语言，体悟孟子文章中的停顿节奏及雄辩技巧。

学习任务：反复诵读课文，读准字音，读好节奏，读出气势；借助工具书与课下注释，疏通文义，找出中心论点，完成思维导图；了解历史背景，在诵读中感知孟子的雄辩君子之风，体悟其君子品性。

课时安排：3 课时。

学习资源：《得道多助，失道寡助》《富贵不能淫》《生于忧患，死于安乐》三篇文章相关内容；商务印书馆《古汉语常用字字典（第 5 版）》。

完成任务：初读课文，疏通文义。借助工具书和课下注释，将字音标注在文章中；通读《得道多助，失道寡助》《富贵不能淫》《生于忧患，死于安乐》三篇课文，把握语速、语调，并用“/”划分停顿。文言文的停顿原则分为以下几种情况。可以根据句意划分：“以天下之所顺”，其正确的停顿是“以 / 天下 / 之所顺”，原因是“以”译为“凭借”。可以根据句子结构及其成分划分：主语与谓语之间可停顿，舜 / 发 / 于畎亩之中；动宾之间可停顿，劳 / 其筋骨。句中转折连词之间可停顿，然而 / 不胜者。前面有“夫、其、故”等词语引领时，在这些语气词后可停顿，夫 / 环而攻之。姓、名、字、封号、谥号、谦称、自称、别称、尊称、官名以及文体名称等后面可停顿，公孙衍、张仪 / 岂不 / 诚大丈夫哉？小组合作，根据课下注释和古汉语常用字字典，依次口头翻译三篇课文。如遇到有困难的地方，可寻求其他小组或老师帮助；以小组为单位，从一词多义、古今异义、通假字、词类活用等文言知识角度整理并制作文言知识卡片。反复诵读，读出雄辩气势。学习知识卡片，知识卡片①：郭预衡先生说：“《孟子》的语言明白晓畅，不事雕琢，罕有艰深之辞、生涩之句。”谭家健先生则认为，孟子喜欢运用排偶的句式和反复重叠的句型使文章如长江大河，浪头一个接着一个，造成浑灏流转、滔滔不绝的壮观。②：排比句指使用排比修辞方法，把三个或以上意义相关或相近、结构相同或相似、语气相同的词组或句子并排在一起组成的句子，有增强语句气势的作用。对举句是两个（或两个以上）小句组成的相互衬托、对照、并举，在结构上平行和依存，且小句的字数大致相等，在语义表达上相反、相似或相称的句式，突出事物的不同。③：诵读标记，↑声调上扬、↓声调下沉，/ 停顿，“.”着重号。

找出文中的排比句、对举句，在反复诵读中体会孟子的雄辩气势。

排比句示例：（1）域民↑ / 不以 / 封疆之界，固国↑ / 不以 / 山西之险，威天下↑ / 不以 / 兵革之利。（2）居 / 天下之广居，立 / 天下之正位，行 / 天下之大道。对举句示例：（1）寡助之至，亲戚畔之；多助之至，天下顺之。（2）得志，与民由之；不得志，独行其道。厘清文脉，学习论辩技巧。根据《得道多助，失道寡助》《生于忧患，死于安乐》《富贵不能淫》课文内容，小组讨论完成行文思路图。示例：孟子善于运用正反对举的方法进行论辩。如《得道多助，失道寡助》中，孟子分别分析“寡助”与“多助”所产生的不同结果，阐释“人和”的重要性。示例：孟子善于运用类比的方法进行论辩。如《富贵不能淫》中，孟子用“妾妇之道”来类比，反驳景春提出的“大丈夫”标准。示例：孟子善于运用举例的方法来进行论辩。如《生于忧患，死于安乐》中，开篇列举了舜、傅说、胶鬲、管夷吾、孙叔敖、百里奚共 6 位人物的事迹，阐述“忧患使人谋求生存”的道理。阅读材料，探究君子之风。阅读下列补充材料，联系课文谈谈你心中的孟子是怎样的一位君子。补充材料：孟子，生于公元前 372 年，卒于公元前 289 年。战国时期，士人阶层经济相对独立；诸侯争霸政治混乱，战乱频繁，社会动荡；礼乐制度崩坏，策士纵横、百家争鸣。孟子继承了孔子学说；中年游说诸侯各国，推行其“仁政”的政治主张；晚年讲学著书。示例：孟子希望通过自己的游说，推行“仁政”主张，拯救苍生于乱世，重建礼乐之风。他是一位具有强烈的社会责任感和深刻的忧患意识，坚守“仁”“礼”“义”的君子。

学习评价：（必做）用规范、清晰、通顺的现代汉语翻译《〈孟子〉三章》，错误处不超过 3 处。（选做）孟子作为儒家学派的代表人物，在记录其言行的《孟子》一书中，深刻地阐述了其“为人”和“为文”的几大特点，结合《〈孟子〉三章》分析孟子“为文”和“为人”的特点。

第二课段　志诚君子——愚公

核心任务：疏通《愚公移山》字词句，在反复诵读中，用自己的语言，在 200 字以内，结合课文分析愚公的精神。

学习任务：结合注释和工具书理解大意，积累文言词汇；结合诵读加深文义的理解，通过文中智叟与愚公的对比，分别用一句话表述“智叟”“愚公”取名的寓意；能结合文本内容多元化理解寓意，培养学生良好的思维习惯与判断力。

课时安排：3 课时。

学习资源：统编版初中语文八年级上册第六单元《愚公移山》（选自《列子·汤问》）课文相关内容；商务印书馆《古汉语常用字字典（第 5 版）》；有关《列子》的多媒体网络资源。

完成任务：

（一）疏通文义，积累文言知识。基于第 1 课段的学习心得，自行结合课下注释和古汉语常用字字典，疏通文义；积累文中文言词句，归纳整理文中的实词、虚词、特殊句式。

示例，实词“方、仞、阴、阳、惩、君、汝、孀、龀、长息、穷匮、加、何苦、亡”；虚词“且、焉、诸、以”；倒装句：“甚矣，汝之不惠。”

虚词在文中还构成了一些特殊的句式，形成了固定的结构，请梳理并进行归纳。例如，曾不能损魁父之丘（《愚公移山》）：连……都不，加强否定语气。

（二）通过反复诵读，理解人物的精神品质。基于第 1 课段学习的诵读技巧，从课文中选择一位人物，划出人物语言的节奏、语调、重音；对文中人物的语言进行诵读设计与分析。示例，河曲智叟 / 笑而止之曰：“甚矣，汝之不惠！以 / 残年余力，曾不能 / 毁山之一毛，其如土石何？”诵读设计：重读虚词，突出人物情感倾向。诵读分析：诵读时，突出智叟的神态“笑”，笑愚公自不量力，同时用带有讽刺、挖苦、怀疑的语气，重读“甚矣”“曾不”“其……何”，凸显出智叟的自作聪明；以小组为单位，按照设计分角色诵读文章，在读的过程中初步体会人物情感。

（三）巧用对比，剖析人物性格。对比智叟与愚公之妻的对话，句式上有相似之处，他们对待愚公移山的态度相同吗？示例，愚公之妻是“献疑”，对愚公提出的移山之事提出问题，具有建设性；而智叟对于移山的态度是“止之”，坚决地提出反对意见；愚公之妻是从关心愚公，力求促成移山的角度提出周全之计；而智叟则是打击挖苦，嘲讽阻挠百般否定愚公的移山之举，两者有本质的区别。对比智叟和愚公，智叟看到了愚公的什么弱点？愚公则考虑到哪些可以依仗的条件？评价两人的思维方式。示例，体现智叟思考过程的语句是：“以残年余力，曾不能毁山之一毛，其如土石何？”表现出他只看到了愚公年老体衰的劣势，没有看到愚公的优势，看问题的视野片面。示例，体现愚公思考过程的语句是：“虽我之死，有子存焉；子又生孙，孙又生子；子又有子，子又有孙；子子孙孙无穷匮也，而山不加增，何苦而不平？”表现出他大智若愚、目光长远，不畏困难、坚持不懈，特别是看到事物发展的必然规律的性格特点。寓言一般通过讲故事来告诉人们一个道理，因此《愚公移山》便具有说理的哲学意味。请结合本文的寓意谈谈作者为什么要选择“年且九十”的愚公来完成移山的任务。示例，突出文章主题，彰显人物形象，“年且九十”的写法实现了以“弱”衬“强”的艺术创作效果。人生暮年的愚公，在身体、年龄、人力等诸多条件都不佳的情况之下，凭借丰富的人生阅历，坚定的人生信念，无私的移山初心，最终战胜苦难。“年且九十”看似闲来之笔，实则既有力地突出了愚公的形象，又巧妙地讲明了寓意：只要认识客观事物发展的规律，充分发挥人的主观能动性，不怕艰难险阻，勇敢坚持斗争，就能够改造客观世界。

学习评价：有人说：“最后愚公并没有成功，山还是天帝帮他搬走的。”对此，请谈谈你的看法。

第三课段　刚正君子——周亚夫

核心任务：学习文中对比衬托的写法；在演读中感受周亚夫刚正不阿的君子形象。

学习任务：疏通字音与文义，借助课下注释自行梳理文言知识，翻译课文；抓住关键句，学习文中对比与衬托的写作手法；用演读的方式展示周亚夫“真将军”的人物形象。

课时安排：3 课时。

学习资源：课文资源《周亚夫军细柳》（节选自《史记·绛侯周勃世家》）工，商务印书馆《古汉语常用字字典（第 5 版）》。

完成任务：

（一）疏通文义，翻译课文。借助课下注释和字典，将生字、难字的注音标注在相应处。参考上一课段的诵读方法，用“/”划分文章的停顿与节奏，自由朗读课文。小组分工合作找出本篇课文的文言知识，继续制作文言知识卡片。示例，一词多义。之：①到，往（已而之细柳军）；②助词“的”（不闻天子之诏）。居：①经过（居无何）；②处在 / 住所（居天下之广居）。

通假字：①被：同“披”，穿着。②式：同“轼”，车前横木。

词类活用：军：①驻军，动词（军霸上）；②军营，名词（军中不得驱驰）。劳：①慰劳，动词（上自劳军）；②使……劳累，使动用法（劳其筋骨）。独自口头翻译课文，疑难问题可以寻求小组或老师的帮助；在口头翻译的基础上，用规范、清晰、通顺的现代汉语翻译全文。

（二）学习手法，分析人物形象。细读全文，对比细柳军营中官兵对待皇帝、周亚夫等人不同的态度，把相关语句填写在下列表格中，分析皇帝和周亚夫的人物形象。

细柳官兵访客	先行卫队、武官	皇帝	周亚夫
将军、属下			
细柳军营官兵			
镇守军营将官			
守门官兵			
周亚夫			

示例，将霸上和棘门军的管理松弛与细柳营的军纪严明、军容整饬对比，体现出周亚夫治军有方。请找出文中相关语句，思考哪里运用了侧面烘托的手法？体现了周亚夫什么样的性格特点？示例，本文主角是周亚夫，写军中的军士吏、军门都尉、壁门士吏“被甲，锐兵刃，彀弓弩，持满”“‘将军约，军中不得驱驰’”“天子先驱至，不得入”，从侧面烘托周亚夫治军严格。示例，“群臣皆惊”，群臣因周亚夫严守军纪怠慢天子而惊，也为文帝的深明大义而惊。这是从侧面烘托周亚夫的刚正不阿以及汉文帝赏识人才的特点。演读课文，感受君子之风。以小组为单位，分角色进行演读。演读时需情感投入，并适当补白表情、动作等个性化表演。（1）演读旁白。在看似冷静、准确的叙述中，司马迁暗含自己的褒贬之意。可从以下两个方面把握：重读形容词。如“至霸上及棘门军，直驰入，将以下骑送迎”，重读“直”，体现霸上及棘门军军纪松懈，天子进入时无任何阻拦。重读否定词以及副词。如“天子先驱至，不得入”“上至，又不得入”，重读两个“不得”和“又”体现细柳营的军纪严明。（2）演读不同人物。文中直接描写其语言的人物有先驱、军门都尉、汉文帝、壁门士吏，以及周亚夫。在演读过程中，要注意把握人物身份以及形象，同时也可根据课文内容加入相应动作。示例，先驱：“天子且至！”（在长驱直入霸上以及棘门军后，先驱作为天子的代言人，认为在细柳营也能畅通无阻。本句应读出先驱的傲慢之感，音调高昂，并拖

长“且”的发音。）示例，将军亚夫持兵揖曰：“介胄之士不拜，请以军礼见。”（补充古代“揖”的动作图片，模仿周亚夫动作“持兵揖”，重读“不拜”，读出刚正之感，展示“真将军”的形象。）

学习评价：依据演读评价标准，小组内进行评价打分。

序号	评价标准	星级	备注
1	演读时字音准确无误，节奏划分正确。	☆☆☆	每读错一字，扣 1 颗星。
2	演读时情感投入，语调有轻重起伏，能读出不同人物的语气。	☆☆☆	能读出重音得 1 颗星；能读出？？？
3	演读时补白表情、动作等个性化表演。	☆☆☆	动作幅度不明显得 1 颗星；有动作设计且带有表情表演得 2 颗星；通过声音、表情、动作表达情感充分得 3 颗星。

第四课段　万人师表——圣贤

核心任务：仿照“感动中国”的电视节目，为孟子、愚公、周亚夫写颁奖词（不少于 100 字）。

学习任务：在深入理解人物生平与精神、了解历史背景的基础上，仿照“感动中国”栏目，为古代圣贤写颁奖词；根据评分标准评选最佳颁奖词。

课时安排：2 课时。

学习资源：阅读“2019—2020 年感动中国颁奖词合集”，归纳颁奖词写作特点——概括人物主要事迹、主要精神。如“步履蹒跚与时间赛跑，只想为患者多赢一秒，身患绝症与新冠周旋，顾不上亲人已经沦陷”，体现了张定宇身患渐冻症，却抓紧生命的每一秒抢救“新冠肺炎”病人。运用第二人称“你”，如王海，“你刻在机身上的星星，是战士们的巡航坐标”。适当使用对比手法，如黄文秀，“有些人从山里走了，就不再回来，你从城里回来，却再没有离开”。运用比喻、对偶、排比等修辞手法，如张桂梅，“你是崖畔的桂，雪中的梅”。围绕人物特质，尝试撰写颁奖词。颁奖词写作，示例，愚公，“诚心不渝面对巍峨的高山，你没有捋着胡须叹气，而是马上集结起移山的队伍。面对家人的不解，你没有过多的解释，而是率先挥动锄头。面对他人的嘲笑，你没有轻易放弃，而是用恒心与毅力感动天地。知难而退从来都是弱者的行为，迎难而上才是强者的选择。你名中有‘愚’，实则大智，精诚所至，金石为开”。

学习评价：选最佳颁奖词。活动流程：（1）运用手机软件制作古代圣贤人物宣传海报，并配上自己所撰写的颁奖词；（2）将宣传海报与颁奖词上传朋友圈，邀请亲朋好友为其点赞；（3）打印海报，张贴在教室与学校走廊中进行展示；（4）设立班级投票箱，邀请其他班级同学和老师为自己的颁奖词投票；（5）班级内部根据评价量表互评。

序号	评价标准	星级	备注
1	能在颁奖词中结合古代人物事迹与人物精神。	☆☆☆	能体现古代人物事迹，得 1 颗星；能结合人物形象，得 2 颗星；能用优美流利的语言表述，得 3 颗星。
2	能运用对偶、排比、比喻等修辞手法。	☆☆☆	能运用一种修辞手法，得 1 颗星；能恰当地运用两种修辞手法，得 2–3 颗星。
3	运用对比的手法对人物进行概括或评价。	☆☆☆	仅运用议论或抒情某一种手法，得 1 颗星；能灵活运用两种表达方式，根据语言得 2–3 颗星。

序号	评价标准	星级	备注
4	能将自己对人物的理解融入颁奖词中，并用有感情的语言朗诵。	☆☆☆	朗诵语言流利清晰，得 1 颗星；朗诵情感丰富，得 2 颗星；能融入自己的理解，朗诵声情并茂，得 3 颗星。

最终得分 = 朋友圈点赞数 ×20%+ 现场投票数 ×20%+ 班级互评星级 ×40%，根据排名评选出孟子、愚公、周亚夫颁奖词各一则。

测试反馈：（必做）《生于忧患，死于安乐》中列举了六个贤人，请据此论述环境对造就人才的重大作用；愚公的妻子和智叟说的话，在表达的意思和情感上有什么异同？请作简要分析。（选做）为什么汉文帝称周亚夫为“真将军”，请结合文章内容加以分析；请结合现实生活和自身经历，仿照《生于忧患，死于安乐》，将生于________，死于________填写完整，并阐述理由。

单元设计反思：统编版初中语文八年级上册第六单元主题为“继承和弘扬优秀的传统文化”。其核心内容是通过学习《〈孟子〉三章》《愚公移山》和《周亚夫军细柳》，积累品味文言词语和警句，理解和传承古人的品格与志趣。“承万人师表，继君子之风”专题学习共分为四个课段：第一课段“雄辩君子——孟子”的核心任务是通过反复诵读、分析语言，体悟孟子文章中的停顿节奏及雄辩技巧。教师可带领学生复习文言文停顿原则，再让学生自行划分断句。另外在诵读环节，教师也可先行示范朗读，让学生明白“声调上扬”“声调下沉”以及重音的具体表现，让学生感受孟子的雄辩滔滔。第二课段“志诚君子——愚公”的核心任务是在反复诵读中感受愚公的人物精神。在教学过程中，教师要注意引导学生根据人物性格揣摩人物的语气，在朗读对话时突出智叟的嘲讽语气以及愚公坚定不移的语气。另外，对于评价环节的开放性问题，教师不要先入为主地设定标准答案，鼓励学生根据课文理解形成自己的见解。第三课段“刚正君子——周亚夫”的核心任务是学习文中对比衬托的写法；在演读中感受周亚夫刚正不阿的君子形象。本课为自读课文，理解难度不大。教师应充分相信学生，让学生运用所学的写作手法寻找本文中的对比之处。在演读过程中，可引导学生谈谈设计此种演读形式的原因，如为何要重读某一个词，加深学生对文章和人物形象的理解。第四课段“万人师表——圣贤”的核心任务是仿照“感动中国”电视节目，为孟子、愚公、周亚夫写颁奖词。“感动中国”节目的颁奖词以其优美的语言为观众所津津乐道，对于学生而言是不可多得的仿写材料。在教学过程中，教师应注重多引导学生运用前三个课段学习的对比的写作手法，并融入自己的理解。另外在评选最佳颁奖词时，教师应作为旁观者，尽量不用自己的喜好来影响学生的评选。

大单元教学法不仅仅是一种教学思想，更是一种教学方法和实施方式，它强调以学生为中心，注重知识与能力的结合，旨在提高学生的综合素质和实际应用能力。这种教学方式尚处于初步探索阶段。目前，国内外的一些研究和实践经验表明，大单元教学在某些学科领域已经得到了应用，如数学、物理等，但是在其他学科领域，大单元教学的应用还需要进一步探索和实践。同时，大单元教学的有效性和适用性也需要进一步研究与探索。但可以肯定的是，大单元教学可以更好地整合学科知识，避免了重复学习和重复教学，提高了学习效率；培养学生的综合能力，如思维能力、创新能力、合作能力等，让学生在掌握学科知识的同时，更全面地成长和发展；促进跨学科融合和创新，在学科交叉的领域中培养学生的创新能力；注重学科的本质和特点，有助于学生更深入地理解学科的内涵，更好地掌握学科知识，适应新时代的教育需求。

语文教学中“一字立骨”实践探究

“一字立骨法”，是中国古人在文学创作中构思文本的一种重要方法，最早见于晋代陆机的《文赋》。后来，明末文学批评家金圣叹将其归结为“一字之复，功莫大焉”。到了清代，李扶九将这种创作手法在《古文笔法百篇》中正式命名为“一字立骨法”。

一字立骨法，也称一字经纬法，或称安设文眼法，指的是以一个字、一个词或经过提炼而含义深长的语句，如谚语、俗语、格言、警句等，作为艺术构思的焦点，并以之贯通全文的构思写作方法。这里，我们将其引入语文课堂教学，即抓住语文课堂的核心内容，围绕一个字、一个词或一句话来进行教学设计，从而完成课堂教学目标。用这种方法完成的教学设计条理清晰，重点突出，对文本的分析解读也更加深刻。

例如：执教《孔乙己》，围绕“凉”字所展开的教学环节中，老师提问：“凉体现在哪里？”学生批注得知文中的凉体现在“态度凉、心情凉、氛围凉、中秋凉、初冬凉”。在执教《孔乙己》一文时抓住“凉”字来展开教学，分析了人心的凉薄，环境的凉意，进而展现了小说的主题实质。这种教学模式极好地为我们呈现了“一字立骨”。

这种由文本概括出来的一个字统摄整个课堂的方式，不仅让阅读教学化繁为简，而且使文本解读聚焦整合，使得学生学习也变得高效简洁。正如王荣生教授所言：“教学内容是所有学科的立身之本；合宜的教学内容，是有效课堂的首要特质。”这样的课堂也印证了陈先云教授的“教什么比怎么教更重要，语文教学要轻装前行，首先要解决教什么的问题”。

例如：执教《茅屋为秋风所破歌》，“读破诗眼，方见诗心”教学环节，由破入见分析“破”的背后是写实，色调是灰暗的、情感基调是惨痛的、性质是破坏性的、指向过去，而从“破”中却可以“见”想象，见色调是光明的、见情感基调是欣喜的、见性质是建设性的、面向未来。由“破”还可见“立”，就是“为天地立心，为生民立命，为往圣继绝学，为万世开太平”的圣人形象。

这些都指向了“一字立骨”——一首诗或一篇文章，用一个字或一个词把全篇主题展现出来。这个字（词）便是全篇之骨。这也是古人说的“一字妥帖，全篇生辉”。

以 2023 年 4 月 20 日张渊老师指导的《茅屋为秋风所破歌》为例：

任务一：读“破”诗眼，渐入诗境

请大家自由朗读诗歌，梳理概括全诗中作者直接或者隐含提到“破”的事物。此活动独立完成，进行抢答，找出一处 +1 分，如果你能用四个字概括，就再 +1 分。

杜甫的字里行间写的都是破败的事物，到处都是一片黑暗的景象。你从哪个字或句中读出来的？请大家以这样的句式来回答：

一个“______”字（词）或一个“______”句可见其破坏严重。

过渡：通过分析，我们知道杜甫笔下这些破败的景象既有天灾，又有人祸，还有国难。在这样的破之境中，你看到一位怎样的诗人？请用原文中的诗句回答。

唇焦口燥呼不得，归来倚杖自叹息！

自经丧乱少睡眠，长夜沾湿何由彻！

由此你看到一位怎样的诗人形象？请用四字词语回答。

瘦弱不堪、无可奈何、狼狈弱小……

如果加一个叹词，你会加什么？加在哪？

请大家尝试朗读：

1.（唉……）自经丧乱少睡眠，长夜沾湿何由彻。

2. 自经丧乱少睡眠，（唉……）长夜沾湿何由彻。

3. 自经丧乱少睡眠，长夜沾湿（唉……）何由彻。

4.（唉……）自经丧乱少睡眠，（唉……）长夜沾湿何由彻。

过渡：于绝望之中看到希望，于深渊之中看见太阳，于破境之中看到曙光，身处这样绝望的“破之境”中的杜甫，他又看见了什么？

任务二：由破入见，品味诗心

请一位同学朗读最后一节：

安得广厦千万间，大庇天下寒士俱欢颜，风雨不动安如山。呜呼！何时眼前突兀见此屋，吾庐独破受冻死亦足！

该读出一种什么感情？叹息、期望、宏大、迫不及待、悲壮……

请大家齐读这一节诗，感受这样的情感。

杜甫在这一节诗中看到了什么？请大家以这样的句式来说：

前三节诗写……最后一节诗却写……体现了诗人______的精神。

本活动个人抢答，说出内容 +2 分，说出精神 +2 分。

预设：前三节写自己，最后写天下众生，前三节写自己悲苦的生活，最后写美好的期望……

推己及人、舍己为人、悲天悯人。

过渡：孟子说“穷则独善其身，达则兼济天下”，杜甫一生颠沛流离，逃荒路上，他衣衫褴褛，甚至食不果腹，真不可谓不穷也，但是他的眼中全是人民疾苦，他的笔下写尽了天下疮痍，所以他被称为“诗圣”。郭沫若也这样评价他：“世上疮痍，诗中圣哲；民间疾苦，笔底波澜。”

请大家带着对杜甫的敬佩动情朗诵全诗。三位同学分别读一节，最后一节，老师读一次，同学们再读一次。

小结：这就是诗圣杜甫啊！在动乱黑暗的大背景下，他在风中凌乱，在雨中难眠，任风吹雨打，贫困交加。他也在风中见广厦，见众生，见希望。当你再看到网络上恶搞杜甫的照片时，你还会觉得好笑吗？

最后：他，带着“致君尧舜上，再使风俗淳”的愿望，怀着“会当凌绝顶，一览众山小”的豪情，追着“天子呼来不上船，自称臣是酒中仙”的太白，一路从大唐走来，走过了山高水长，走过了兵荒马乱，眼见尸横遍野，耳听八方哭号，笔写世间悲苦！周折辗转，一步一趄都是苦；三吏三别，一字一句皆含泪！他靠着自己的精神将自己屹立于世间，为天地立心，为生民立命，为往圣继绝学，为万世开太平。

从“破”字入手设计了——读“破”诗眼，渐入诗境。活动要求学生自由朗读前三节诗歌，梳理概括全诗中作者直接或者隐含提到“破”的事物。学生发现：秋风破屋，娇儿破被，秋雨破屋，群童破屋，丧乱破家。在王丽老师的引导下学生总结思路概括出：秋风破屋，群童盗茅，娇儿破被，丧乱破家，引导学生去发现：文中哪一个字或一个词可见其破坏严重？在这样的破境之中，你看到了一位怎样的诗人？

从“破”字入手设计了——由破入见，品味诗心。“通过分析，我们知道杜甫笔下这些破败的景象既有天灾，又有人祸，还有国难。在这样的破之境中，你看到一位怎样的诗人？请用原文中的诗句回答”。“由此你看到一位怎样的诗人形象？请用四字词语回答。如果加一个叹词，你会加什么？加在哪？”

“请一位同学朗读最后一节——安得广厦千万间，大庇天下寒士俱欢颜，风雨不动安如山。呜呼！何时眼前突兀见此屋，吾庐独破受冻死亦足！”

该读出一种什么感情？叹息、期望、宏大、迫不及待、悲壮……

请大家齐读这一节诗，感受这样的情感。杜甫在这一节诗中看到了什么？请大家以这样的句式来说：前三节诗写……最后一节诗却写……体现了诗人______的精神。

张渊老师对这节课的教学设计给予了高度评价，指出课堂设计具有创新意识，能从“破”字入手，贯穿整节课，体现了主问题设计的新理念，是一节有深度的课堂，建议大家关注“一字提领”。张渊老师在《选准切入点，一“字”立骨，长文短教——〈范进中举〉教学举隅》指出：一篇文章，需要学习的内容有很多，需要学生通过学习文本形成的能力也有很多，但教师要明白，这些问题不可能在一节课中全部完成。这就需要执教者研读教材，准确确定教学要点。统编教材的编写围绕人文主题和语文要素，双线组织阅读单元，也就是说每一个单元都有明确的语文要素、明确的人文主题及语言要素，为教学目标的制定指明了方向。教师可以依据教材编写特点，抓住最适合学生完成的目标去探究，大胆取舍。教师应在正确深入地解读文本，教学内容准确定位的基础上，找准“切入点”，抓住突破口，挖掘教材的深刻内涵，激发学生的学习兴趣，从而实现教与学的双赢。

“长文短教”是指从提高语文课堂效率的目的出发，充分利用教材，简化头绪，克服面面俱到的弊端，根据教材重点，取其精华，加强整合，致力于学生语文素养整体提高的一种教学方式。要求语文教师在设计教学过程中，找准“切入点”，引领学生巧妙进入文本，彰显“长文短教”的有效途径，达到“牵一发而动全身”“四两拨千斤”的效果。

下面是张渊老师在《范进中举》中运用“一字立骨法”进行的教学展示案例。

《范进中举》节选自《儒林外史》第三回，是《儒林外史》的代表名篇，被选入统编版语文教材九年级上册第六单元。作者吴敬梓通过记叙范进乡试中举，喜极而疯一事，刻画了范进中举发狂的丑态，描写了丈人胡屠户等诸多人物戏剧性的变化，揭示了科举制度和封建礼教对读书人及整个社会的毒害，讽刺因热衷功名富贵而造成的极端虚伪、恶劣的社会风习。本文篇幅较长，我在教学中采用了“一字立骨”长文短教的教学方法。

学生整体感知文本内容之后，引导学生抓住一个关键字——“疯”，通过探究“疯”字，分析范进形象，透析社会病因，挖掘作品主题。

一、探究范进“疯”之表现

阅读课文第五段，探究范进的疯态，在本段中作者是如何刻画范进这个人物的？反映了范进什么样的状态？

> 原文：范进不看便罢，看了一遍，又念一遍，自己把两手拍了一下，笑了一声，道：噫！好了！我中了！说着，往后一交跌倒，牙关咬紧，不省人事。老太太慌了，慌将几口开水灌了过来。他爬将起来，又拍着手大笑道：噫！好！我中了！笑着，不由分说，就往门外飞跑，把报录人和邻居都吓了一跳。走出大门不多路，一脚踹在塘里，挣起来，头发都跌散了，两手黄泥，淋淋漓漓一身的水。众人拉他不住，拍着笑着，一直走到集上去了。众人大眼望小眼，一齐道：原来新贵人欢喜疯了。老太太哭道：怎生这样苦命的事！中了一个甚么举人，就得了这个拙病！这一疯了，几时才得好？娘子胡氏道：早上好好出去，怎的就得了这样的病！却是如何是好？众邻居劝道：老太太不要心慌。我们而今且派两个人跟定了范老爷。这里众人家里拿些鸡蛋酒米，且管待了报子上的老爹们，再为商酌。

1.正面描写——观“疯”行。

引导学生找出对范进动作描写的句子：看了一遍，又念一遍，两手拍了一下，往后一交跌倒，牙关咬紧，不省人事，爬将起来，又拍着手大笑道，一脚踹在塘里，挣起来，头发都跌散了，拍着笑着，一直走到集上去了。

2. 正面描写——听“疯”语。

引导学生找出对范进语言描写的句子：噫！好了！我中了！噫！好！我中了！

3. 正面描写——看“疯”态。

引导学生找出对范进神态、外貌描写的句子：笑了一声，又拍着手大笑道，拍着笑着，一脚踹在塘里，挣起来，头发都跌散了，两手黄泥，淋淋漓漓一身的水。

4. 侧面烘托。

老太太慌了，老太太哭，把报录人和邻居吓一跳，众人拉他不住。

总之，运用夸张、正面描写与侧面描写，生动地表现了范进中举后狂喜的心情和发疯的丑态，具有极强的讽刺意味。在这个病态的社会里，“疯”的不只有范进一个人，拓展到对胡屠户、众乡邻和张乡绅在范进中举前后不同举止的理解。

二、分析范进“疯”之成因

范进中举后，为什么会喜极发疯？通过背景资料的补充学习，学生会逐步明白：

一是科举制度对知识分子的戕害。体现在两方面：在思想上，范进认定只有通过科举考试才能够跳龙门，彻底改变穷困潦倒、饱受欺凌的人下人境况，于是，呕心沥血寄希望于科举考试，而屡试屡败的打击使他原本脆弱的心更加脆弱；从能力上，由于他读的是死书，丧失了诸多谋生能力，不会营生，穷困的窘迫更加重了他靠科举改变命运的观念，心理压力就更重了。

二是社会环境的压力。科举考试不仅毒害了读书人，也毒害了广大群众。

中举与不中举成了世人品评读书人的标准。范进屡试不第，自然就成了人们冷嘲热讽的对象，世人的势利、冷漠、白眼甚或愚弄，促使范进逐渐走向思想崩溃的边缘。这也可以说是科举考试的间接祸害。

三是范进的个人因素。他热衷科举考试，到了痴迷境地，读死书、死读书，顽固不化，却又把所有希望都押在科考上。过热的渴望与冰冷的现实本来是许多读书人遇到的矛盾，但是他特有的遭遇、特有的痴迷，又加重了他脆弱心理上的压力，使其承受力越来越低，一旦遇到激烈刺激，发疯就成了必然。

三、再思范进“疯”之启迪

教师寄语：当你仅仅把读书当成一种获取功名的手段的时候，你就会被读书所限制。好读书，但是不要读死书，做一个独立思考的学生，我们要让自己能够在书中站立起来，我们要让读书为自己增加生命的钙质。但范进所处的时代与我们不同，他一旦科举成功就预示着：

1. 家庭地位提高了。

胡屠户给范进贺礼的变化。中秀才时胡屠户只带了“一挂大肠、一壶酒”来祝贺；而中举后他却带了四五千钱和七八斤肉，后头还跟着个小伙计。为什么带个小伙计？（提升自己的地位，不能给女婿丢人）

胡屠户对范进称呼的变化。胡屠户开始是骂范进：（被胡屠户一口啐在脸上）“不要失了你的时了！你自己只觉得中了一个相公，就癞蛤蟆想吃天鹅肉来！我听见人说，就是中相公时，也不是你的文章，还是宗师看见你老，不过意，舍与你的。如今痴心就想做起老爷来！这些中老爷的都是天上的文曲星！你不看见城里的那些老爷，都有万贯家私，一个个方面大耳？像你这尖嘴猴腮，也该撒泡尿自己照照！不三不四，就想天鹅屁吃。”中举后：我的这个贤婿，才学又高，品貌又好，就是城里头那张府、周府这些老爷，也没有我女婿这样一个体面的相貌。你们不知道，得罪你们说，我小老这一双眼睛，却是认得人的。想着先年，我小女在家里长到三十多岁，多少有钱的富户要和我接亲，我觉得自己的女儿像有些福气的，毕竟要嫁与个老爷，今

日果然不错。（说罢，哈哈大笑）

胡屠户来范进家动作的变化。范进中举前，胡屠户离开范进家，“屠户横披了衣服，腆着肚子去了”；范进中举后，胡屠户离开范进家，“说了一会，千恩万谢，低着头，笑迷迷地去了”。

胡屠户前后心理的变化。“不想胡屠户虽然大着胆子打了一下，心里到底还是怕的，那手早颤起来，不敢打到第二下……胡屠户站在一边，不管那只手隐隐地疼将起来，自己看时，把个巴掌仰着，再也弯不过来”。哪里是手在颤抖，是心在颤抖，这些细节描写表现了胡屠户的市侩无耻。这前后矛盾的细节描写，揭示了胡屠户前倨后恭的市侩心理。

2. 邻里关系改善了。

在范进中举前，家里饿了两三天，母亲饿得两眼都看不见东西了，在母亲快要饿死的时候，没有一个人送一口救命粮，没有一个人露面。范进的门庭真是冷落到了极点。

然而中举的喜报一到，这群好像是被导演有意藏在幕后的人物，便一齐蜂拥而出，走向前台来看热闹、贺喜、劝慰伤心哭泣的老太太，还主动拿出鸡蛋、酒，背米捉鸡来款待报子。就连范进发疯时跑丢的那只鞋，也有人特意去找回来替他穿上。

众人抢救发疯的举人老爷时，那“众乡邻一齐上前，替他抹胸口，捶背心，舞了半日”。这个“舞”字用得妙极，手舞足蹈，漫无章法，这哪里是在正经救人，分明是谄媚奉承，殷勤作态，邀功请赏。

3. 社会地位尊贵了。

范进中举后，连一向没有往来的张乡绅也送来了银子和房子。这时连那派头十足的阔乡绅张静斋也主动登门“攀谈”来了，又是送银子，又是送房子，一下子从“一向有失亲近”，变成“年谊世好”“如至亲骨肉”了。这时范进的门庭真是热闹到极点。这真是写尽了人情冷暖，世态炎凉。这样的一种恶浊的社会风气对当时的读书人来说，是一种引诱，又是一种挤压，让读书人不由自主地沉迷其中而不能自拔，对穷困潦倒的范进来说，中举后喜极发疯就在所难免了。

选择教学切入点宜小不宜大，宜实不宜虚。切入点越小巧、越实在就越能引领学生迅速进入文本，也就便于师生集中有限的时间突破重点、攻克难点。选好切入点，“一字立骨”是“长文短教”的有效途径。

张老师强调，“一字立骨”教学法的指导思想是以极具创新力的文字图形化设计，增强了学生对汉语言文字的理解运用，发展了学生多种优质思维力，提升了学生独特审美鉴赏力，培植了学生丰厚文化底蕴，增强了学生对中华优秀文化的传承与热爱。并再次例举了《石壕吏》——“苦”“怒”“泣”。

我在范仲淹《渔家傲·秋思》中所运用的“一字立骨”教学实践——“异”。教学片段：初读感异景，词作开篇以“异”统摄上阕，词人为我们呈现了塞外异景，“塞下秋来风景异”。我们怎样理解这个“异”呢？“异”又具体体现在哪里呢？是与哪个地方相比所产生的感受呢？其中又包含着词人怎样的情感呢？学生明确，异，奇异，惊异，表现在衡阳雁去无留意，“雁阵惊寒，声断衡阳之浦”（《滕王阁序》），向南方展翅奋飞、毫无留恋之意，寒风萧瑟，满目荒凉。奇寒：“胡天八月即飞雪……风掣红旗冻不翻”。以诗解诗，将以前学过的诗相映照、比对，可以更快地了解诗意。“四面边声连角起”，夜不能寐，侧耳聆听，寒风呼啸，牧马悲鸣，吟啸成群，边声四起。随着军中的号角声而起，这一切对于身处江南的词人以及今天的我们来说是何等神奇。“长烟落日孤城闭”，王维笔下“大漠孤烟直，长河落日圆”的壮阔之下，竟是孤单小城的城门紧锁，充满了萧条肃杀之气。广袤天底下，崇山峻岭中的一座孤城，跟繁华的江南自然有着天地之差。“羌管悠悠霜满地”，特有乐器，唐代边塞诗中常出现，“羌笛何须怨杨柳，春风不度玉门关”，深夜里传来了如泣如诉、凄切的羌笛声，大地上铺满了秋霜，耳闻目睹都给人以凄清、悲凉之感。（听乐音）千嶂里：凉秋九月，衰草连天，原是儿孙绕膝、饮酒赋诗的日子，如今却身处层层叠叠的崇山峻岭之中，离家万里，归期遥遥，怎不心生悲凉？

“一字立骨”教学法，不仅是把文章主旨或写作流程、思路直接展示给学生，而且是从“教学关键”出发逐渐延展开去，随着教学环节的推进，让学生在开课生疑、质疑并为破疑而学，在循序渐进、渐学渐悟的过程中不断加深对文章主旨的理解，有序掌握写作技巧。学生在学习过程中，常常会被激发出探索感、进阶感和顿悟感。

“一字立骨”教学法，从选取“教学关键”开始。每堂课的“教学关键”，有时候是文章题目，有时候是课文高频词，有时候是课文生疑处，有时候是情感的宣泄处，其理论依据体现在“双重编码学说”。心理学家佩维奥认为，人的认知系统里有两种“编码”，一种是由有序存储的言语信息而形成的语义编码，一种是由有空间感的事物或图片而形成的映像编码。如果让这两种编码同时进入学习活动中，能有效提升记忆效果。

正如前文提到的“一字立骨法”，是中国古人在文学创作中构思文本的一种重要方法，最早见于晋代陆机的《文赋》。后来，明末文学批评家金圣叹将其归结为“一字之复，功莫大焉”。到了清代，李扶九将这种创作手法在《古文笔法百篇》中正式命名为“一字立骨法”。“一字立骨法”起源于中国传统诗文创作手法，对中国文人的影响是深远的。作为老师的我们在解读文本时，可以有效地运用作者的创作要领，将“一字立骨”植入课堂进行教学设计。

这里我们先来谈谈文本解读。周敏教授指出文本解读要精细，是指对文本的内容进行准确理解，也是教师设计课堂的重要环节。文本解读时，教师需要深入细致地理解文本，透过文本的表层含义，把握文本的深层意蕴，深入挖掘隐含在文本中的象征意义，并学会对文本信息加以重组，将文本的主旨精神传递给学生。周敏教授在指导教师进行文本细读时指出：文本细读要细到“字、词、句、段、篇、章”。这与曾祥芹先生在《阅读技法系统》里指出的“文本解读包括语段抽义法、段落取精法、章节理意法、文篇归旨法、书本摄魂法”有着相同的理论根基。

“一字立骨”，同一篇文章也会有不同的切入点。比如张渊老师在《范进中举》一文中以“疯”为关键词梳理文本，而陈晓东老师则用一个“好”字贯穿课堂，均取得了极好的教学效果。有时候，因为一字选取的不同，教学效果也可能不同。比如，设计《皇帝的新装》时，可以围绕“新装”立骨，梳理出——皇帝爱新装、骗子做新装、群臣看新装、皇帝穿新装和孩子说新装的过程。围绕“骗”立骨，梳理出——骗子行骗、皇帝受骗、大臣助骗、小孩揭骗的过程。围绕“新装”立骨，展现的是整个故事的情节与人物，围绕“骗”立骨，不仅展现了故事情节与人物，而且揭示了故事的主题实质，课堂的高度不尽相同。可见，选择不同的“立骨”点，课堂教学的效果是不一样的。

那么“一字立骨”在文本教学中该怎样抓取呢？由题目中取得关键字，破题“立骨”。比如，《茅屋为秋风所破歌》从题目入手，选择“破”字统领整个课堂设计。从统编版的语文教学文本中看，这样的方法可以应用到《智取生辰纲》。我在设计这篇小说节选时，从题目中抓取了“智”字统摄整个课堂教学，由学生分析：杨志护送生辰纲的“智”体现在哪些方面？吴用一伙劫取生辰纲的“智”体现在哪些方面？为什么在双方“智”的较量中，以杨志一方的失败而告终？在这种以“智”立骨的课堂设计中，分析了小说的情节、人物形象、环境描写，并把文本的主题以“在双方‘智’的较量中，以杨志一方的失败而告终”这一问题推向了“天时地利人和”这一哲思上去。

再比如，我校的段文老师在执教《一棵小桃树》时，从文题中的“小”字设计课堂教学，引导学生寻找文中关于桃树“小”的相关信息，引导学生思考就是这样一株瘦小、生长环境不好、不被人看重的小桃树，经历多年风雨却最终弯着身子长到院墙高，还结了花苞。在作者资料助读中，学生很容易理解文中“小桃树”的成长经历与作者贾平凹的个人经历有很多相似点，这就是象征手法的体现。作者贾平凹写这棵小桃树，不仅是在记录、爱怜一棵自己种下的小桃树，更在字里行间抒写曾经的自己遭遇挫折却仍怀揣梦想，坚强不屈的精神本质。

《背影》一课，许多老师也愿意使用“一字立骨”的课堂设计，比如，文中几次写到父亲的“背影”？每次“背影”描写各是在什么情况下出现的？哪一次的“背影”写得最具体、最感人？为什么？这段教学设计紧紧围绕“背影”立骨，重点突出，问题环环相扣，层层深入，不断引导学生挖掘出文章的主旨，让学生感知父子深情。

《愚公移山》中我们可以抓取“愚”字来展开问题设计：愚公的“愚”体现在哪些方面？他是真的“愚”吗？为什么？这种由题目中取得关键字达到破题“立骨”，在语文教师设计课堂教学中十分有利，对学生梳理文章也十分有益。

寻找文眼取得关键字，破题“立骨”。如《孔乙己》的教学设计中，从文本主题的不断解读中分析出“凉”字，教师可以围绕“凉”字展开教学：“凉”体现在哪里？分析人心的凉薄，环境的凉意。学生批注得知，文中的“凉”体现在“态度凉、心情凉、氛围凉、中秋凉、初冬凉”。我校王雨欣老师在设计《老王》这一课时，以课文结尾“愧怍”之情为文本关键，引导学生不断梳理、归纳与“愧怍”相关的人物事件，提问：老王为我们一家人做了什么？我们一家又为老王做了什么？明明已经做得很好，作者为何还心怀“愧怍”？以“愧怍”之情为纲，在相关事件中找到“我”与“老王”的相应行为后，引导学生理解杨绛先生之所以“愧怍”，完全是因为她有一颗以良知与悲悯体察他人的善心。我在设计《猫》一课时，发现“不”字在文章中出现的频率极高，于是设计了这样的问题：作者一共写了三只猫，写哪只猫时“不”字出现的次数最多？为什么？作者一家因误解而造成第三只猫死亡后，为何永不养猫了？在这样的追问中，学生很容易提取到与“不”字相关的信息，发现了“不”字中隐藏的作者深深的自责和懊悔之情，把文章的主题自然推向了对待弱小的人和物，应持宽容、公平、友善的态度，起到了通过语文学科实践达到立德树人的效果。

在文本易于生发疑问的地方，破文“立骨”。以《驿路梨花》为例，“谁是小茅屋的主人”是文章一直探讨的问题，在这里设置关键问题：谁是小茅屋的主人？对此，你有什么见解？这群路过驿站的人，彼此在传递着什么呢？任务一：略读文本，关注“驿站”。文章以小茅屋为中心，串联出一组人物，略读课文，梳理他们与小茅屋之间的故事。略读指导：观其大略，粗知文章大意；不出声，不指读；遇到不懂的字词可以跳过，无关内容也可以有选择地跳过。用 3 分钟把握关键，完成下面表格。

人物	事件	缘由

“谁是小茅屋的主人”是文章一直探讨的问题，对此，你有什么见解？这群路过驿站的人，彼此在传递着什么呢？主人，主人翁精神。

任务一小结：文中塑造了一组闪耀着中华传统美德之光的边疆军民群像，他们乐于助人、舍己为公、知恩图报、向善向美，尤其是梨花及其小伙伴，是美好社会公德的接续者和传承人。追问：这个传承的起点是谁？雷锋。当下传到了哪里？哈尼族的小姑娘。在祖国的边疆，少数民族人民以雷锋精神为起点，不断接续传承，就像传递一根接力棒，形成了边疆良好的民风和道德风尚，让雷锋精神生根、开花，发扬光大。到了哈尼族小姑娘这一代新生代手中，让我们看到了更多的美好和希望。大家认真阅读文章会发现，这个美德接力棒传递的方式特别巧妙。

《驿路梨花》这一教学案例，取文章生疑处“茅屋主人是谁”为“文本关键”，带领学生一路寻问释疑：“谁是小茅屋的主人”是文章一直探讨的问题，对此，你有什么见解？这群路过驿站的人，彼此在传递着什么呢？最终把文本内涵引向了在祖国的边疆，少数民族人民以雷锋精神为起点，不断接续传承，就像传递一支接力棒，形成了边疆良好的民风和道德风尚，让雷锋精神生根、开花，发扬光大。到了哈尼族小姑娘这一代新生代手中，让我们看到更多的美好和希望。大家认真阅读文章会发现，这个美德接力棒传递的方式特别巧妙，落实了中国美好的传统文化的传承。

在解析《变色龙》这篇小说时，可以围绕“赫留金是一个受害者”这一关键疑惑点，设置三个主问题：

赫留金是一个受害者。

赫留金是一个受害者？

赫留金是一个受害者！

用一句相同的话，变化三种标点符号，层层深入，分析《变色龙》这篇短篇小说中的三要素——人物、环境、情节，把课堂带向了高潮。本文也可以围绕文中的“变”来设立主问题：文中一直在“变”的是什么？不变的又有什么？在学习鲁迅的《故乡》一课时，我也以“变”来设计主问题：故乡之变体现在哪些方面？故人之变表现在哪里？再如我在教学《台阶》时，把“父亲坐在新屋的高台阶上为何不自在”这一问题设计为“文本关键”，引导学生从几个方面探寻：父亲的人生理想是什么？父亲为了这一理想做了哪些事？父亲的人生理想实现了吗？父亲为何实现了理想却不自在……在探讨“为何不自在”的一系列因素后，学生惊异地发现，“父亲不自在”的真正原因在于父亲用一生劳作建成了有高台阶的新屋，仅是为自己和家人建造的，并未给他人带来什么有益影响。因而，父亲造新屋的理想虽然得以实现，但实现的是仅为个人提高生活质量、物质享受的低阶理想，不会提升他在同乡人心中的地位从而让他产生持久的自豪感。

“一字立骨法”看似简单，但它对语文教师的个人素养要求很高，这种化繁为简的教学方法，需要语文人对文本有深刻的理解，并且能用一个字、一个词或一句话来统摄课堂，这就需要语文老师有深厚的文学功底以及长时间的文学积累。“一字立骨法”是一种让文本解读者慢下来的阅读方式，能让学生在具体语言学习环境中充分感受和领会汉语言文字的特点与规律，积累丰厚的汉字文化底蕴。“立骨”的方法是丰富多样的，具体解读文本或教学实践时选择的角度也是丰富多样的。教学实践中没有固定的形式，语文教师在解读文本和教学实践时可以根据实际情况选择最恰当的“立骨”点。这就集中体现了教师理解文本、挖掘文本的深度，让学生清晰而深刻地理解体悟汉语言文字的构型特点及灵活运用规律，加深对汉语言文字的理解与热爱。这种教学实施方式对教学实施者提出了更高的要求，“立骨”的字词（语句）一定要能经得起推敲和咀嚼，能提升学生灵活运用汉语言文字的能力，培养多向思维的能力，最终让学生获得高雅的审美情趣，形成优质的创新思维，拥有高品质的语文素养，能把文本理解引向更加深刻的地方，获得深远的影响。

成长创新篇

注重核心素养　创新教学实践行为

初中作为中学教育阶段的开始，在整个时间段中都具有非常重要的教育基础奠定作用，而初中语文作为必修科目之一，其教学质量与学生学习效率自然也在学生的学习生涯中占据着非常重要的地位。然而，作为衡量学生语文学习水平的核心素养却一直以来都是语文教学的问题所在，目前的初中学生在学习语文时存在着不同方面、不同程度的问题与不足，包括基础知识掌握不好、语文学习缺乏情感、思维僵化等。如何通过实践来改善这种情况，从而提高初中学生的语文核心素养，便是本文即将探讨的话题。核心素养一直以来都是衡量学生语文学习真正水平与人文情怀的重要标准之一，在很大程度上也彰显着教师的教学质量与学生课堂学习的情况。加强初中生语文核心素养的培养与锻炼，提升其语文学习能力，对学生自身以及语文教学都具有十分重要的意义。在培养核心素养的教育背景下，初中教学更加重视学生核心素养的提升，通过教师教学，帮助学生掌握适合终身发展的知识与技能。初中阶段学生的认知理解有待提高，而语文涉及的知识体系复杂、内容寓意深远，因此优化创新教学模式成为初中语文教师面临的重要问题。

在语文教学实践中提升学生的核心素养时，要加强对文本中基础知识的积累与掌握。对语文而言，掌握好基础知识是学好这门科目的关键，如果对一些最基本的字词成语或者是文言文通假字、朗读节奏都掌握不好，就很难进行深入的学习了。所以优秀的教学设计一定会有类似的教学环节：初读诗歌，读准字音、节奏与停顿，初步感知诗人情感。比如，这样的设计："暮投/石壕（háo）村，有吏/夜/捉人。老翁/逾（yú）墙走，老妇/出门看。吏呼/一何/怒，妇啼/一何/苦。听妇/前/致词：三男/邺（yè）城/戍（shù）。一男/附书/至，二男/新/战死。存者/且/偷生，死者/长已矣！室中/更/无人，惟有/乳下/孙。有孙/母/未去，出入/无/完裙。老妪（yù）/力/虽衰，请从/吏/夜归。急应/河阳/役，犹得/备/晨炊。夜久/语声/绝，如闻/泣/幽咽（yè）。天明/登/前途，独与/老翁/别。"教师补充注释：逾，越过；更，再；犹得，还能够；绝，没有了；且，尚且；从，跟从；前途，前方的道路；夜久，夜很深了；急应，赶快应征。再比如，统编版语文七年级上册《老王》一文中出现了一些较为生僻的字词——"佝偻""眼翳"，会有相当一部分学生选择直接无视性跳过或者只读半边音，这就导致其盲区一直存在。因此我们教师要鼓励学生查字典，认新字，加强对语文基础知识的积累与掌握，防止学生因为基础知识的缺陷而造成学习的困难。在核心素养的引导下，有利于学生形成正确的语文学习理念，增强其学习的主观能动性。同时，教师作为教学设计主体，把学生的核心素养纳入课程设计之中，能够更加精准地确定教学目标，从而使教育质量得到进一步提升，便于进行教学管理。还可以有效地促进和扩展学生的语文学习思维。在语文教学中，教师主要引导学生通过语文思维来进行知识分析和归纳，在教学中牢固掌握更多知识，进而形成完整的语文思维体系。

在语文学习中，人文情怀与情感素养教育是具有非常重要意义的，做好这方面的教育不仅可以提高学生在语文学习中的思维发散能力，而且可以培养其正确的三观与处世态度，对之后的学习生活会有很深远的积极影响。比如在《石壕吏》教学设计中，教师就以文本内容引导学生树立正确的世界观、人生观、价值观，悟读诗歌，理解情怀，深度学习，赏析"苦"的艺术特色。主问题是：老妇人一家人的苦表现在哪些方面？教师引导学生体会："三男邺城戍，一男附书至，二男新战死。存者且偷生，死者长已矣！"丧子之苦；

“室中更无人，惟有乳下孙。有孙母未去，出入无完裙。”困窘之苦；“老妪力虽衰，请从吏夜归，急应河阳役，犹得备晨炊。”应役之苦。教师小结：这是个困苦的家庭，流露出对普通大众深切的同情。教师继续追问：这样的悲剧只发生在老妇人一家人身上吗？学生深入思考可知，他们家的悲剧只是一个社会的缩影，这样的悲剧发生在千家万户，这是社会的悲剧，时代的悲剧，揭露了一个苦难的时代。

教师再追问：“夜久语声绝，如闻泣幽咽。”请同学们体会“泣”的人都有谁？教师预设：老翁泣，儿媳泣，婴儿泣，石壕村的村民泣，诗人杜甫泣。哭泣的或许是老翁，又或许是寡媳，他们旧伤添新痛，还有可能是婴儿，更有可能是石壕村的百姓。哭泣的甚至也有可能是“我”，“我”因“悲国家之痛，哀民生之伤”而哭泣。教师过渡：杜甫既然同情老百姓，那他为何没有制止官吏抓人？接着教师通过“泣”感知作者忧国忧民的思想。补充资料：以“天下为己任”是杜甫一生的理想和追求，在他内心深处国家和人民没有轻重之分。公元 755 年，“安史之乱”的爆发，杜甫的忧国之心和爱民之情在这民族危亡的紧要关头，一下子达到了顶峰，面对叛军的颠覆，杜甫依然站在拥护唐王朝的一面，可目睹老百姓的不幸遭遇，他内心十分矛盾。这是一个苦闷的灵魂（矛盾）。教师总结：郭沫若称颂杜甫“世上疮痍，诗中圣哲；民间疾苦，笔底波澜”。学生在教师的引导中体会人间疾苦。师生交流与互动，把核心素养融入语文教学，提高学生的语文学习能力、社交能力，加强对学生人文情怀的培养，使学生走向更全面的发展道路。

引导学生发散思维与适当的联想。比如，品味“留白”艺术，这一点我在“补白”教学艺术章节已经论述，这里不再赘述。对语文学科而言，无论是教师层面的提高教学质量与教学效率，还是学生层面的提高学习能力与人文素养，都需要师生之间有良好的交流与沟通。二者之间的交流可以充分阐述互相的想法与观点，对同一篇文章的不同理解可能就会产生思想上的火花，从而激发更有创造性的想法，对于教师和学生双方来说都无疑具有非常重要的积极意义。以统编版老舍的《济南的冬天》为例，教师可以通过老舍先生充满温情的描述，如摇篮、带水纹的花衣、蓝水晶等词汇，感受济南冬天之美与老舍先生对其的喜爱，还可以引导学生联想到对家乡的情感，让学生充分表达自己眼中的家乡。

注重核心素养，创新教学实践行为需要从教师与学生两个方面入手，从基础加强对初中学生语文核心素养的培养，提升其学习能力与思维创新能力。一般来说，同其他学科一样，真正评判一位学生语文水平的高低与学习能力并不仅仅是看其各类考试的书面成绩，而是需要观察学生对于这门学科所要传达的价值观与思想是否具有自己独有的认知和理解。以语文学科为例，语文核心素养主要描述的就是学生对于语文这一学科在整个学习阶段所要传递的世界观、人生观、价值观与核心思想是否有良好的理解，在充分理解的基础上将其融入自己的实际生活，从而再引申出对自我思想与认知的提升。在社会发展迅速、时代进步明显的今天，教师要想做到提高教学质量与教学效率，要想做到提高人文素养与落实学生全面发展的任务，必须加强对语文核心素养的培养。

“五育融合”理念下综合性学习实践探究

《义务教育语文课程标准》（2022年版）提出，在基础教育中“坚持德育为先，提升智育水平，加强体育美育，落实劳动教育”的指导思想，提倡学生“做中学”“用中学”“创中学”的全新育人方式，强调了实践在课程育人中的重要作用。初中语文课程是一门综合性的课程，强调语言在真实情境中的实际运用，实践性较强。教师要合理运用教材、发掘课程资源，将教材中的教学资源同新时代“五育融合”教育理念相结合，巧妙设计教学环节，结合学生实际，合理设计作业，在整个课堂教学中包括课前、课中、课后观察学生的不同反应，做到因材施教、推进综合学习，实现语文课程教学“教学评”一体化，引导学生建立乐于学习、善于学习、主动学习的积极性和良好习惯的养成，从而真正将语文课程中的知识教学同德育、智育、体育、美育、劳育结合起来，实现语文课程中“五育融合”。培养学生的语言能力、文化意识、思维品质和学习能力，从而实现学生语文学科核心素养的培养，完成语文课程教学中立德树人的任务。

以下是张渊老师设计的综合性学习案例——走进“唐韵古城，秀美灵武”。

一、设计意图

“古灵州之地——灵武，历史悠久，文化底蕴深厚，被誉为丝路古驿、唐韵古城、长枣之乡、羊绒之都，这里有塞外风光的雄浑苍凉，有江南水乡的秀丽怡人，有史前文化遗址的神奇悠远，有大唐盛世的古城风韵，有回乡风情的纯朴鲜明。在这片神奇的土地上，星罗棋布着大量的自然绝景和古迹遗存，这里就是‘唐韵古城，秀美灵武’，我可爱的家乡”。

以“唐韵古城，秀美灵武”为综合性学习的主题，组织九年级三、四班的学生以8人小组为单位，了解灵武的历史、走进灵武高庙、灵武历史博物馆、磁窑堡恐龙博物馆、灵武烈士公园、水洞沟遗址、白芨滩沙漠公园、长流水旅游景区、灵武煤矿、灵武发电厂、灵武羊绒工业园区、灵武长红枣产业园、灵武电商创业园、灵武滨河公园，调查以前和现在的环境情况、旅游情况，调查灵武城乡居民生活的改善情况，调查灵武综合实力在全区、全国县域经济排名发展情况。活动重在通过校外考察研究，在调查研究的基础上以调查小报告、电脑作品、采访实录、视频微信、美篇宣传、网页等形式，围绕灵武大发展，提出合理化建议。整个活动努力做到学科之间的整合，集语文、历史、地理、信息技术、美术、音乐等学科知识为一体，体现课改新理念，突出综合性学习的开放性和生成性，并使学生养成仔细观察、善于沟通、善于发现、勇于实践创新研究的能力，形成自主、合作与共享的意识，树立热爱劳动、热爱家乡的思想情感。

二、活动目标

1. 了解灵武的历史、地理、文化、经济建设、旅游特色及远景规划。

2. 体验调查采访过程，培养学生关注社会、关心父母、热爱家乡、尊重他人劳动的积极情感。

3. 通过让学生以小记者的身份采访调查，激发学生走入社会大课堂的兴趣。

4. 在活动中锻炼学生的综合实践能力，培养团队合作精神，增强语言表达、沟通和分享的人际交往能力。

5. 初步学会制定综合学习主题调查研究方案，并按照方案开展实践活动。

6. 学会搜集信息，提高分析处理信息以及研究创新的能力，提高参与意识。

7. 通过活动，能熟练运用信息技术来搜索、处理、表达信息。

8. 通过本次综合性学习活动，增强学生热爱家乡、敬畏自然的情感，培养学生的家国情怀。

9. 充分落实家校合作、“五育并举”和跨学科学习的教育理念。

三、活动形式及时间安排

准备利用暑期，在 4 周内完成本次综合性学习活动：小组划分、网络搜索、实地考察、小记者访问、社会调查、成果制作、宣传展示。

四、活动准备

（一）技能准备

1. 利用互联网查阅有关灵武的历史、地理、人文、自然资源、旅游发展、城乡经济发展状况资料。

2. 学会制作图文并茂的电子文档、网页、微信美篇、个人空间，采访摄影等器材准备。

（二）组织准备

1. 引导学生结合各自的喜好、父母工作单位（便于调查工作的进行，也出于对学生安全的考虑。如调查灵武历史博物馆、磁窑堡恐龙博物馆、水洞沟遗址、灵武煤矿、灵武发电厂、灵武羊绒工业园区、灵武长红枣产业园、灵武电商创业园，最好把父母在这些单位工作的学生安排在相应的小组）等情况，以 8 人组成小组开展活动。把学生共分成 14 小组，分别是：灵武历史调查小组、高庙调查小组、灵武历史博物馆调查小组、磁窑堡恐龙博物馆调查小组、灵武白芨滩沙漠公园调查小组、水洞沟遗址调查小组、灵武煤炭资源调查小组、灵武发电厂调查小组、灵武羊绒工业园区调查小组、灵武长红枣产业园调查小组、灵武电商创业园调查小组、灵武环境和旅游调查小组、灵武城乡居民生活情况调查小组，以及灵武综合实力在全区、全国的排名情况调查小组。

2. 向学生进行安全教育和文明礼貌教育的指导。

3. 进行小记者调查访问、摄影技术、宣传制作等方面的专业指导培训。

4. 学生参与考察活动和实践活动时，会遇到许多困难，教师要鼓励学生主动、大胆地与人交流，积极、自信地参与活动，并引导学生精心进行活动策划，预判活动中可能出现的问题及解决的办法。

5. 与家长及相关单位取得联系，争取他们的支持和帮助。

6. 推选个人素质较优秀的学生担任组长，全面负责协调本小组承担的系列活动。

7. 制定出活动评价方案，加强对学生活动过程全方位评价指导。

（三）师资配备

争取学校和年级组、学科组支持，每一组需配备专职指导教师 1 名，进行活动指导和活动协助工作。

五、活动过程

（一）拟定计划，分工合作

1. 围绕活动任务，确定活动子课题，拟定活动计划（确定本小组调查研究的对象，拟定从哪几个方面收集信息，解决问题）。

2. 组内要作出明确的分工。如负责工作协调，负责采访，负责收集文字资料，负责图片收集，负责调查研究，负责整理资料，负责设计排版，负责宣传等。也可以一人身兼多职，也可每人分别负责研究任务中的某一专题。

3. 小组同学互帮互助。一旦遇到困难，小组同学群策群力，要及时把自己收集到的信息与本组成员、其他小组交流讨论，或把对本组成员、其他小组有用的信息提供给他们，实现“资源共享”，发挥集体智慧。如果问题还得不到解决，可以向本组辅导老师求援。

附：各小组讨论如何开展活动，制定活动方案，填写活动计划表。

“唐韵古城，秀美灵武”综合性学习活动计划表

活动名称：		指导教师：
小组项目名称：	组长：	组员：
活动目标		
活动计划	1. 活动分工；2. 活动步骤；3. 计划访问的人群；4. 活动所需的条件。	
预期的成果（调查报告、照片采集、撰写等）		
表达形式（文字、图片、实物、音像等）		

（二）搜集基本信息，初步了解调查对象

1. 利用网络、图书馆查阅有关的各种资料，了解调查对象的历史，并做好资料的保存和整理，为后面的调查采访做好准备。

（注意：要围绕问题广泛地收集、了解资料，尽可能完整地收集信息，建立专门的文档进行分类保存。）

2. 对调查对象进行简单的实地调查（不作全部要求），以便进一步明确调查采访的内容及侧重点。

（注意：各小组调查采访的对象都不同，其调查采访的内容和侧重点也有所不同，灵活应变，灵活处理。）

3. 小组成员在指导教师的引导下，制定采访提纲和调查内容。

（三）各小组实地展开调查

在规定的时间内对调查对象进行实地考察，一定要争取家长的支持与配合，比如灵武煤炭资源调查小组的同学，要事先和在煤矿工作的父母取得联系，让父母和煤矿单位协商，征得单位的许可，并要做好相关的安全措施。力争采访同学能对调查对象情况做具体详细的了解，并做好详细记录，有条件的进行拍照或录像。

（四）整理信息，交流讨论反思。

1. 围绕活动主题，在组长的带领下，整理采访记录和调查材料，统计有关数据，形成一定的结论。

2. 交流、讨论各自在调查采访中的心得体会，共同分享所历、所思、所悟。

3. 在调查采访的基础上，鼓励学生发现新问题，反思在调查过程中发现哪些方面存在问题，亟待改善加强，应采取什么样的措施。

4. 结合灵武市的远景规划，综合调查采访得到的体会，写出合理化建议。

（五）成果制作

1. 总结介绍整个研究性学习活动的情况，写一份“综合性学习调查报告”。

2. 制作美篇，图文并茂，发在班级群进行宣传。

3. 研究成果的表现：围绕本次综合实践的活动主题，将所有搜索整理的信息分为：“灵武的历史天空”“灵武丰富的旅游资源”“绒都、煤城、枣乡之灵武”“大美灵武”“我们的建议”五个部分，利用信息技术制作图文并茂的电子文档、宣传短片、网页等进行宣传。

（注意：在制作过程中，引导学生避免简单地信息堆积，要有创新，能引起别人的兴趣，整个作品中贯穿本组的活动心得。）

六、活动展示

1. 利用云校家网络平台、校园网、班级微信群、电子屏、宣传栏在全校进行宣传和展示。

2. 协调灵武电视台、宁夏教育电视台、《宁夏日报》《小龙人报》大力进行宣传，提高灵武的影响力和知名度。

3. 制作展板，展示调查采访实录（包括照片、调查问卷、调查记录、调查小报告、感受、人物专访、心得体会等）。

七、活动评价

1. 结合参与综合性学习的全过程和成果，按自评、小组评和教师评的步

骤，给每个小组及个人评定等级。（见附表）

“唐韵古城，秀美灵武”综合性学习活动评价表

自我评价（20分）	小组评价（30分）	指导教师评价（30分）	参与家长评价（20分）	总评价（等级）

（注：60—70分为合格，71—79分为良，80分以上为优秀。）

2. 宣传作品评价量化表，按小组互评、指导教师评和同学评、网络评的步骤，选出全班最好的作品。（见附表）

“唐韵古城，秀美灵武”综合性学习活动宣传作品评价表

小组评价（10分）	同学评价（30分）	指导教师评价（30分）	网络评价（30分）	总评价（等级）

（注：60—70分为合格，71—79分为良，80分以上为优秀。）

3. 展望未来，我们的建议。

小组讨论，思考未来的家乡。通过本次综合性学习，让我们感受到现在的家乡是如此的美好，我们是未来的主人，家乡的未来又会是什么样的？我们以小组为单位一起集思广益来展望家乡的未来。

“唐韵古城，秀美灵武”综合性学习活动家乡未来建议表

序号	未来家乡的样子	
1	基础设施	
2	环境保护	
3	文化旅游	
4	特产推介	
5	经济发展	
……	……	……

八、注意事项

1. 开展考察或其他活动时，要引导学生事先写好行动计划书，设计好简单的调查问卷，准备收集资料的相应工具，采取相应的安全措施等。

2. 教师事先要了解学生外出活动的时间、地点、活动内容，并争取家长的支持，家校合作共同为学生的综合性学习活动服务。

3. 鼓励学生运用多种方法搜集、处理信息，培养学生搜集处理信息能力。

4. 在活动进行中，教师要鼓励学生发挥创造性，不要过多地干涉学生的活动，更不能用自己的观点去影响学生，教师应将自己定位于学生的参与伙伴。

5. 在进行总结评价时，不要过分关注结果，而应注重学生的体验与感受。

九、活动成果展示

（一）活动采集照片展示

1. 灵武的历史天空。

2. 灵武丰富的旅游资源。

水洞沟

水洞沟是中国最早发掘的旧石器时代遗址，是全国重点文物保护单位，国家 AAAAA 级景区，国家地质公园，被誉为“中国史前考古的发祥地”“中西文化交流的历史见证”，被国家列为全国文物保护 100 处重大遗址之一。水洞沟还是我国明代长城、烽燧、城堡、沟堑、藏兵洞、大峡谷、墩台等军事防御建筑大观园，是中国目前唯一保存最为完整的长城立体军事防御体系。

水车园

世界水车博览园，位于灵武市黄河金岸。总体规划为水车展示园、水车博物院、休闲活动区等，规划占地面积 2100 亩，汇集古今中外各类水车十余部，主要展现水车在农业发展进程中的演化历史。

甘露寺

马鞍山甘露寺位于灵武市北部临河镇，西面黄河，东邻陕西，北接内蒙古，三面环山。寺坐北朝南，建于土丘山上，居高临下，眼界极为开阔。全寺占地近 30 亩，是一座具有传奇历史的著名寺院。

枣博园

灵武市世界枣树博览园位于灵武市城区中心地带，是以自然风景为主，集观光、物种资源收集和科学研究于一体的开放式自然景观公园。园内现有百年以上的老枣树 1 万多棵，是灵武枣树最古老、最集中、保存最完好的一片百年枣林。

高庙

灵武高庙又称上帝庙、玉皇庙，原名为玄武观，始建于隋开皇二十年（公元 600 年）。由于其建筑位置位于灵武城中最高处，登上庙俯瞰，全城皆收入眼中，故老百姓习惯上称上帝庙为高庙。

兴唐苑

灵州兴唐苑，原为西湖公园。仿唐建筑群坐落湖中，园内有标志性建筑会盟楼、六角飞檐塔式造型的文昌阁、总长 203 米的飞檐仿唐造型的廊桥，湖中有直径 8 米、高 14.2 米的圆亭。兴唐苑唐韵十足，是市民休闲的好去处，也是来灵旅游观光客人的首选之地。

博物馆

灵武博物馆位于灵武市兴唐苑。博物馆展区分为灵武遗珍、大唐雄风、灵武印象、美丽灵武四个单元，充分展现灵武悠久的历史底蕴、深厚的文化内涵，以及改革开放以来社会发展成果。

镇河塔

镇河塔，也叫东塔，与银川西塔遥遥相望。镇河塔寺院宽广，两侧建有天王殿，塔东依次为观音殿和大雄宝殿。镇河塔为八角 13 层空心厚壁楼阁式建筑，塔身通高 43.6 米，塔底直径 13.5 米。镇河塔始建于康熙七年（公元 1668 年），历时 30 年寺塔同时竣工，时塔名镇河塔，寺名东塔寺。

大海子

大海子，位于灵武城东南的沙漠腹地，是近几年开发的以沙漠越野、沙漠探险、滑沙、沙漠风情游、沙漠客栈、小沙湖、沙漠草原、戈壁酒吧等为主的旅游景区。

白芨滩

灵武白芨滩国家沙漠公园，总面积达 6.6 万亩，共分 4 个片区，是灵武市旅游产业发展重点规划区域。主要以建设生态文化旅游为主，重点展示新中国成立以来波澜壮阔的防沙治沙史，以宣传生态文明，弘扬治沙精神。

长流水

长流水生态旅游区，地处毛乌素沙漠边缘，位于宁夏灵武市白土岗乡境内，是自然天成的集旅游休闲、娱乐垂钓、野营探险、野生动植物观赏、影视剧外景拍摄等为一体的景区。

恐龙馆

灵武恐龙化石群是迄今为止我国发现面积较大、分布集中、保存完整、周边环境未遭破坏的恐龙化石群遗址，距今约1.6亿年。2009年，灵武恐龙化石遗址被国土资源部批准为国家地质公园，国家投入专项资金建设，是一个集科学研究、观光旅游、休闲娱乐为一体的旅游景区。

清水营

位于灵武市区东北约40公里处的清水营古城遗址，系明代弘治年间巡抚王煦修建的一座屯兵城堡。城堡北侧临靠明长城，东北依清水河而建得名，是万里长城二百关之一。这里也是电影《画皮》的外景地。

3. 绒都、煤城、枣乡之灵武。

灵武纺织业发展由来已久，经历了四十余年发展历程，产品向高端发展转型，呈现出总量增加、效益提高、品牌响亮的积极发展态势，赢得了“世界羊绒看中国、精品羊绒在灵武”的美誉，先后荣获“中国国际精品羊绒之都”“中国产业集群品牌50强”等称号。

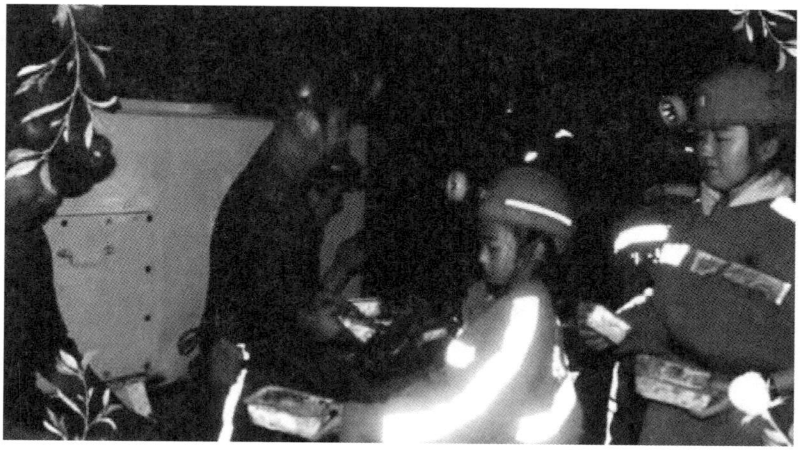

学生走进父母的煤矿生活，感受他们工作的艰辛和不易，学会珍惜幸福生活，立志成才，感恩父母，回报家乡。

灵武含煤区域达 821 平方公里，保有储量 273 亿吨，占宁夏已探明储量的 80% 以上，是我国东北三省煤炭储量的总和。

灵武长枣果实长椭圆形，等级枣平均单果重 18.1g，最大单果重达 40g，果皮紫红色，间有不明显的红褐色色点，皮薄，果肉呈绿白色，肉质致密酥脆，汁液多，酸甜适口，口感品质极佳。灵武长枣鲜枣营养丰富，可溶性固形物含量为 26%，总糖含量为 23.4%，可滴定酸含量为 0.29%，蛋白质含量为 1.68g/100g。另外还含有钙、磷、铁等微量元素，尤其维生素 C 含量特别丰富，每 100 克鲜枣中含维生素 C 达 294mg。

（二）收集历史上描绘灵武的诗歌

卢潘尚书之灵武

［唐］韦蟾

贺兰山下果园成，塞北江南旧有名。
水木万家朱户暗，弓刀千队铁衣鸣。
心源落落堪为将，胆气堂堂合用兵。
却使六番诸子弟，马前不信是书生。

灵武李侍御

［唐］无可

灵州天一涯，幕客似还家。
地得江南壤，程分碛里砂。
禁盐调上味，麦穗结秋花。
前席因筹画，清吟塞日斜。

送灵武朱书记

［唐］刘得仁

灵帅与谁善，得君宾幕中。
从容应尽礼，赞画致元功。
连塞云长惨，才秋树半空。
相如偏自惬，掌记复乘骢。

送邹明府游灵武

［唐］贾岛

曾宰西畿县，三年马不肥。
债多平剑与，官满载书归。
边雪藏行径，林风透卧衣。
灵州听晓角，客馆未开扉。

（三）搜集灵武历史

灵武素有“塞上江南”之美誉，有着悠久的历史，早在3万多年前的旧石器时代晚期，人类就在灵武这片神奇的土地上繁衍生息，是中华民族远古文明的发祥地之一。

灵武于西汉惠帝四年（公元前191年）置县，至今已有2200多年历史。灵武旅游资源丰富，名胜古迹众多。闻名遐迩的水洞沟是中国最早发现旧石器时代的古人类文化遗址，被誉为“中国史前考古的发祥地”。

唐代，灵武为灵州都督府和朔方节度使驻地，统七军府，辖三受降城，军事上辐射的范围远达西北和内蒙古地区。“安史之乱”爆发后，太子李亨在灵武即位，是为肃宗，升灵州都督府为大都督府。肃宗在灵州调兵遣将，号令天下，平定叛乱，重兴中唐，更使灵州声威大振，闻名遐迩。

宋咸平五年（公元1002年）党项族首领李继迁攻下灵州，改灵州为西平府，为西夏王朝的建立奠定了基础。西夏建国后，西平府与兴庆府（西夏都城，今银川市）并称东西二京。

元明清三代，灵州管辖的地域逐步缩小，但地位依然重要。元置州牧，属宁夏府路。明设千户所，直隶于宁夏卫。清废卫所，灵州为宁夏府直隶州。

民国二年（公元1913年）改灵州为灵武县，属宁夏省，将灵武县东南之萌城、隰宁、惠安、盐积4堡划出并入盐池县，灵武县境进一步缩小。

中华人民共和国成立之初，灵武县属宁夏省，政区分为1市(吴忠市)6区，1950年吴忠市析出。1954年，宁夏省撤销并入甘肃省，设河东回族自治区，灵武县属之。1955年，又将郭家桥乡金银滩划属吴忠市。1958年成立宁夏回族自治区，灵武县属自治区管辖。1972年，成立银南地区，灵武县为所辖7县市之一。1996年，灵武撤县设市，交由吴忠市代管。2002年，灵武自吴忠市析出，由银川市代管。

如今灵武实现跨越式发展，举国闻名，距今1.6亿年前的灵武恐龙化石遗址是中国发现面积较大、分布集中、保存完整、周边环境未遭破坏的恐龙化石群遗址。曾经生活在这里的恐龙，是蜥脚类恐龙中个体最大的属种之一。灵武是中国国家级宁东能源化工基地、国家城市矿产示范基地、国家优质果品（灵武长枣）基地，被中国国家林业部命名为“中国灵武长枣之乡”。

（四）综合性学习调查报告

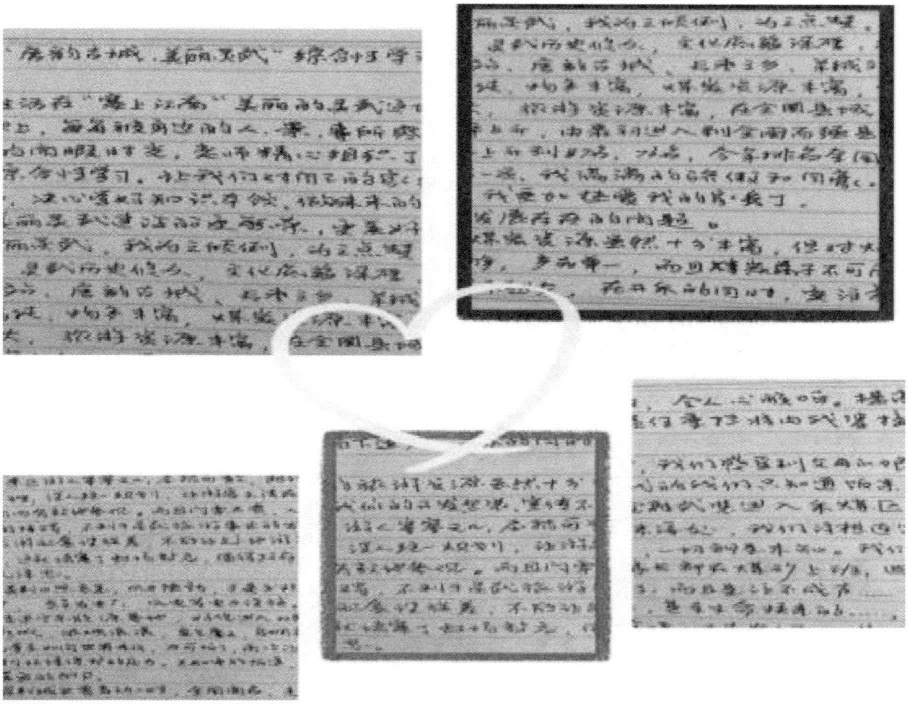

（五）小组活动评价记录表

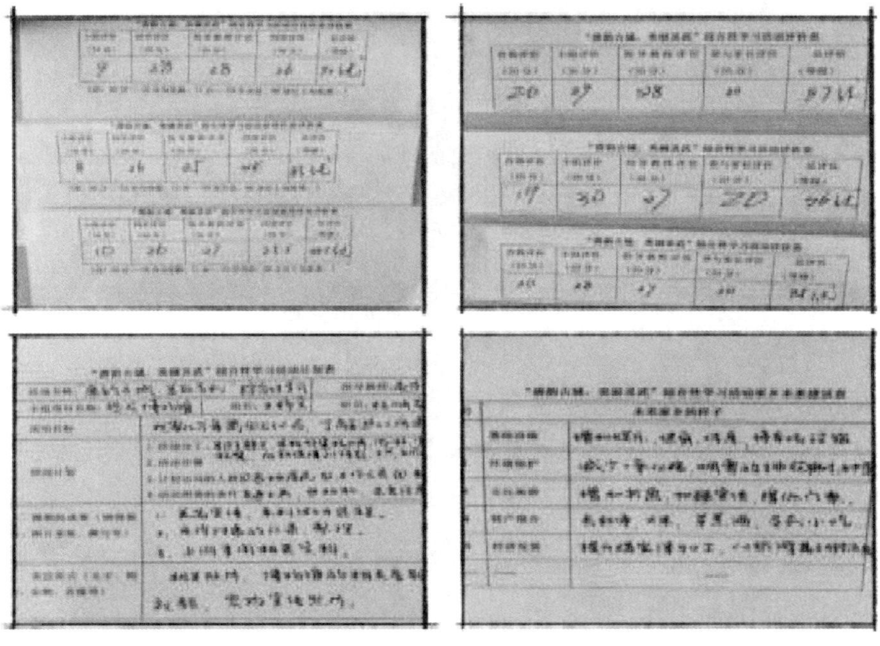

学生活动掠影

张老师的综合性实践教学案例，明确了育人就是育德、智、体、美、劳全面发展的人；在综合性实践教学案例中，“五育”相互融合、相互关联、相互支撑，协同发展，促进立德树人根本任务的实现，从而实现为党培养全面发展的合格的人才，为国家社会主义建设培养健全的人才。

在张老师融合理念的影响下，我试图进行了这样的研学设计。

课例名称			“鸣翠湖上的生命之旅”研学活动	
时间安排	研学形式		研学内容	研学目标
7:00	集合出发		学校集合出发，开启研学之旅。沿途风景欣赏，出行安全教育。	
9:00	开营仪式（黄河外滩湿地公园正门西侧广场）		开营说明，举行列队仪式；由优秀队员带领演唱班歌《追梦赤子心》。	1. 通过开营说明，让学生了解本次研学的任务及要求，明确研学目标。 2. 举行列队仪式，演唱班歌《追梦赤子心》，增强班级凝聚力，在快乐研学中提升素养。
10:00	集体参观	湿地宣讲教室	黄河湿地文化、黄河农耕文化、湿地动植物展示及讲解。	1. 通过参观湿地宣讲教室，以导师讲解的方式，了解黄河湿地文化、黄河农耕文化、湿地动植物，感受祖国的山水之美，增强文化自信，激发爱国之心。 2. 了解湿地动植物，探究动植物的生存条件，提升生物学与语文学科的核心素养，激发学生热爱自然、保护环境之心。
11:00	班级分组	我是信息调查员	1. 活动形式：以班为组织单位，在班内分小组实施。 2. 活动内容。	①通过组建小组，组长明确组员分工，锻炼学生的组织能力、合作能力、团队意识；②通过自主设计表格或完善参考调查表，培养学生的发散思维、归纳能力，提升生物学与语文学科的核心素养；

<table>
<tr>
<td></td>
<td></td>
<td></td>
<td>（1）我是“信息调查员”，小组内成员领取研学任务，自主设计调查表，整合调查信息，评选出最优小组，授予“最佳信息调查员”奖项。①黄河湿地文化与黄河农耕文化的含义；②黄河湿地文化与黄河农耕文化的发展历程；③黄河湿地文化与黄河农耕文化的关系；④湿地动植物资料汇总，完成表格内容。
<table>
<tr><td colspan="3">黄河湿地动植物资料汇总</td></tr>
<tr><td colspan="2">分类</td><td>生存成因</td></tr>
<tr><td rowspan="2">动物</td><td>鸟类</td><td></td></tr>
<tr><td>鱼类</td><td></td></tr>
<tr><td>植物</td><td></td><td></td></tr>
</table>
（2）制作名片：引导学生更深入了解湿地动植物，为你最感兴趣的一种动植物制作一份名片。通过小组间投票形式，每个小组代表一票，选出“最佳创意组”，并给定相应的积分。
参考样例如下：</td>
<td>③设置“制作名片”环节，培养学生的细致观察能力，并通过小组间的交流展示环节，鼓励生生间的质疑讨论，培养学生的质疑与合作精神；④通过调查数据分析，应用学科原理（生物学知识）解释湿地动植物可以在此生活的原因，例如灰鹤与空气湿度之间的关系等，并通过生活现象升华学科知识。通过分组分工，在协同活动中学会协作、沟通，勇于承担责任，培养团队荣誉感。利用思维导图、时间轴、表格等形式形成展现学习成果，引导学生学会学习并外化学习成效。</td>
</tr>
</table>

<table>
<tr>
<td></td>
<td></td>
<td></td>
<td>
<table>
<tr><td>小组名称：</td><td>积分</td></tr>
<tr><td>我的新创意</td><td></td></tr>
<tr><td>获得票数 / 排名</td><td></td></tr>
</table>
（3）把自己设计的名片在景区中售卖，售价最高者可获得“最佳销售员”称号。
3. 活动评价。
（1）以班为单位，各小组分别讲述小组研学成果；
（2）其他小组进行评价，评选出设计最优的小组，授予相应奖项。
</td>
<td>3. 通过分类、包装、宣传、定价、售卖、交易等过程，将劳动成果转化为经济效益。商品海报设计、广告宣传等，紧密联系生活实际，提升进行艺术创新和实践应用的能力，认识和感知艺术之美。</td>
</tr>
<tr>
<td>12:00</td>
<td colspan="2">午餐午休</td>
<td>用餐礼仪：小口吞咽、闭口咀嚼；轻拿轻放；不挑食，不偏食。
用餐习惯：分区域用餐，有序入座，使用公筷，清理环境卫生。
环保意识：爱惜粮食、爱护环境。</td>
<td></td>
</tr>
</table>

13:00	集体参观	金阳台、观鸟崖	景区最美的观景平台，它四周视野开阔，没有任何的遮挡物，可以体会“落霞与孤鹜齐飞，秋水共长天一色”的美景。在这里有两种方式可以观鸟，一种是可以乘坐水上体验项目快艇，在黄河中乘风破浪，到达鸟岛岸边，近距离观赏鸟儿在这里起舞。另一种方式是站在观鸟崖上，利用事先准备的高倍望远镜观看鸟儿在这里繁衍生息。	了解生态景观设计，在规划设计过程中，以生态景观恢复为出发点，从植物、生态、建筑等方面，因地制宜，融会进地域特色文化，达到建筑与生态的相得益彰。
14:00	班级分组	我是园林品鉴师	1. 活动形式：由经典诵读人配乐诵读《苏州园林》，以小组为单位（依旧采用之前小组），更换组长，由组长明确组员分工，进行品析“园林之设计美”。	结合现有地形，利用现有防浪堤，保持外侧原有浅滩，通过局部人工增加种植湿地植物；改造内侧现有的湖泊、沼泽，水位线均高于滨湖水位，形成常年有水的湿地环境；增加水线以上的土质缓坡，种植湿地植物。从生态景观考虑，提出了生态驳岸处理方法：

<table>
<tr><td></td><td></td><td></td><td>2. 活动内容：借助地图和指南针，在景区寻找小组成员的父母，并要求成员父母与成员在你认为最美的地方合照，发至班级群，用时最少、选景最美者获胜。
3. 评价方式。<table><tr><td>小组名称：</td><td>积分</td></tr><tr><td>我的新发现</td><td></td></tr><tr><td>获得票数 / 排名</td><td></td></tr></table></td><td>对于坡度缓的浅滩（防浪堤外侧岸线），考虑保持自然状态，配合植物种植，达到稳定堤岸的目的。
植物景观规划旨在重塑和恢复生态景观，将改造自然转变为回归自然、顺应自然，延续和恢复滨湖自然生态景观，恢复其生态服务功能，做到人与自然的和谐共处。</td></tr>
<tr><td>15:00</td><td>集体参观</td><td>长城遗址小龙头</td><td>它是明长城与黄河的交汇点，与坐落在河北省山海关渤海之滨的老龙头遥相呼应。明长城河东段，又称河东墙，该段地势东南高，长城延隆起的丘脊向西北蜿蜒延伸，与北侧的明长堤前后为伴，深入黄河，从高空俯瞰，长城和长堤宛若两条黄色的巨龙卧饮于大河之滨，景象甚为壮观。
活动形式：拿出你的画笔画出“我心目中的长城”的样子。
活动评价：由周围的游客粘贴小红花，红花最多者获胜。</td><td>通过这样的活动让学生梳理长城的样貌，激发学生的爱国热情。以个人形式邀请周围游客给予小红花，既能激发学生的积极性，又能提高学生的交流能力，进一步感受生命的美好。</td></tr>
</table>

16:00	班级分组	探寻长城的生命之美	1. 活动形式：把关于长城的由来、长城的诗句、历史意义等名片贴在每个成员的后背，以小组为单位撕名牌，撕到名牌最多的小组获胜。 2. 活动内容：把名牌贴在每个组员的后背，大家可以选择对方组员一对一作战，也可以联合其他成员多对一作战。 3. 评价方式：获得名牌最多的一方获胜。	在体育竞技中感受运动的快乐，在攻守联盟中，学生可以获得运动的快乐、知识带来的力量，以及古代作战时的“连横之术”。
17:00	班级整体反思总结		研学反思、活动总结、互动点评	
18:00	安全返程		——	

二、过程评价

学习能力	学习融合能力提升	（自评）	
	能够关注生活中的学科知识	（自评）	
	能够利用学科知识解释动植物现象	（自评）	
团队合作	能够领导小组完成任务	（自评）	（他评）
	能够配合组长承担相应任务	（自评）	（他评）
	与组员之间能够有效沟通	（自评）	（他评）

实践能力	能够设计和完善实践设计	（自评）	（他评）
	能够主动进行科学探究学习	（自评）	（他评）
	能够对实践结果进行反思	（自评）	（他评）
品德素养	关爱生命，热爱生活	（自评）	（他评）
	坚持不懈，不怕困难	（自评）	（他评）
	关注生态环境与人文环境	（自评）	（他评）
	欣赏生命之美、艺术之美、运动之美	（自评）	（他评）
自我总结			
同伴寄语			
教师评价			

设置情境　创新活动任务

《义务教育语文课程标准》（2022 年版）课程内容部分，为我们指出了语文学科实践的路径。“课程结构遵循学生身心发展规律和核心素养形成的内在逻辑，以生活为基础，以语文实践活动为主线，以学习主题为引领，以学习任务为载体，整合学习内容、情境、方法和资源等要素，设计语文学习任务群”。从中可知：知识内容结构化，知识学习情境化、生活化是语文学科实践的基本方法。这节课是张渊老师工作室成员的一节公开课，在聆听这节课时，我理解了“学习任务群与情境化”之间的关系。下面是《一滴水经过丽江》的教学实践，教学实施者在设计本课时，运用新课标中的新要求——设置情境创新任务。

案例展示（一）

学习目标：梳理“一滴水”的游踪路线图，明确独特的叙述视角；品味语言，感受丽江的自然风情和人文风情，感受其美丽、淳朴、厚重、和谐；感受作者蕴含在文章中的丰富的情感思想。

学习重难点：品味语言，感受丽江的自然风情和人文风情，感受其美丽、淳朴、厚重、和谐；感受作者蕴含在文章中的丰富的情感思想。

学习课时：1 课时。

前置作业：了解游记的相关知识；读课文《一滴水经过丽江》，圈画关键字词，自由绘制“一滴水”游踪图，并配上一段解说词。

课前预热：播放视频《丽江宣传片》。丽江，一个充满诗情画意的地方，它有悠久的历史、古老的街道、秀美的风光，古朴又沧桑，婉约而多情。“读万卷书，行万里路”，当我们的脚步无法丈量世界的每一个角落，书本却可以带我们领略那里的风土人情。中央电视台拍了一部神级纪录片——《跟着书本去旅行》，以中小学课本或经典名著为线索，让我们足不出户就可以游遍祖国的大好河山，将阅读与旅行完美结合，真正做到“让青少年沉浸实景中的诗与远方”。

情境导入：《跟着书本去旅行》栏目组计划筹拍作者阿来的《一滴水经过丽江》，以展现丽江的风俗人情，就让我们带着这个任务来一场说走就走的旅行。

邀请函

亲爱的同学：

《跟着书本去旅行》栏目组，计划拍摄阿来的《一滴水经过丽江》，特邀你为本期节目出谋划策。希望同学们踊跃建言献策，贡献你的力量。

《跟着书本去旅行》栏目组

2023年4月20日

我特别喜欢这样的导入形式，以学生熟悉的生活情景，以及学生喜闻乐见的形式进入新课，这样的任务情境中还穿插着语文基础知识“邀请函”的格式展示，可谓“一举多得”。接下来，教学实施者在情境中继续追踪，设计了“活动一：穿越丽江，探索游踪”“活动二：聚焦美景，鉴赏写法”“活动三：明确视角，感悟情思”“活动四：诗意小结、布置作业”，这几个活动一脉相承，从文章结构、情节、人物、语言等多个角度解读文本内容。课例具体细节展示如下——

活动一：穿越丽江，探索游踪

任务：摄影师要确定此次拍摄的场景路线，请你根据阿来的《一滴水经过丽江》梳理游踪，为摄影师确定拍摄路线。

要求：请同学们在预习的基础上，结合课文的内容，展示你梳理出的《一滴水经过丽江》的游踪，帮助摄影师确定拍摄路线。

明确：展示学生的前置作业，并由学生自己讲解。

玉龙雪山→驿站→纳西族村庄→丽江坝（草甸）→落水洞（古代）→黑龙潭（现代）→四方街→古城→城外果园、田地→丽江坝→金沙江→大海

活动二：聚焦美景，鉴赏写法

任务 1：如果你是剪辑师，你会选取“四方街”哪一个特色镜头来展现丽江的美呢？

要求：请同学们再一次阅读课文，分三个小组，分别从“自然风光”“人文风情”“历史沿革”三个主题方面来挑选最能代表丽江特色的镜头。

我选______主题，看到（听到）______，感受（悟到）______。

任务 2：节目组需要为纪录片配上最能打动人心的配音，请从文章里选取最能打动你的语言配在视频中。

要求：请同学们小组合作，组内交流，从课文中精选语句，作为画外音，并说明理由。（提示：可以从句式、修辞、炼字、感官等角度来说明理由。）

活动三：明确视角，感悟情思

任务：《跟着书本去旅行》以往都是采用学生作为讲述人，但这一期，副导演建议用“一滴水”作为讲述人，你能帮助副导演说服导演吗？

要求：请同学们四人一小组，讨论并给出你的理由。

资料链接：作者简介　阿来，藏族，当代作家。1982 年开始诗歌创作，80 年代中后期转向小说创作，主要作品有诗集《棱磨河》，小说集《旧年的血迹》《月光下的银匠》，长篇小说《尘埃落定》《空山》，长篇地理散文

《大地的阶梯》，散文集《就这样日益在丰盈》。其作品《尘埃落定》获第5届茅盾文学奖，为该奖项有史以来最年轻得奖者。2015年，他获得诺贝尔文学奖提名。

阿来是藏族人，藏族传统观念认为，自然界的一切物质都是有灵魂的，包括花草树木、山川河流，与人一样，都是有生命的。投射在阿来的作品中，即为一种平等的生命观，这种观念决定了其写作的态度与创作视角。

从时间跨度来看，一滴水历经千百年，串联起过去与现在。从空间范围来看，玉龙雪山到金沙江，交代丽江的地理位置，这条路线是水路，以水的视角更贴合实际。水是美好的事物，是柔美又壮阔的丽江的灵魂，更易寄托作者对丽江的深情。水富有流动性和变化性，更易于作者变化观察角度和展开丰富的想象。作者以“一滴水”为视角，非常符合丽江的特点，丽江本身就以水见长，水既是风景，也是丽江人与自然和谐相处的象征。作者选择“一滴水”，充分考虑了描写对象本身的特点，能全方位、多角度地展现丽江的风貌，使得文章对丽江的描写全面、轻灵而生动。对水的敬重及善于利用水已经融入纳西人的生活，也表现了纳西人灵魂深处与自然和谐共处的观念，增强了文章的生动性、抒情性和交互性，使作者对于丽江的赞美和向往之情表达得更加真切深挚。

教师小结：作者选取“一滴水”的新颖视角，采用第一人称，运用拟人的修辞手法，从时间和空间两个维度生动形象地描写了丽江的自然风景、历史发展、当代风貌、文物古迹、民风民俗，表达了作者对丽江的无限喜爱与赞美之情。

活动四：诗意小结、布置作业

齐读课文最后一句：“我知道，作为一滴水，我终于以水的方式走过了丽江。”重点理解水的方式：作者写一滴水，然后写溪，写江，写海，都是“水”生存的方式，从诞生到归宿，这个生命成长的过程中，看到了风景，感受了历史，融入了文化，所以这滴水无憾了！布置作业：请同学们也仿照

这种拟人的自由写法，变身一粒沙、一颗枸杞、一只滩羊……跨越时空，写写自己的家乡——宁夏。（200字左右的小片段）

在《一滴水经过丽江》中，让学生明白了“学习任务”是为了达成一定的目标而进行的有组织的活动；让文本解读者明白了“任务设计”应指引学生将学科目标指引的学科内容学习落到实处，学习任务群是融合了学习内容、学习情境、学习方法和学习资源等要素的课程内容与学习方式，既可以具有名词性，也可以具有动词性。若作为名词，学习任务群就是内容，就是教材编排和呈现；若作为动词，学习任务群就是教学推进方式，就是基于教材单元的若干有关联的单元整体教学。义务教育阶段的学习任务群是具有阶段性与发展性、连贯性与适应性的。

我们在《义务教育语文课程标准》（2022年版）中寻找对“学习任务群”的解读，发现学习任务群按照内容整合程度不断提升，分三个层面设置学习任务群——第一层设置了1个基础型学习任务群（语言文字积累与梳理），第二层设置了3个发展型学习任务群（“实用性阅读与交流”“文学阅读与创意表达”“思辨性阅读与表达”），第三层设置了2个拓展型学习任务群（“整本书阅读”“跨学科学习”）。学习任务群根据学段特点，安排可有所侧重。其设计架构是：素养型课程目标作为第一层级，结构化课程内容作为第二层级，设计的6个学习任务群，整体规划了学习任务，目的在于完成课程内容、实现课程目标。每个学习任务群包含若干个学习任务，每个学习任务又包含一个学习主题和若干个学习活动，每个学习活动中融会了内容、情境、方法、资源及评价。语文学习任务群有三个本质特点——情境性、综合性、实践性，这三个本质特点，让学生学习具有明确的方向。在这里我们要重点明确创设学习情境，是指在真实的语言运用情境中完成学习任务，建议将文本学习置于一定的语文学习语境之中。实践性则强调的是在学习语文中应用语文，又在应用语文的过程中学习语文。综合性是改变原来的知识点的线性结构建构，变革原有的逐点识记、逐篇解析、逐项训练的传统教学分析模式，变成课程内容、学生生活、语文实践之间的完美呈现。

《义务教育语文课程标准》（2022 年版）中 6 次提到“学习任务群”，其中课程理念部分指出：“以语文学科核心素养为纲，以学生的语文实践为主线，设计语文学习任务群。”也就是说“语文学习任务群”的课程目标和内容，指向语文课程及其“学习任务群”让学生在真实情境中做事。比如，通过阅读现实生活获取信息、学习知识、解决问题，参与“文学生活”，进而得到思想和精神的启迪，让学习任务群与学科核心素养之间的关联更加直接与明确，改变曾经“文本为纲，知识本位”的“非经验学习”。

回忆20多年前常常有教师对蕴含在文本中的“学科知识”加以梳理讲解，以“敲黑板”的形式要求学生机械记忆。从现在教育的眼光来看，我们知道——任何一个具体的文本解读都是一个完整而复杂的世界，无论从哪个角度解读、从哪个层次解读都能够分析整理出各类语文“知识”，若是脱离了具体的学习对象和生活情境，是很难应用语文学习已经掌握的“知识”的。文本解读后的成果显现与学生的认知水平、生活环境、心理发展状况有着密切的关系，他们是很难脱离了这些而去追求深层的文本意蕴，这就是为什么很多老师讲得热情洋溢，而学生个个却是冷若冰霜。如果硬要从丰富多彩的语言材料中抽象出明确而且固定的“知识”，让学生加以机械地识记与应用，不仅违背了语文学习的特点与规律，也给学习者带来无尽的痛苦，是不符合立德树人的教育目的的。

接下来我们谈谈真实情境。情境，《现代汉语词典》中的解释是“情景；境地”。所谓真实，有专家指出——语境对学生而言是真实的，是他们在继续学习和今后生活中能够遇到的，也就是能引起他们联想，启发他们往下思考，在这个思考过程中获得需要的方法，积累必要的资源，丰富语言文字运用的经验。“真实情境”这个词主要有以下两层含义。首先，要与现实世界关联。比如学习任务的目标指向，是现实世界里有素养的成年人在正常的情况下所做的事。以朗读教学为例，我们课程标准里要求的“正确、流利”是“真实”的，“有感情地朗读”则是在特定生活情境中的特定要求，例如你在做主持人，就必须正确流利有感情的朗读你的主持词，这就是生活中真实地应用朗读。当然这样的情况还有很多。在课堂朗读教学时，可以让学生想象这里的文辞多是自己亲自创造，再让学生站起来调整气息，想象自己就是节目主持人，并要求学生理解文本的背景，作者的处境、内心的想法。这样的朗读教学情境是极易打动学生的，易引起学生与文本之间的共鸣。其实在现实世界里会遇到各种各样需要你运用朗读技巧的时候，诗歌要用朗诵，故事要用讲述，戏剧要用演读，新闻中的播报、会议中的报告、通知决定类需要宣读，其中要求的语速、语调、停连、重音、节奏等，都是朗读的技巧在生活中的使用情境。在曾经的课堂中我们发现“班级做题家”，这些学生往往脱离生活实际，盲目求取分数，不切实际地进行写作，常常在作文中把自己写成孤儿来博阅卷老师的同情，而现在写作要求的第一条就是“真情实感”，老师会根据学生的真实情况来辨析学生作文的真与假。所以，判断“真实”与否的标准，就是现实世界里你自己在正常的情况下是否做这样的事。其次，要与学生切身相关。学生“像真的一样”投入到学习任务中。“真实”情境的主体一定是学生角度的真实，教师应把这样的真实放在第一位，遵循学生的内心发展状况，设计“真实”，这样的“真实”是从学生的内心感受出发，带着学生去做文本调研，让学生以文本为素材，在设计好的“真实情境”中整合建构文本内容。比如《一滴水经过丽江》的“真实情境的任务写作”——“请同学们也仿照这种拟人的自由写法，变身一粒沙、一颗枸杞、一只滩羊……跨越时空，写写自己的家乡——宁夏。（200字左右的小片段）”，这样的写作与学生切身相关，以真实情境式的任务驱动学生，既调动了学生的写作热情，又对学生的课堂生成进行了巧妙的检测。

我们再来看看这篇《茅屋为秋风所破歌》的教学设计。导入部分：前几天王老师已经毕业的一位学生给我发来这样一段消息，他说，王老师，今天我们学习杜甫的《登高》，同桌给我看了一幅图，特别好玩，分享给您。这样我又想起您给我们上《茅屋为秋风所破歌》的场景。王老师想说：“同学，你真的记得吗？”今天我们一起来学习这首诗，学完请大家替王老师回复。进入新课部分：任务一〈对比阅读，发现异同〉——请大家快速阅读两首诗，你能否发现异同？本次活动我们采取同桌协作方式。活动评价如下，请依据评价标准开始活动，时间1分半钟。同桌配合默契，眼光敏锐，思维活跃，发现的可真不少呢。1. 这种诗歌形式是歌行体，它有如下特点：字数不定，多以七言为主，加以杂言，长短不一，格式自由，韵律自由；由乐府诗而来，多以叙事为主。2. 大家能否给这两个句子划分节奏呢？“南村群童欺我老无力，忍能对面为盗贼”。“安得广厦千万间，大庇天下寒士俱欢颜”。任务二〈读“破”诗眼，渐入诗境〉——1. 请大家自由朗读诗歌，梳理概括全诗中作者直接或者隐含提到“破”的事物。此活动独立完成，进行抢答，找出一处 +1 分，如果你能用四个字概括，就再 +1 分。2. 杜甫的字里行间写的都是破败的事物，到处都是一片黑暗的景象。你从哪个字或句中读出来的？请大家以这样的句式来回答。一个“______”字（词）或一个“______”句可见其破坏严重。3. 由此你看到一位怎样的诗人形象？请用四字词语回答。任务三〈由破入见，品味诗心〉——请一位同学朗读最后一节“安得广厦千万间，大庇天下寒士俱欢颜，风雨不动安如山。呜呼！何时眼前突兀见此屋，吾庐独破受冻死亦足”！该读出一种什么感情？

通观教学设计，导入部分从生活情境出发，从学生给老师的一则短信开启课堂，吸引同学进入课堂。随后设置的三个学习任务“任务一：对比阅读，发现异同；任务二：读‘破’诗眼，渐入诗境；任务三：由破入见，品味诗心”与导入部分设置的情境并不是一脉相承的，因此这样的课堂设计不能作为“学习任务群与情境化设置”的课例来研究，那么有人会问这里已经有了情境设置了呀？所以，我们要正确地理解“学习任务群与情境化设置”跟“情境式导入”之间的关系和区别。

情境导入是指教师通过语言描述或演示等各种手段创设问题情境，营造出一种符合教学需要的学习环境，以诱发学生的探究心理，使学生产生身临其境的感受，引起其解决问题的欲望和兴趣，促使其思维的积极活动，从而唤醒学生强烈的情感体验和反应，使其情不自禁地进入学习情境的一种导课方式。

从该含义中可知：情境导入具有多样性、针对性、实效性三个特点。比如，教师可以运用口头语言和板书描述情境，借助音乐或者绘画设置情境，运用现代教学媒体创设情境也是当下流行的方式。比如，前面分享的《一滴水流过丽江》就是借助现代多媒体技术——播放视频《丽江宣传片》为学生展示了现在丽江的风貌，引导学生“丽江，一个充满诗情画意的地方，它有悠久的历史、古老的街道、秀美的风光，古朴又沧桑，婉约而多情。‘读万卷书，行万里路’，当我们的脚步无法丈量世界的每一个角落，书本却可以带我们领略那里的风土人情”进入文本。这是典型的教师语言与多媒体结合的情境式导入法，而教师真正进入“学习任务群与情境化设置”在于这样的设置——

中央电视台拍了一部神级纪录片——《跟着书本去旅行》，以中小学课本或经典名著为线索，让我们足不出户就可以游遍祖国的大好河山，将阅读与旅行完美结合，真正做到“让青少年沉浸实景中的诗与远方”。

《跟着书本去旅行》栏目组，计划筹拍作者阿来的《一滴水经过丽江》，以展现丽江的风俗人情，就让我们带着这个任务来一场说走就走的旅行。

邀请函

亲爱的同学：

《跟着书本去旅行》栏目组，计划拍摄阿来的《一滴水经过丽江》，特邀你为本期节目出谋划策。希望同学们踊跃建言献策，贡献你的力量。

《跟着书本去旅行》栏目组

2023 年 4 月 20 日

我们会发现接下来的学习任务。

活动一：穿越丽江，探索游踪

任务：摄影师要确定此次拍摄的场景路线，请你根据阿来的《一滴水经过丽江》梳理游踪，为摄影师确定拍摄路线。

活动二：聚焦美景，鉴赏写法

任务1：如果你是剪辑师，你会选取“四方街”哪一个特色镜头来展现丽江呢？

要求：请同学们再一次阅读课文，分三个小组，分别从“自然风光”“人文风情”“历史沿革”三个主题方面来挑选最能代表丽江特色的镜头。

（我选______主题，看到（听到）______，感受（悟到）______）。

任务2：节目组需要为纪录片配上最能打动人心的配音，请从文章中选取最能打动你的语言配在视频中。

活动三：明确视角，感悟情思

任务：《跟着书本去旅行》以往都是采用学生作为讲述人，但这一期，副导演建议用“一滴水”作为讲述人，你能帮助副导演说服导演吗？

活动四：诗意小结，布置作业

齐读课文最后一句：“我知道，作为一滴水，我终于以水的方式走过了丽江。”作者写一滴水，然后写溪，写江，写海，都是“水”生存的方式，从诞生到归宿，这个生命成长的过程中，看到了风景，感受了历史，融入了人文，所以这滴水无憾了！

布置作业：

请同学们也仿照这种拟人的自由写法，变身一粒沙、一颗枸杞、一只滩羊……跨越时空，写写自己的家乡——宁夏。（200

字左右的小片段）

这些活动任务都是围绕学习情境“《跟着书本去旅行》栏目组的邀请函”而展开的。教师在教学中充分考虑课文以及现实生活具体情况，选择了适当的方式，取得了良好的教学效果。这样的情境设置既符合教学需要，又与所教课文密切相关，使学生根据教师所设计的情境展开了丰富的联想，唤醒了学生的情感体验，对文本的内容进行了巧妙的结构化设计。

案例展示（二）

下面的这份教学课例是我校入职三年的张雪老师在2023年银川“四课”新入职达标课中展示的课例，我认为这份案例也极好地体现了“学习任务群与情境化设置”。

奇景遇奇人，妙趣波澜生——《登勃朗峰》

本单元目标：

1. 了解游记的特点，把握游记的基本要素，熟悉游记的写法与多样的风格。

2. 感知所写景物的特点，体会作者寄寓在景物中的情感，理解作者对景、人、事的感悟与思考。

3. 揣摩品味课文的语言，欣赏、积累精妙的语句，领会游记多样化的语言风格。

本课教学目标：

1. 了解文中所写的景物、人物的特点，领会作者乐观、积极、率真的生活态度。

2. 把握作者综合采用散文笔法和小说笔法的写作技巧，体会两种写法的表达效果和内在联系。

3. 揣摩品味课文的语言，欣赏精妙的语句，感受“马克·吐温式的幽默”。

一、创设情境，激趣导入

导入：孩子们，为了丰富见闻、开阔眼界，学校要组织一次特殊的“研学旅行”，需要我们作为这次研学的先行体验官，一起来制定一份研学方案。现在就让我们追随热衷于旅行的马克·吐温，在文本的阅读中一起登上那阿尔卑斯山的最高峰，重现勃朗峰之行！

二、在阅读中旅行，完成研学任务

任务一：探游踪，定路线

引导：那么，我们这趟旅行的起点在哪里呢？请同学们打开课本，我们一起来读文章第一句：“前往勃朗峰的途中，我们先坐火车去了马蒂尼，翌日早晨八点多，便徒步出发。”我们已经找到了旅行的出发地，下面请同学们快速浏览课文，圈画出地点转换的关键词，重现作者的游踪，为本次研学旅行设计一个路线图。

（提示：这是一篇自读课文，我们要利用正文旁边的空白处，同学们圈画出地点转换的关键词后，可以结合屏幕上的路线提示，在旁边的空白处画出路线图。）

预设：马蒂尼—黑首（村）—高地—阿冉提村—沙蒙尼旅馆

任务二：赏美景，荐景点

引导：见字如面，寻踪觅迹，同学们已经用清晰的路径描绘了勃朗峰之行的踪迹。接下来，让我们借助马克·吐温的笔迹，再赏勃朗峰，看看勃朗峰之景有哪些令人动容之处呢？如果请你为勃朗峰的一个景点写推荐语，你会推荐哪处美景呢？

（依据学情，以第二段为例，做赏析推荐示范。）

现在，请各位同学以小组合作的形式完成“赏美景，荐景点”的学习任务，我们先来明确小组合作的具体要求。

小组活动及展示要求：

（1）成员一有感情地朗读相关语段。

（2）成员二赏析写景语句，批注讲解。

（温馨提示：可以从观察角度、修辞手法的使用、调动感官等方面进行赏析。）

（3）其他成员补充发言。

（4）全体成员上台分享活动成果。

请同学们按照以上要求进行小组合作，注意合理分工，把握好讨论时间，有任何疑问，请及时举手向老师提问。现在开始讨论！

推荐语示例：我们小组要推荐的美景是勃朗峰的沿途风光，出自课文的第二段。

（课文出处：我们取道黑首，抵达高地，沿途不乏秀色美景。有一处需经隧道，穿山而过；俯瞰脚下峡谷，只见其间一股清流急湍，环顾四周，岩壁巉峻，丘岗葱绿，美不胜收。整个黑首道上，到处瀑布倾泻，轰鸣作响。）推荐语：从景物描写的视角分析，先俯视（“俯瞰”），下见“清流急湍”，后平视（“环顾四周”），看到了险峻陡峭葱茏的岩壁丘岗，美不胜收，令人目不暇接。从多种感官的调动分析，先从视觉写沿途秀色美景（“俯瞰脚下峡谷……美不胜收”），后调动听觉，写“黑首道”上“瀑布倾泻”“轰鸣作响”，多角度地展现沿途美景。从遣词用字和句式上看，这一段在描写沿途风光时，多用四字词语，句式整齐，简笔勾勒勃朗峰的沿途秀美（奇美）之景。

小结：这趟勃朗峰之行，我们可以感受到沿途景色的奇美，可以领略到勃朗峰的奇伟、周围山峰的奇险，还可以欣赏云朵的奇幻……（适时补充板书。）

任务三：话奇人，讲奇事

这些奇景都是旅途中的自然风光，在马克·吐温笔下，勃朗峰上还有一道独特的风景，同样令作者印象深刻，你知道“这道独特的风景”是什么吗？（预设：“车夫之王”）这是一位怎样的车夫呢？下面请同学们再读文章，圈画出与车夫相关的细节描写的语句（如：语言、动作、神态等），用屏幕上的句式："这是一个________的车夫，我从文章中的（词、句）看出……"来回答，完成后可以先和你的同桌分享交流。

（学生描述分享。）

引导：通过人物语言、神态等细节，我们感受到了车夫的幽默、自信、乐观，这是多么有趣的一个人物啊！屏幕上是老师摘录的有关车夫语言的细节描写，十分生动传神，请同学们发挥想象力和创造力，用你们优美的朗读来表现这位车夫的幽默、自信、乐观，朗读的时候也可以加入适当的手势、动作。

（学生演读，感知人物特点。）

引导：在朗读的过程中，我们会发现，这位"略显醉意"的车夫说话时颠倒重复、有点不合逻辑，这样的细节制造出了一种幽默的效果，这其实就是马克·吐温式的幽默。当我们感受到这份别样的幽默后，就会发现作者在塑造人物时采用的漫画式夸张的写法，不是讽刺，而是满怀欣赏，因为马克·吐温和车夫一样，他们对待生活都是乐观、积极、率真的，这也是这篇游记体现出的作者的生活态度。

三、忆旅程，谈感受

这次循着语言文字游览的旅程就要结束了，回顾本次旅程，你有怎样的感受呢？

示例：登勃朗峰的见闻是"奇"。写上山绘奇景——沿途奇美，主峰奇伟，山峰奇险，云朵奇幻；写下山叙奇人奇事——旅途惊险，车夫怪异，好一个"奇幻之旅"！

四、课堂寄语，完善方案

结语：回顾这趟勃朗峰之行，途中难免"有颠簸之苦、不测之险"，但也有"意外之喜"，生活的旅途、人生的旅途不也是这样吗？困难挫折常有，但我们可以像文中的"车夫之王"那样，像马克·吐温那样，用乐观、积极的态度直面生活，去征服我们生命中的那一座座“勃朗峰”！

板书设计

作业设计与布置

<table>
<tr><td colspan="4">奇景遇奇人，妙趣波澜生
《登勃朗峰》研学方案创新作业</td></tr>
<tr><td>研学时间</td><td>2023 年 4 月 20 日</td><td>研学地点</td><td>勃朗峰</td></tr>
<tr><td>旅程特色</td><td colspan="3"></td></tr>
<tr><td>研学路线</td><td colspan="3">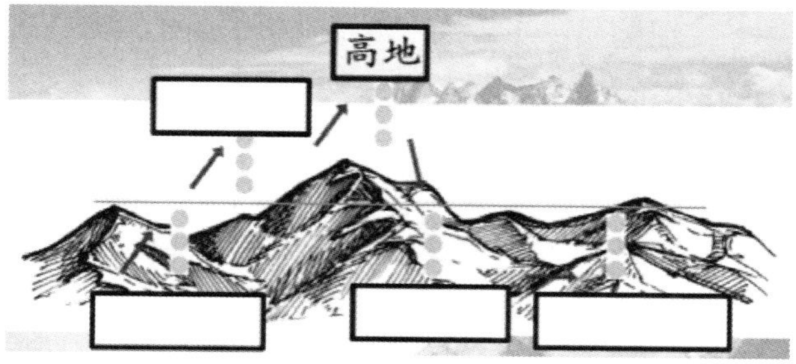</td></tr>
<tr><td>景点推荐</td><td colspan="3">“赏美景，荐景点”：
请你结合课堂所学，选择你最喜欢的勃朗峰的一处美景（课堂未赏析的语段），为其写一段推荐语，100 字左右。
____
____
________________</td></tr>
</table>

研学感悟	这次循着语言文字游览的旅程结束了，回顾本次旅程，你有怎样的感受呢？ ________________ ________________ ________________ ________________

老师的课堂设计完全展现了新课程标准要求的“课程结构遵循学生身心发展规律和核心素养形成的内在逻辑，以生活为基础，以语文实践活动为主线，以学习主题为引领，以学习任务为载体，整合学习内容、情境、方法和资源等要素，设计语文学习任务群”，既有知识内容结构化，又有知识学习情境化、生活化，这是语文学科实践的极佳显现。

新课程理念的实施如爽朗的风、和煦的光，内含着教育者的斗志昂扬。它在课堂上的每一次的显现都是一分收获的印痕，像那潺潺溪水、涓涓细流，是每一个教育工作者把收获的琼浆注满了拼搏向上。

群文阅读创新设计

在传统的语文阅读教学中，教师大多采取的教学策略是把阅读与训练结合，通过大量的阅读练习让学生不断地训练寻找阅读的方法和规律。而群文阅读教学是以某一议题为教学核心，教师与学生共同参与其中，完成群文阅读教学资源的整合，整理不同文本的内容和阅读价值，并进行深层次的阅读学习过程。群文是为了一定的阅读目的聚合在一起的一组文章，而群文阅读则是教师针对阅读议题引导学生同时阅读多篇思想内容或形式风格相关联的一组文章，以达到多视角、多层次，全面感知阅读内容的一种教学方式，并结合学生的实际学习情况有效设计符合学生实际的阅读教学形式，助力教学目标的达成。相对于传统单篇独进、深探细究的精读教学模式，群文阅读过程中学生能获得更多的阅读资源。这在某种程度上培养并提升了学生的阅读能力，丰富学生在课堂教学中的学习体验，能够有效提高学生的文字驾驭能力，结合群文阅读营造出来的情境感能有效地吸引和启发学生，提高学生的思维能力，激发学生阅读的兴趣。在阅读课堂教学中，教师在一个或多个议题引领下，呈现一组阅读材料，引导学生通过对多个文本的体验、思考、讨论，进而建构意义，有效地提升了学生的语文核心素养。

创新设计（一）

群文阅读按照一定规律和阅读目标将若干文章联系在一起，组织学生展开阅读。下面通过张渊老师的辛弃疾词《破阵子·为陈同甫赋壮词以寄之》

和《南乡子·登京口北固亭怀古》群文阅读教学案例，体会教师根据学生所学课文内容或主题组织学生展开群文阅读，指导学生有效地阅读，提高学习效率。学生在阅读的过程中针对这些文章进行相关主题的探究，在互动探究讨论中逐步达成共识，并自主进行知识建构。

一、教材及学情分析

统编版九年级下册教材中共安排了三首辛弃疾的词，辛词是豪放词派的代表，辛弃疾是南宋的民族英雄、爱国斗士，他的词是充溢着勇于承担济世责任与历史使命的英雄之词、爱国之词，因而抒写爱国主义精神、展示英雄自我形象就成为贯穿于他全部词作的主旋律，并以此为中心进行了多角度的抒写，辛词更多地表现出英雄的豪情与英雄的悲愤。九年级学生已经具备了一定的赏析古诗词的能力，因此，依据学情设计本次辛词群文教学活动。

二、课前教学设计

教学目标：

1. 了解两首豪放词的内容及写作背景。

2. 体会词人强烈的爱国之情和报国无门的愤慨之情。

三、教学过程

（一）激趣导入。

在南宋词坛上，有这样一位词人，被誉为“词中之龙”，驰骋江湖，堪称词坛飞将军，他就是南宋爱国词人辛弃疾。今天我们一起感受他词里乾坤的纵横恣意。

辛弃疾（1140—1207），南宋词人，字幼安，别号稼轩，出生时，中原已为金兵所占。21 岁参加抗金义军，不久归南宋。一生力主抗金。其词抒写力图恢复国家统一的爱国热情，倾诉壮志难酬的悲愤，对当时执政者的屈辱求和颇多谴责。

（二）一读稼轩，知词意——读准节奏，读出韵味，读懂内容。

1. 读准字音，读出节奏。

破阵子·为陈同甫赋壮词以寄之

辛弃疾

醉里／挑灯看剑，梦回／吹角连营。八百里／分／麾（huī）下炙（zhì），五十弦／翻／塞外声，沙场秋点兵。

马作／的（dí）卢飞快，弓如／霹雳（pīlì）弦惊。了却／君王天下事，赢得／生前身后名。可怜／白发生！

南乡子·登京口北固亭有怀

辛弃疾

何处／望神州？满眼／风光／北固楼。千古兴亡／多少事？悠悠。不尽长江／滚滚流。

年少／万兜鍪（móu），坐断／东南／战未休。天下／英雄／谁敌手？曹刘。生子当如／孙仲谋。

2. 关注词的韵脚，读出韵味。

《破阵子》押韵脚 ing，《南乡子》押韵脚 ou。

3. 梳理词的内容，感知词人感情。

《破阵子·为陈同甫赋壮词以寄之》：醉梦里挑亮油灯观看宝剑，恍惚间又回到了当年，各个军营里接连不断地响起号角声。把酒食分给部下享用，让乐器奏起雄壮的军乐鼓舞士气。这是秋天在战场上阅兵。

战马像的卢马一样跑得飞快，弓箭像惊雷一样震耳离弦。我一心想替君主完成收复国家失地的大业，取得世代相传的美名。一梦醒来，可惜已是白发人！

（感知词人感情：梦回军营，拼死疆场，收复失地。）

《南乡子·登京口北固亭有怀》：什么地方可以看见中原呢？在北固楼上，满眼都是美好的风光。从古到今，有多少国家兴亡的大事发生呢？往事连绵不断，如同这无尽的长江水滚滚奔流不息。

孙权在年轻时就统帅千军万马，他能占据东南，坚持抗战，没有向敌人低头和屈服过。天下英雄谁是孙权的敌手呢？只有曹操和刘备。曹操说：“要是能有个孙权那样的儿子就好了！”

设计意图：感知词人感情，借古讽今，报国无门，壮志难酬。

4. 知人论世。

辛弃疾（1140—1207），南宋词人，字幼安，别号稼轩，出生时，中原已为金兵所占。21 岁参加抗金义军，不久归南宋。一生力主抗金。其词抒写力图恢复国家统一的爱国热情，倾诉壮志难酬的悲愤，对当时执政者的屈辱求和颇多谴责。

《破阵子・为陈同甫赋壮词以寄之》写于 1188 年左右，词人当年 48 岁，被人弹劾罢官，赋闲在家。与陈同甫志同道合，主张抗金北伐，收复失地，却不被重用，报国无门。

《南乡子・登京口北固亭有怀》写于 1205 年左右，词人当年 65 岁，南宋小朝廷风雨飘摇，1203 年局势所逼被起用，不久被派到镇江去做知府。镇江，又名京口，在历史上曾是英雄用武和建功立业之地，此时成了南宋小朝廷抵御金兵南下的江防前线。作为守令，当他登临京口北固亭，触景生情，遥想当初，不胜感慨，于是创作了这首怀古述志的著名词章。

设计意图：更进一步加深学生对词人爱国情怀的全面了解。

（三）二读稼轩，品词味—找词眼，品意象，赏问答。

1. 找出《破阵子・为陈同甫赋壮词以寄之》中的词眼，并赏析。

“壮”，表现为“雄壮”——“壮”在场面，“沙场秋点兵”；“壮”在人物超凡的本领，“马作的卢飞快，弓如霹雳弦惊”；“壮”在志向，“赢得生前身后名”。表现为“悲壮”，“可怜白发生”。（场面豪迈——雄壮，杀敌报国的豪情壮志；现实冷酷——悲壮，壮志难酬的悲愤之情。）

2. 作品中运用了哪些意象？你感悟到了什么？

吹角麾下沙场点兵的卢弦惊（这些情景再现，是词人曾经驰骋沙场的回忆，也是他渴望回到战场的心声。）

提示：我认为________句子好，因为，我看到了________，我听到了________，我想到了________。

设计意图：体会感情，词人驰骋疆场、收复失地的强烈愿望和报国无门、壮志难酬的无限愤恨之情。

3. 找出《南乡子·登京口北固亭有怀》中的词眼，并赏析。

“怀”，触景伤情，有所感怀。怀才不遇——感怀，主战派得不到赏识重用；怀英雄——伤怀，当朝难有孙仲谋这样的英雄。都体现作者的爱国之情。

4. 体会词中“三问三答”。

何处望神州？满眼风光北固楼。——问江山（什么地方可以看见中原呢？在北固楼上，满眼都是美好的风光。由眼前的美景引发作者的家国之思，表达对金兵占领的广大中原地区的怀念。）

千古兴亡多少事？悠悠。不尽长江滚滚流。——问兴亡（从古到今，有多少国家兴亡的大事发生呢？往事连绵不断，如同这无尽的长江水滚滚奔流不息。抒发词人对古往今来国家兴衰变化无常的无限感慨。）

天下英雄谁敌手？曹刘。生子当如孙仲谋。——问英雄（天下英雄谁是孙权的敌手呢？只有曹操和刘备。曹操说：“要是能有个孙权那样的儿子就好了！”抒发对孙权的敬仰之情，字里行间洋溢着词人杀敌报国、征战沙场的必胜信念。）

上篇写景（望神州，北固楼，千古事，长江流），下篇怀古（万兜鍪，战未休，谁敌手，孙仲谋）——感叹兴衰，赞美孙权，讽刺当朝。

5.“生子当如孙仲谋”隐含的深意是什么？

是说当今的朝廷不如当年的孙吴，当今的皇帝不如当年的孙权，借古讽今。作者通过称赞孙权为天下英雄，表达了他对苟且偷安的南宋小朝廷的强烈不满，流露出词人强烈的爱国之情。

设计意图：体会词人对南宋小朝廷主和派的愤慨之情，对英雄的仰慕之情，收复失地的爱国之情。

（四）三读稼轩，明其志——再现理想与现实的矛盾。

1. 分别找出两首词中表现理想和现实的句子。

表现理想的词句：梦回吹角连营。八百里分麾下炙，五十弦翻塞外声。沙场秋点兵。马作的卢飞快，弓如霹雳弦惊。了却君王天下事，赢得生前身后名。

年少万兜鍪，坐断东南战未休。天下英雄谁敌手？曹刘。

生子当如孙仲谋。

表现现实的词句：醉里挑灯看剑，可怜白发生！

满眼风光北固楼。悠悠。不尽长江滚滚流。

2. 再次体会词人感情。

设计意图：体会词人驰骋疆场、收复失地的爱国之情，报国无门、壮志难酬的无限愤恨之情，对南宋小朝廷主和派的愤慨之情，对英雄的仰慕之情。

（五）四读稼轩，悟其情——加叹词，细琢磨。

根据自己对作品的理解，在适当的词句前加入叹词，使情感更直白。

破阵子·为陈同甫赋壮词以寄之

辛弃疾

（唉！）醉里挑灯看剑，梦回吹角连营。八百里分麾下炙，五十弦翻塞外声，沙场秋点兵。

（啊！）马作的卢飞快，弓如霹雳弦惊。了却君王天下事，赢得生前身后名。（唉！）可怜白发生！

南乡子·登京口北固亭有怀

辛弃疾

何处望神州？（唉！）满眼风光北固楼。千古兴亡多少事？悠悠。不尽长江滚滚流。

（哇！）年少万兜鍪，坐断东南战未休。天下英雄谁敌手？曹刘。（耶！）生子当如孙仲谋。

设计意图：根据自己对作品的理解，在适当的词句前加入叹词，使情感更直白。与学生一起诵读分享，分角色朗读。

（六）作业布置：课后自学辛弃疾《太常引·建康中秋夜为吕叔潜赋》。

张老师为引领学生进一步理解词人的爱国情怀，把词人最具代表性的两首词进行群文分析，其中设计给两首词尝试加入叹词的环节，并进行分角色朗读，通过课堂表现来看，正是这个环节把整个课堂推上了高潮。教无定法，只要是能激发学生学习兴趣和调动学习激情的设计都是值得学习与称赞的。在语文课上落实立德树人、爱国教育是语文核心素养必不可少的教学环节，通过学习这两首词，学生的爱国情怀和在逆境中绝不轻言放弃的人生态度得以培养。同时，巧妙的板书设计也给整节课增色不少，让学生学后记忆犹新。板书主体设计成一个大大的“悲”字，上方左侧为词人人生的“理想”板块，右侧为词人所处的“现实”板块，两相对比，十分醒目。词人的理想是驰骋疆场，收复失地，可现实却壮志难酬，报国无门。下方用词人的名号巧妙设计成“心”字底，而且在核心位置书写“爱国之情”四个红色大字，再次呼应作品主题，可谓浑然天成。群文阅读应用在初中语文的教学中，很大程度上拓宽了学生的阅读范围，提升了学生的阅读速度和阅读数量，让学生在群文阅读中不断构建知识体系，提高自身的综合素养。

创新设计（二）

这是我以“1+X”群文阅读的理念设计的中考复习课——《三峡》《答谢中书书》《与朱元思书》。教学目标，通过“1+X”的形式对初中文本教学进行复习，本节课重点复习《三峡》，以分析此文本的方法分析《答谢中书书》《与朱元思书》，并扩展到课外阅读曾巩的《醒心亭记》。

导入：今天我们来复习八年级上册第三单元的内容，大家看黑板上的这三篇文章《三峡》《答谢中书书》《与朱元思书》，你能发现它们的相同点吗？教师明确：南北朝时期的山水散文。补充：南北朝时期的山水散文渐趋繁荣，在当时的文坛大放异彩，这三篇文章在写作手法和审美创造上都有很高的价值。

了解考点：首先来看2022年宁夏中考文言文的对比阅读，分别为《三峡》和曾巩的《醒心亭记》。在题型结构上，有三个课内解词和一个课外解词，句子翻译课内外各一个，考查了一个课内的断句，大家来看简答题的考点是什么？

朗读课文：我们一起朗读《三峡》，注意读准节奏。

分析手法：丰富多样的写景手法是这篇文章的亮点之一，下面请大家在课文原文上进行简要分析并对写景手法加以批注。（每组一段）

举一反三：学习任务，在原文上批注景物描写的手法。教师小结：通过对这三篇文章中关于写景方法的复习，我们总结出南北朝山水散文的特点——手法巧妙，角度多样；山水映衬，相得益彰；善用骈句，文采华美；情感表达，叙议结合，情景交融。

文化探究：南北朝山水散文作家的精神特质。

自魏晋以来，思想活跃开放，多民族文化融合渗透，一些文人士大夫不受传统礼法束缚，放荡不羁，人们称之为“魏晋风度”，体现之一为不拘礼法，纵情山水。南北朝时期长期分裂对峙，朝代更迭频繁，政权分裂割据，战乱不断，文人隐居山林，躲避俗世，在自然山水中寻求精神上的解脱。

链接中考：【甲】山川之美，古来共谈。高峰入云，清流见底。两岸石壁，五色交辉。青林翠竹，四时俱备。晓雾将歇，猿鸟乱鸣；夕日欲颓，沉鳞竞跃。实是欲界之仙都。自康乐以来，未复有能与其奇者。（陶弘景《答谢中书书》）【乙】仆去月谢病，还觅薜萝①。梅溪之西，有石门山者，森壁争霞，孤峰限日，幽岫含云，深溪蓄翠；蝉吟鹤唳，水响猿啼，英英②相杂，绵绵成韵。既素重幽居，遂葺宇其上，幸富菊花，偏饶竹实。山谷所资，于斯已办③。仁智所乐，岂徒语哉！（吴均《与顾章书》）注释：①薜萝：薜荔与女萝，皆为香草。后人常以薜萝为隐者服饰。②英英：声音和盛之貌。③办：具备。教师明确：【甲】文“高峰入云，清流见底”从视觉角度描绘了峰之高、水之清；“猿鸟乱鸣”从听觉角度描绘了猿鸟之声。【乙】文“森壁争霞，孤峰限日；幽岫含云，深溪蓄翠”从视觉角度描绘了森壁、孤峰、幽岫、深溪等景物；“蝉吟鹤唳，水响猿啼，英英相杂，绵绵成韵”从听觉角度描绘了蝉声、鹤鸣、猿啼交织的声音。甲、乙两文在描写景物时通过多种感官相结合的手法从多个角度描绘景物，充分表现了山川自然的美好，寄寓了对自然的强烈的热爱之情。

在群文阅读实施中首先要确定议题，引导学生阅读。议题是群文阅读的灵魂，是教学设计的出发点、归宿和内在逻辑支撑，也是确定阅读教学目标的依据。本节中考复习课，以《三峡》为切口，整合文本资源，以“写作手法”为议题，作为本节课的主问题实施教学。现行统编版语文教材文本内容拓宽了学生的阅读渠道，推行“1+X”阅读的实际教学方式便于引导学生开展阅读。群文阅读架设在单篇文本阅读的基础之上，结合多篇文章进行阅读教学，能促进中学语文教学的阅读教学不断深化。比如张老师在群文阅读中，选择了《破阵子·为陈同甫赋壮词以寄之》和《南乡子·登京口北固亭有怀》两首词尝试设计群文阅读教学，因为它们表现的主题相同，词人伟大的爱国之情，促使他很想驰骋疆场，收复失地，可现实却让他失望，报国无门、壮志难酬的苦闷之情伴随词人一生。巧妙的群文阅读设计，可以让学生体会词人英雄无用武之地的悲伤，感知豪放词的艺术风格。

在群文阅读指导中，教师需要合理设计议题，并将议题贯穿阅读教学的始终，进而为学生找到阅读思考的切入点，在文本间建立联系，深化学生对群文的理解。首先，教师在解读文本时要多种渠道获取议题，可以根据群文阅读的主题进行设计，也可以根据每个教材的单元主题进行延伸，根据学生自身的语文阅读素养的发展阶段和发展需要进行定位与设置，让议题与课程教学目标相契合。教师也可以从课外文学作品、社会热点中寻找议题，为学生提供拓展阅读的机会。比如，龙雪琴老师的《狼三则》群文阅读，就是以课内“蒲松龄的《狼》”与课外关于“狼”的其他文章进行同类阅读，引导学生思考中国的狼文化。其次，教师需要重视议题的可讨论性，利用其中的认知冲突引导学生阅读实践。比如，张老师在本次群文阅读中重点分析了“词人的爱国精神”，议题设计引导学生在开放的氛围中产生观点的冲突、思维的碰撞，学生围绕议题进行深入阅读。最后，教师围绕议题展开多方面的阅读训练。张老师在“词人的爱国精神”之下，整合课程资源，让学生在感知豪放词内容的基础上，找出两首词中表现词人“理想”和“现实”的句子，进一步揣摩他想驰骋疆场、收复失地的决心和报国无门、壮志难酬的苦闷，异中求同，这是实现群文的基础。

有效设置悬念，结合实际学情展开教学设计，引导学生进行群文阅读。比如，张老师在教学设计实施之前对教材与学情进行了这样的分析：“统编版九年级下册教材中共安排了三首辛弃疾的词，辛词是豪放词派的代表，辛弃疾是南宋的民族英雄、爱国斗士，他的词是充溢着勇于承担济世责任与历史使命的英雄之词、爱国之词，因而抒写爱国主义精神、展示英雄自我形象就成为贯穿于他全部词作的主旋律，并以此为中心进行了多角度的抒写，辛词更多地表现出英雄的豪情与英雄的悲愤。九年级学生已经具备了一定的赏析古诗词的能力，因此，依据学情设计本次辛词群文教学活动。”我在中考复习课的设计中“让学生自己发现”三篇文本有什么共同点，引发学生的探究精神，巧妙地设置悬念，展开课堂教学。

张老师设计的群文阅读结合学生的兴趣特点，有效地渲染情境、预设悬念，激情导入："在南宋词坛上，有这样一位词人，被誉为'词中之龙'，驰骋江湖，堪称词坛飞将军，他就是南宋爱国词人辛弃疾。今天我们一起感受他词里乾坤的纵横恣意。"使学生集中注意力，激发起学生的积极性和主动性，并在阅读的过程中使学生思维得到有效发展，提升学生的思维广度和深度。龙雪琴老师在教学文言文《狼》的时候，引导学生："狼是一种充满智慧的动物，但是与人类的智慧相比，谁会更胜一筹呢？今天老师带领大家读一下《狼三则》，大家会发现什么有趣的共性问题呢？"学生在开展群文阅读时就会结合故事情节发现情节之妙：原来人的智慧更胜一筹啊！这种悬念的创设最大限度地激发了学生主动探索的学习热情。

重视传授阅读技巧，培养学生群文阅读能力。从开展群文阅读的角度来看，初中学生在学习的过程中普遍没有掌握必要的阅读技巧，没有丰富的阅读经验。张老师在组织学生进行群文阅读时，不断向学生传授正确的阅读方法，提高学生的阅读技巧，比如"根据自己对作品的理解，在适当的词句前加入叹词，使情感更直白""与学生一起诵读分享，分角色朗读"就是对学生阅读技巧的引导。对学生出现困惑的地方及时进行解答，避免了学生脱离课堂而进入盲目阅读状态。我在设计群文阅读时以"丰富多样的写景手法是这篇文章的亮点之一，下面请大家在课文原文上进行简要分析并对写景手法加以批注"对学生进行学法指导，让学生学会批注法以及写景技巧的小结与归纳。

结合生活实际，促进阅读意义的延伸。群文阅读教学能够拓展学生阅读层次和内涵，为学生提供丰富的阅读情境。在开展阅读教学的过程中，张老师培养了学生思维的深刻性，结合群文阅读发展了学生的深度思维。例如张老师在作业布置时，借助阅读材料，课后自学课外诗词积累——辛弃疾《太常引·建康中秋夜为吕叔潜赋》，培养学生思维的深刻性。就群文阅读而言，这是一种有效的促进手段，能高效地引导中学生将阅读落到实处，拓展学生阅读的广度和深度。

在学生展开群文阅读的过程中，必须要找到所读文章之间的异同点。教师可以让学生采用比较联结的方法，抓住文章的共同点，然后再尝试用同中求异的方法找到不同之处，这样能促使学生更深刻地领悟文章的内容。比如，有教师将《苏州园林》《桥梁远景图》《洲际导弹自述》等说明文放在一起，让学生展开比较分析的方法，分析说明文的特点，找出说明文和记叙文的不同之处。学生发现，说明文中描写的事物较为客观，作者的目的主要是为了介绍某一个事物，很少将自己的主观感受写入文章中。还有学生提出，说明文要明确说明的对象，要写出事物的总特点。在教师的鼓励下，学生还尝试将语文知识和其他学科的知识结合起来，应用自己总结出的写作方法去创作说明文。如有学生尝试以“彩虹”作为说明对象，阐述彩虹的形成原因。在教师的引导下，学生将群文阅读和写作结合起来，更联系了其他的学科，考虑到了跨学科的融合。

课程标准提出在初中语文教学中应拓宽语文学习和运用的领域，并注重跨学科的学习，比较联结的方式能促使学生学会如何在不同内容和方法的相互交叉、渗透与整合中开阔视野，让学生的学科意识有所提升。在初中语文教学中，教师要鼓励学生积极展开群文阅读活动，掌握行之有效的阅读方法。在群文阅读过程中，学生能更好地建构文章的意义，内化阅读效果，进而提高自己的阅读成果。

群文阅读是一种综合性学习过程。在教学中，教学实施者结合具体的选文进行丰富的情境渲染；结合选文蕴含的话题展开有效拓展；结合议题的议论性和开放性发挥引导作用；结合情境提升学生阅读文本的兴趣，有效设置悬念，提升学生的求知欲，以促进阅读教学有效开展。在群文阅读教学活动中，教学实施者可引导学生对同一议题下的不同文章找到相同点和不同点，带领学生从多个角度发掘题材中的有效信息，让学生能够认识到写作的基本特点，以及不同的写作风格和写作手法；引导学生对同一议题下的各个文本进行逐一分析对比，用全新的目光看待文本，跳出传统阅读思维的模式，从而对这些文本产生独特的感悟与见解，在根本上提升阅读能力。

语文学科基础知识整合教学实践探究

新课标下的语文教学强调课程的整合，“整合教学是语文教学改革的必由之路”。因此，在教学中，教学实施者要转变教学观念，创新教学方式，以培养学生的创新精神，促进学生的全面发展，从而提升学生的学科素养。《义务教育语文课程标准》(2022年版)指出语文课程具有综合性、实践性的特点。这就要求教学实施者要做好融合，一定要结合自身的专业去实现语文的整合化教学，在具体的教学中利用主题式教学模式，围绕一个主题，将语文课外和课内的资源整合，使语文课堂由课内延伸到课外，形成课内课外一体化，让学生习得的知识得以拓展，以促进学科知识的内化，达到学科素养的提升。语文学科是其他学科的桥梁及纽带，学好语文可以为学好其他学科打下坚实的基础；掌握丰富的汉语知识、拥有坚实的语文基础是培养学生良好素养的基石。

国内有很多教育工作者致力于语文基础知识的整合教学研究，有主张和信息技术整合的——用语文识字阅读、写作、口语交际与信息技术同步整合进行试验研究，创建教学模式，帮助学生建立高效的语文课堂，让学生更好地掌握语文基础知识；当然也有追求学业考试成绩的语文教学实施者，对语文知识点总结、归类并进行分类训练。初中语文基础知识根据不同的情况可以进行不同的划分，比如，汉字识记书写、词语的理解与运用、句子的理解、口语交际、综合性学习、古典诗词赏析、文言文学习等。在教学实践的过程中，首先从语音、好词、佳句入手，进行最基础的语文知识系统学习和归纳总结；然后进行成语、俗语、名言警句的积累，修辞、标点的运用，词法、句法这样一些简单的逻辑关系的学习；再结合开展丰富多彩的充满语文兴趣的教学互动和语文基础知识归类训练教学。语文课程具有综合、生活、实践性特点，因此在教学中要做好融合，教师结合自身的专业去实现语文的整合化教学。在具体的教学中，教师可利用主题式单元教学模式，围绕一个单元的主题，将语文课外和课内的资源整合，使得语文课堂由课外延伸到课内，进行知识的拓展，以促进学科知识的内化，促进学生个体的发展。

整合基础知识的一条主线就是语文知识结构化。在初中语文主题式教学中，不但要将语文知识传授给学生，还要在知识与学生的生活之间建立联系，从而拓宽教学内容的深广度，给学生营造一种良好的知识构建的途径。语文特级教师张渊老师曾要求工作室成员关注《多维整合，中考古诗文复习策略》。具体内容包括：中考古诗文复习是一个难点，如何更高效地进行复习，针对近几年的中考古诗文的出题方向，给九年级的老师们提出更高的要求。文言文阅读能力构成的要素是什么？一是知识储备，二是阅读经验。知识储备包括文言词汇理解掌握的数量、文言文词类活用常识的了解、常见文言虚词运用规律的把握、文言句子的构成规律了解、必须掌握的文化常识的积累情况等等。阅读经验是指储备的知识在阅读实践运用中的熟练度和变通性，在篇章语境下对句意的理解，在句子环境中对词义的理解的准确度和灵活性，通常体现于陌生语境中利用已知来认识推断未知的过程中。首先，我们把六册的文言文分成五个专题，按照专题分类进行复习。专题1——奇闻逸事（2课时）《咏雪》《陈太丘与友期行》《狼》《穿井得一人》《杞人忧天》《河中石兽》；专题2——品山川风物，叹先贤风骨（4课时）《三峡》《答谢中书书》《记承天寺夜游》《与宋元思书》《桃花源记》《小石潭记》《核舟记》《岳阳楼记》《醉翁亭记》《湖心亭看雪》；专题3——品格与志趣（2课时）《爱莲说》《陋室铭》《送东阳马生序》；专题4——百家争鸣，致敬经典（2 课时）《论语》十二章《庄子》二则《北冥有鱼》《庄子与惠子游于濠梁之上》《虽有嘉肴》《马说》《孟子》；专题 5——古政治、军事生活（2 课时）《曹刿论战》《邹忌讽齐王纳谏》《出师表》。其次，上课前让学生用思维导图的形式进行整理。再次，字词句过关。重点词汇、通假字、古今异义词、一词多义、词类活用、文言虚词、特殊句式。如，判断句、被动句、省略句、倒装句、疑问句，掌握了解句式的结构特点及明显的语言标志，根据语境断句的一些基本方法、要点。掌握根据语境准确理解与翻译文言句子的一些基本要领与方法。在保证上述内容复习的基础上，留出约占文言文总复习 15% 的时间，进行课外选文阅读训练。其中可以适当做一些无标点的课外选文阅读训练，其目的主要在于提高学生对陌生作品、陌生语境的适应性，以免考试时因“怯生”而紧张，影响在新语境中的临场发挥。复习知识是为了运用到课外阅读中去，中考文言都是课内外结合。比如，字词联结、人物联结、内容联结、写作手法联结、情感联结、主题联结等等。最后，通过练习指导学生中考答题技巧与策略。诗词复习策略：第一步，在厘清思路、把握内容的基础上熟背古诗词。第二步，在理解字义、诗意的基础上准确默写古诗词（理解、主题性默写）。第三步，在分析意象、典故的基础上把握情感理解古诗词。第四步，在准确理解、明确情境的基础上合理运用古诗词。第五步，分主题，复习必备：主题 1——思念送别《闻王昌龄左迁龙标遥有此寄》《次北固山下》《天净沙·秋思》《夜雨寄北》《黄鹤楼》《送杜少府之任蜀州》《水调歌头》《白雪歌送武判官归京》；主题 2——爱国忧民《木兰诗》《己亥杂诗（其五）》《春》《茅屋为秋风所破歌》《卖炭翁》《江城子·密州出猎》《破阵子·为陈同甫赋壮词以寄之》《十五从军征》《过零丁洋》；主题 3——感时伤事《登幽州台歌》《泊秦淮》《赤壁》《浣溪沙》《酬乐天扬州初逢席上见赠》《南乡子·登京口北固亭有怀》《山坡羊·潼关怀古》《相见欢》；主题 4——壮志抒怀《观沧海》《望岳》《登飞来峰》《渔家傲（李清照）》《行路难》《满江红（秋瑾）》；主题 5——

边塞征战《使至塞上》《雁门太守行》《渔家傲·秋思（范仲淹）》；主题6——山水田园《游山西村》《钱塘湖春行》《饮酒》；主题7——爱情《关雎》《蒹葭》《无题》。建议：把40首古诗词制成表格，发动家长力量首首背诵过关。

以“主题”为关键词对初中语文文言文和诗词进行了结构化的整合，这样既有利于教师的教，也有利于学生的学，促进学生知识结构网的形成。新课标下的语文教学强调课程的整合，“整合教学是语文教学改革的必由之路”。因此，在教学中，教师要转变教学观念，创新教学方式，以培养学生的创新精神，促进学生的全面发展，从而提升学生的文学素养。语文基础知识的整合教学是指以学生为主体、教师为主导的新课改理念下，对语文教材的再次开发，对语文基础知识的梳理、归类并分类训练、综合运用，以逐步提高学生运用知识的技巧以及能力，提升学生语文素养的教学过程。全国著名语文教改专家洪镇涛老师指出：语文学习应该像小孩学习语言、运动员学习技能那样，主要靠实践。学生应在实践与应用中牢固掌握语文基础知识。新课程标准明确指出：“学习知识是为了运用，是为了向能力方面转化。”

在阅读教学中，整合古典诗词也是十分重要的。初中学生古典诗词知识储备量少，理解能力差，而古典诗词语言凝练、涵盖的知识点多，古典诗词赏析一直是初中生学习语文的一个难点。我认为在阅读教学中整合古典诗词，就是引导学生以课内古典诗词为重点，学会赏析古典诗词的方法。

下面就以我在2023年银川二中集团校中的一节中考研讨课——抒情方式教学设计为例。

案例展示（一）

教学目标：区分直接抒情与间接抒情；体会两种抒情方式的表达效果；掌握抒情类习题的答题步骤。教学重点：抒情方式及其作用。教学难点：区分间接抒情与直接抒情。教学方法：自主、合作、探究交流。教学准备：制作导学案、教学课件与教案。

一、回眸中考。

（2020 年宁夏）阅读古诗，完成下列各题。

《绝句二首》（其二）①

杜甫

江碧鸟逾②白，山青花欲③燃。

今春看又过，何日是归年④。

注释：①此诗为杜甫入蜀后所作；②逾：更加的意思；③欲：好像；④归年：回去的时候。

（1）下面对诗句理解有误的一项是________

A. 全诗第一、二句写景，三、四句抒情，以乐景写哀情。

B. 诗歌描绘了一幅水雾迷蒙的春光图。

C. 诗中的“江”“鸟”“山”“花”被涂上了碧绿、莹白、青翠、绯红的色泽。

D. 景物虽好，但春归人未归，流露出浓浓的乡愁。

教师预设：①以乐景写哀情。②诗的前两句写乐景，勾画了一幅美丽的春日画面，极言春光融融。后两句一转写哀情，归期遥远，流露出思乡之情。③这是以乐景反衬出诗人漂泊的感伤和浓厚的思乡之情。

（2）通观上题四个选项，你读到了哪些信息？

诗人写的景，表达的情感，以及抒情方式。其中抒情方式就是我们今天要探讨的话题。抒情方式是指抒发感情的形式，它包括直接抒情和间接抒情两类。

二、初窥门径。

老师范读第一句，强调“最爱”重音的原因。明晰学法——明语义 + 辨技巧 + 析作用。学生活动：一位男同学为我们诵读第二句，并说说你为什么这样重音呢？

1. 最爱湖东行不足，绿杨阴里白沙堤。《钱塘湖春行》

（示范）辨技巧 + 最爱，直接抒发；析作用 + 诗人对钱塘湖的喜爱之情；明语义 + 最爱的湖东美景百游不厌，杨柳成排绿荫中穿过一条白沙堤。

2. 念天地之悠悠，独怆然而涕下。陈子昂《登幽州台歌》

学法提示：明语义 + 辨技巧 + 析作用

教师预设：（男）辨技巧 + “怆然”悲伤的样子、“涕”热泪纷纷，直接抒情；析作用 + 这声呐喊，直接抒发了诗人空怀报国为民之心不得施展的悲怆，也蕴蓄着一股积极奋发欲有所作为的豪气；明语义 + 想到只有那苍茫天地悠悠无限，自己止不住满怀悲伤热泪纷纷。

学生活动：3 名男生朗读，全体男生齐读。

教师小结：由此可知——直抒胸臆，是一种不要任何“附着物”，由诗人直接在诗中袒露襟怀，不假掩饰地直接抒发对有关人物、事件情感态度的一种抒情方式，抒情时情感强烈直白，朴实真切，震撼人心。

学生活动：我的小检查

“安得广厦千万间，大庇天下寒士俱欢颜，风雨不动安如山。
呜呼！何时眼前突兀见此屋，吾庐独破受冻死亦足！”

以上诗句运用了怎样的抒情方式？请加以赏析。

学法提示：按照“明语义 + 辨技巧 + 析作用”的步骤加以表述。

教师明确：如何才能够拥有千万间宽敞高大的房子？给天下贫寒的读书人一个遮风避雨的地方，让他们都开颜欢笑，即使是在风雨中，房子也能够安稳得像是山一样，一动不动。唉！什么时候眼前突然间能出现这样高耸的房屋，到那时即使我的茅屋被秋风吹破，即使我自己被冻死，我也愿意。

诗人直接抒情，表达了对他人的关爱之心，表现了诗人饱览民生疾苦、体察人间冷暖的济世情怀，悲天悯人的伟大胸怀。

案例展示（二）

学生活动：请同学们思考间接抒情，在下面的诗句中任选一组，与你的同桌合作，说说间接抒情往往依托于______来抒发情感。（合作）

第一组：感时花溅泪，恨别鸟惊心。杜甫《春望》

第二组：征蓬出汉塞，归雁入胡天。王维《使至塞上》

第三组：杨花落尽子规啼，闻道龙标过五溪。李白《闻王昌龄左迁龙标遥有此寄》

第四组：怀旧空吟闻笛赋，到乡翻似烂柯人。刘禹锡《酬乐天扬州初逢席上见赠》

第五组：商女不知亡国恨，隔江犹唱后庭花。杜牧《泊秦淮》

教师明晰：

第一组：触景生情，移情于物，以乐景表现哀情，表现了诗人忧伤国事、思念家人的深沉感情。

第二组：寄情于物，表达了内心的激愤抑郁和孤寂落寞。（区分“借景抒情”）

第三组：寄情于物，寓情于事，表达了诗人内心凄楚更兼环境萧凉，对诗友远谪的关切与同情。

第四组：诗人借用典故表达了对受害的战友王叔文等的悼念，对岁月流逝、人事变迁的感叹。（借历史故事或传说故事抒发情感）

第五组：借古讽今，诗人借历史上的事件来讽喻当朝。表面上，诗人似乎是在斥责“商女”无知，但是诗人的矛头所向，却是那些身负天下安危，却醉生梦死的权势显达。

教师小结：由此可知，间接抒情是一种不直接宣泄自己内心的抒情方式，往往依托于景、物、事来抒发情感。它的特点是含蓄婉转，耐人寻味。

驾轻就熟：陆机《文赋》中说“诗缘情而绮靡”，诗歌因为抒情而显得美丽细腻。请同学们根据自己对两种抒情方式的理解，从下面的两首诗歌中任选一首，小组合作完成探究任务。

案例展示（三）

例 1. 阅读诗歌思考，这首诗尾联运用了怎样的抒情方式？请加以鉴赏。

过零丁洋

文天祥

辛苦遭逢起一经，干戈寥落四周星。

山河破碎风飘絮，身世浮沉雨打萍。

惶恐滩头说惶恐，零丁洋里叹零丁。

人生自古谁无死？留取丹心照汗青。

教师预设：①自古以来，人终不免一死！倘若能为国尽忠，死后仍可光照千秋，青史留名。（明语义）②尾联直抒胸臆。（辨技巧）③集中体现了诗人忠贞不屈、以死明志的爱国精神和大义凛然、视死如归的英雄气概。（析作用）

例 2. 阅读诗歌，从抒情方式的角度赏析“仍怜故乡水，万里送行舟”。

渡荆门送别

李白

渡远荆门外，来从楚国游。山随平野尽，江入大荒流。

月下飞天镜，云生结海楼。仍怜故乡水，万里送行舟。

教师预设：①怜，怜爱，故乡之水恋恋不舍地一路送我远行，怀着深情厚谊，万里送行舟，诗人在尾联运用拟人修辞，不是说自己思念故乡，而说故乡水恋恋不舍地一路送我远行，越发显出自己思乡情深。（明语义）②诗

人在尾联寄情于物。（辨技巧）③借自己对家乡之水的恋恋不舍，抒发了浓浓的思乡之情。（析作用）

四、拓展延伸阅读下面这两首诗，思考：来诗的结句与王诗的承句都写到了“春风”，两句诗在处理景与情的关系时有何异同？请作简要分析。

除夜

（唐）来鹄①

事关休戚已成空，万里相思一夜中。

愁到晓鸡声绝后，又将憔悴见春风。

元日

（宋）王安石②

爆竹声中一岁除，春风送暖入屠苏③。

千门万户曈曈日，总把新桃换旧符。

注：①来鹄：唐朝诗人，豫章（今江西南昌市）人，相传来鹄家宅在南昌东湖徐孺子亭边。家贫，工诗，曾自称“乡校小臣”，隐居山泽。师韩柳为文，举进士，屡试落第。②王安石：宋代政治家、改革家、文学家，作此诗时身为宰相，正在大刀阔斧地进行改革。③屠苏：药酒名。

教师预设：相同点，这两句都运用了借景抒情的手法。不同点，①“又将憔悴见春风”是借乐景抒哀情，借新春之景——“春风”来抒发对家乡、对亲人的思念之情。②“春风送暖入屠苏”则是以乐景写乐情，通过写新年的第一天，春风把暖气吹进了屠苏酒，全家老小喝了屠苏酒，暖洋洋地感觉到春天已经来了的热闹场景，抒发了作者的自信和愉快之情。

解析：联系全诗看，《除夜》首句“事关休戚已成空”，指不管欢乐和忧愁、幸福与祸患都是空的，明确写出了事已成空的愁苦之情。“万里相思一夜中”，是远离故土的思念之情。“愁到晓鸡声绝后，又将憔悴见春风”是从晚上愁到天亮，憔悴的人看到春风更添思念，是写愁的深重。结句“又将憔悴见春风”中“春风”是新春之景；“憔悴”，联系上文看，是因于“万里相思一夜中”，“又将憔悴见春风”是借乐景抒哀情，借新春之景抒发对家乡对亲人的思念。王诗的承句“春风送暖入屠苏”，“屠苏”，联系注释看，是药酒名。该句意思是在送暖的春风中，阖家欢饮屠苏美酒，从景和情关系上看，是以乐景写乐情，通过新年热闹的场景抒发了作者愉快的心情。通过以上可知，二诗都是借景抒情，不同的是，第一首诗是乐景写哀情，第二首诗是乐景写乐情。

请同学们课后自由选做一阶作业或二阶作业。

五、沙场练兵。

一阶作业

1.（2022黔东南州）《卖炭翁》这首叙事诗中直接表达诗人对卖炭翁情感态度的词语是________。

2. 下面对诗歌理解有误的一项是（　　）

秋词

刘禹锡

自古逢秋悲寂寥，我言秋日胜春朝。

晴空一鹤排云上，便引诗情到碧霄。

A.“自古逢秋悲寂寥”，诗人开篇，即以议论起笔，断然否定了前人悲秋的观念，表现出一种激越向上的诗情。

B. 诗人用“我言”含蓄委婉地赞美秋天，说秋天比那万物萌生、欣欣向荣的春天更胜一筹，这是对自古以来那种悲秋的论调的有力否定。

C. 诗人抓住秋天“一鹤凌云”这一别致的景观的描绘，展现的是秋高气爽、万里晴空、白云飘浮的开阔景象。

D. “便引诗情到碧霄”字里行间作者那乐观的情怀、昂扬的斗志呼之欲出。

二阶作业（2022 宁夏中考题改编）

初秋行圃[①]

（宋）杨万里

落日无情最有情，遍催万树暮蝉鸣。

听来咫尺[②]无寻处，寻到旁边却不声。

注：①行圃：指在园子里散步。②咫尺：形容距离很近。

有同学认为“这首诗用寥寥数语描写了初秋时节夜晚的情致，同时含蓄委婉地表达了诗人的感受”，你同意他的看法吗?

解析：初秋时节傍晚的情致。诗人赋予落日以生命，让人感受到落日的美好和温情。同时，这满园的蝉鸣声也让人看到了此时园子里的勃勃生机，在如此美好的落日映衬下，诗人此时的心情也是愉悦无比的。“听来咫尺无寻处，寻到旁边却不声”，这句承接上句，诗人听到这响亮的蝉鸣声，沐浴着落日的余晖，兴致来临，想要寻找发出这声音的蝉，谁知听起来似乎处处有蝉，却一只也找不到，一凑近，蝉鸣声就消失不见了。这两句写得生动活泼，紧扣主题，展现了诗人初秋行圃时的生动有趣的一幕。这是以田园生活为题材的古诗。它以描写蝉为目的，诗人杨万里写落日催暮蝉，蝉鸣声此起彼伏的情景，也写了闻蝉寻声，蝉儿闭口的情形。整首诗通俗易懂、真切传神、趣味横生，虽是即景写景，却亦具有一番清新别致的情趣。

六、结束语：诗歌，源于心灵，形诸文字，触动读者，引发共鸣，维系其中的正是一个“情”字。故而诗，皆源于情，必抒情。愿同学们能抓住“直接抒情”“间接抒情”，破茧成蝶，取得佳绩。

在这节课的设计中，我主要运用了学科整合的办法，对中考古诗词赏析题中“抒情方式”这一基础知识点进行了整合，听取了教研员王老师的建议，以2020年宁夏的中考题为契机展开课堂教学，吸引同学们对知识点的关注。再以课内知识为根基，梳理“直接抒情”在已有文本中的集中展现，同时，以“小检查”的教学手段，使学生准确地理解“直接抒情”。当然，对于诗歌的赏析，还有一些方法，比如，看关键语、诗词眼。看体裁，如叙事诗，可分析人物形象，概括主题，赏析语言；哲理诗重在诗中的哲理，分析表现手法。看技法，如描写手法、修辞手法。看意象。由此可知，初中语文基础知识的整合教学就是在初中语文教学中将众多的语文基础知识归类，引导学生学会归类学习，灵活运用，归纳总结方法，逐步掌握语文知识体系，提高语文能力与素养的教学过程，重在记忆、积累、归类、训练的基础上达到养成习惯、提升能力与素养的目的。在设计本节课时，我遵循学生的认知规律，让学生熟悉题型，我深知学生平时不接触，到考试时突然碰到，会无从下手，导致紧张、耗时、乱答。因此，在平时的练习中有意识设计这类题目，举典型例子进行分析讲解，给出相应的题目以便学生练习巩固，同时关注生活，寻找贴近学生生活的内容来充实课堂内容。比如，本节课中的“拓展延伸”思考来诗的结句与王诗的承句，两句诗在处理景与情的关系时有何异同？诗歌的选取贴近学生生活，对于题目设计局限于教材知识是远远不够的，教师要引导学生有大语文的概念，要把语文的外沿延伸到生活中去，不但要将语文知识传授给学生，还要在知识与学生的生活之间建立联系，从而拓宽教学内容的深广度，给学生营造一种良好的人文学习环境，提高学生人文素养。语文教学中的半壁江山是阅读，是学生认识世界、提升素养的通道，通过阅读教学拓展学生的视野很重要，而拓展的途径不外乎是由课内到课外的拓展延伸，古人说的“读万卷书，行万里路”就是这个道理。通过阅读可让阅读者的情感体验得到提升，发展思维，促进个体的超越发展。语文阅读教学中的由课内到课外的拓展阅读，应该让学生在开卷有益的基础上学会选择性阅读，让阅读的目的性更明确，从而提高阅读的品质。

语文实践活动的题型要体现学生知识面、学生理解分析问题的能力、准确灵活运用知识的能力。在学生思考中，教师要重视方法指导，指导学生仔细审题，明确要求，准确表述。每次解答这类题目时，让学生读清题干，讲讲题目有哪些要求，谈谈答题思路，思考好了再表达，语言要简明扼要、准确全面。给学生创建一个有机的语言学习环境，将具体的语言知识与人文素养相结合，促进学生语文素养的提升，其中最关键之处是将思维有机整合，高效教学，进而提高语文教学的质量。

总之，初中语文整合教学活动要以主题为指导来进行教学设计，所有教学活动的开展都要围绕一个主题，注意时空的拓展，要将阅读由课内向课外拓展，让学生时时刻刻处于一种学习的状态。“只有在所有空间范围内，人的生活才能有充分扩展的可能性”。实现了教与学的整合，超越了传统教学的时空限制，从而给学生创造更多的学习机遇，拓展学生的学习空间，打破那些脱离课本，就知识点讲知识，不能真正助力课堂的教学。尤其在新课改背景下，打破时空限制，拓展教学空间，营造良好的学习环境，可以有效提升学生的学习效率，从而促进学生的整体发展。

“五育融合”理念下语文写作生活化的实践探究

教育部2014年印发的《关于全面深化课程改革落实立德树人根本任务的意见》中明确提出，以立德树人作为中国特色社会主义教育事业发展的核心，实现学生自身全面发展。

2018年9月，习近平总书记在全国教育大会上提出，要培养德智体美劳全面发展的社会主义建设者和接班人。在深入贯彻习近平总书记重要讲话精神过程中，教育系统逐步形成“五育并举”提法，将其作为加快推进教育现代化、建设教育强国、办好人民满意的教育的重要指导理念。其“五育融合”是“五育并举”的进一步发展，旨在在德智体美劳“五育”协调发展的基础上，将融合育人理念贯穿于教育活动的全过程，以实现各育目标相互之间的深度融合：德育贯穿于“五育”的各个部分，智育提供智力支持，体育锻炼身体素质，美育塑造精神涵养，劳育发挥实践效能，五个部分紧密相连，密不可分。

2022年4月21日，教育部印发《义务教育语文课程标准》（2022年版）中提出：语文课程是一门学习国家通用语言文字运用的综合性、实践性课程。语文课程致力于全体学生核心素养的形成与发展，为学生学好其他课程打下基础；为学生形成正确的世界观、人生观、价值观，形成良好个性和健全人格打下基础；为培养学生求真创新的精神、实践能力和合作交流能力，促进德智体美劳全面发展及学生的终身发展打下基础。

一切先进的文明起源都离不开生活的启发，一切伟大的发明也都是围绕生活所需而引发的，就像牛顿万有引力的发现也是从一个苹果落地所生发的，所以，生活对人类文明的发展、社会的进步都有着积极的促进作用。生活也是作家创作灵感的起源，一切具有代表性的文学创作都是以作者所生活的特定背景为产生基础的。随着新课程改革的一步步推进，教育教学也越来越注重生活化的教学模式。《义务教育语文课程标准》(2022年版)课程内容部分，为我们指出了语文学科实践的路径。“课程结构遵循学生身心发展规律和核心素养形成的内在逻辑，以生活为基础，以语文实践活动为主线，以学习主题为引领，以学习任务为载体，整合学习内容、情境、方法和资源等要素，设计语文学习任务群”。从中可知：知识内容结构化，知识学习情境化、生活化是语文学科实践的基本方法。作为语文教师应关注学科知识学习、学科实践活动与学生生活的关系，秉持“大专题”“大任务”、学科融合等理念，开展遵循学生核心素养发展规律的实践活动。

在写作教学中要求写作应贴近学生实际，让学生易于动笔，乐于表达，应引导学生关注现实，热爱生活，表达真情实感。根据不同的写作任务和写作对象进行写作，写作时要有真情实感，能够多角度地观察生活，发现生活的多姿多彩；同时能够完成不同类型的作文，能够进行仿写、续写等。在写作数量上要求45分钟能够完成一篇500字习作，一个学年的作文量不少于140万字。因此，初中作文教学要以学生的生活实际为出发点，实施生活化教学方式，让学生学会表达、喜欢表达，从而在写作中表达自己的真实情感。

所以，教师应引导学生观察生活中的一切和自己相逢的人与事与物，并在此基础上进行思考与分析，将课堂所学的知识与实际生活相关联，理论联系实际，让学生所学的知识点在生活实际中得到应用与掌握。例如，我校姚老师在教学统编版语文七年级上册《热爱生活，热爱写作》时鼓励学生要热爱写作，引导学生从身边的事写起，写自己最熟悉的事情，写自己最想表达的想法和情感，启发学生观察生活中的细节：“妈妈是如何在忙忙碌碌中度过一天的？”“校园里最安静的角落在哪里？”“你最喜爱的人喜欢穿什么颜色的衣服、讲怎样的话？”这些细节都是学生平时生活中常见的，只是需要学生注意观察，认真思考，随时用文字的形式将自己的所见所闻所感真实地记录下来就可以了。

将语文写作与学生的实际生活相联系，目的就是将初中语文作文写作生活化，改变学生对作文写作的错误认识，提高作文写作的教学质量。

然而目前，初中语文作文教学工作还没有突破“死读书、死教书、教死书”的牢笼，对书本知识的过度关注使学生的思维受到了限制，忽略了生活中一些有利的写作条件，只埋头课堂学习和书本上的理论知识，与实际生活严重脱轨，使学生缺乏生活感受，无法用语言表达自身的想法。学生接收外界信息的机会极少，更多的时间是跟着老师学习写作的技巧。他们的思考与分析能力相对较差，忽略了生活细节，浪费了大量的写作素材。比如，套用老师给的美词佳句，在课堂中学会了一个形容词，学生就会反复地将这类词句用在自己的作文写作中，这不仅造成了学生的自主创新意识不强，还会出现词不达意的现象，导致学生的作文内容空洞无新意，完全是为了应付课堂的教学要求，完成教师布置的作文作业，或者是为了在考试中拿到高分，使写作过程流于形式，失去了作文写作的真实意义。脱离生活的作文写作，让初中生面对老师布置的作文题目，常常缺乏写作灵感而无从下笔，思维局限于作文题目的字面意思，不能开启更深、更广的深入理解。这都是目前初中生语文作文教学中普遍存在的现象。

这就要求教师要在实际生活中寻找作文写作素材，收集写作内容，丰富写作中的词汇量，要求学生用眼睛去看世界，用心去感受生活，用脑袋去思考人生，用流畅优美的文笔去书写生活。由于深受我国当代传统教育的影响，现在还有很多学校依旧沿袭的是之前的传统教育方式。在初中的教学研究上发现多数教师还是使用最为简单的写作方式，并将这种方式传授给学生，常常要求学生背诵一些优美的万能句子，多记一些名人事迹，在写作中将这些直接套用进去。这样一来，学生的作文就过于单一，没有亮点，学生自己也会渐渐地失去写作的创新能力。

由此观之，语文写作教学要积极健康地奔向学生，服务于学生，生活中的一些事情就会成为学生写作的灵感源泉。对作家来说，没有生命的写作是没有灵魂的。生活是我们写作中最真实的情感体验。这就是为什么教师应该鼓励学生观察生活，关注身边发生的事情，用自己的语言写出内心最真实的体会和感受。这就是写作教学生活化，即应用“生活化”的教学理念。这时的写作教学，会立足现行教材的课堂教学，着眼于学生的真实生活，以大语文教学观，利用各种富有生活气息的教学方法创设生命情境开展作文教学，沟通课堂内外，运用校园、家长和社会的资源，进行综合性写作活动，扩大学生的阅读范围，提高学生语言实践运用能力，将写作任务转化为学习者的自身需求，促进学生写作技巧认知与语言表达能力的生成和构建。

初中语文生活化写作教学的宗旨是全面提高学生语文学科核心素养和人文素养，促进学生可持续发展。因此，本教学实践案例以人教版九年级写作复习课为例，探究语文课程教学中的智育同德育、美育、劳育相融合，促进学生在学习语言知识能力提升的同时，学会欣赏劳动之美、构建家庭和美、传承中华孝之美，体会语文与生活的关系，促进学生拥有积极乐观、健康生活的人生态度。

教学案例

学科	语文	设计者	王宁	实施学校	银川北塔中学	年级	九年级
使用教材	统编版	课例名称	中考写作复习专题——多种表达方式综合运用			课时	3 课时

教材分析	本节课是九年级的中考复习课，在初中阶段写作教学中要求学生会“综合使用多种表达方式”，五种表达方式是记叙、描写、抒情、议论、说明，其作用是更好地表达作者的思想感情，更容易引起读者的阅读兴趣，使得读者更好地理解作者传达的内容、感情等，因此，多种表达方式对于学生的写作具有重要的意义。
学情分析	九年级学生经过三年的写作练习，能运用语言文字流畅地表达事件内容，也就是说学生较善于使用记叙这种表达方式，但有些学生写作时一叙到底，缺少多种表达方式综合运用的能力。
教学目标：1. 区分辨别五种表达方式。 2. 了解五种表达方式的作用及在写作中的运用。 3. 学会欣赏劳动之美、营造家庭之美，体会语文融入生活的关系，树立劳动光荣的美好品格，促进学生拥有积极乐观、健康生活的人生观与价值观。 教学重点：了解表达方式的作用。 教学难点：多种表达方式在写作中综合运用。 教学方法：1. 设置活动情境，辨析五种表达方式。 2. 展开联想与想象，思、写、练结合进行片段创作。	

教学环节	教学内容	教师活动	学生活动	设计意图
新课导入	小小的书包，大大的天空…… 活动介绍：拿出一个班级中最乱的书包，请班级内务最好的一位同学帮忙整理，其他同学根据表格提示畅所欲言。 描述书包整理前的样子…… 描述书包整理后的样子…… 讲述书包整理的过程…… 谈谈你对书包整理这件事的看法…… 教师过渡：同样的场景，不同的表达，怎样才能把你的表达变成一篇锦绣文章呢？今天我们就一起走进语言烹饪学习班——多种表达方式综合运用。		（1）学生推选出需要整理的书包。 （2）学生推选出班级内务最佳同学。 （3）整理内务展示。	以整理书包这样的劳动活动开启新课，引发学生的课堂兴趣。把劳育引入课堂，智育与劳育相结合，培养学生处理生活问题的能力。

初窥门径	（活动一）我是教育故事宣讲人 任何事物，只要经过丰富的联想，都可以使之发生相应的联系。今天是一年一度的教师节，你有幸成为本次活动的宣讲人，要讲讲张老师的教育故事，下面是本次故事的关键词：蛋糕、柳树、粉笔、鲜花。请你展开联想，写一份宣讲词。	教师小结： 记叙是把人物的经历或事物的发展变化表达出来，也称为叙述，用来叙述人物活动的一般情况和事件的发生、发展经过。 作用：介绍人物的身世、身份、地位、经历、事迹等，叙述事件发生、发展或变化的过程，交代事件的前因后果。可以采用第一人称：叙述亲切自然，真实生动，表达自由。第二人称：便于感情交流，增强抒情性和亲切感。第三人称：能比较直接客观地展现丰富多彩的生活，不受时空的限制，反映现实灵活自由。叙述方式可以分为顺叙、倒叙、插叙、补叙。	（1）学生展开联想，与同桌合作分享自己的想法。 （2）写下自己编写的故事。 （3）在班级同学面前读出自己的宣讲内容。	培养学生的联想与想象、运用记叙语言讲故事的能力，让学生能感恩于自己的老师，拥有一颗感恩之心。

初窥门径	（活动二）我是细致的描绘师 这两幅图片都是曾发生在大家身边的场景，请仔细观察下面两幅图片，用你的语言描绘图片内容。  	教师小结：描写是用生动形象的语言对人物、事件、环境所作的具体描绘和刻画。分为人物描写和环境描写，人物描写包括外貌描写（肖像）、神态描写、语言描写、动作描写（细节）、心理描写，直接（正面）描写，间接（侧面）描写。环境描写包括自然环境（景物）描写、社会环境描写。从描写角度来看，有感觉（色、声、香、味、触）法，动静结合，虚实相生，远近、主次相映等。	（1）学生选择图片内容进行描绘。 （2）在班级中展示自己的成果。 （3）其他同学结合描写的技巧进行点评。	训练学生观察生活的能力，让学生理解生活中的语文之妙，把语文中所包含的智育因素与生活中的劳动、体育、美育相结合，达到德智体美劳全面发展的目的。

初窥门径	（活动三）请看“宁夏至宝”，结合下列文字，为下面的植物制作名片  枸杞，茄科枸杞属多年生木本植物，枝条细弱，弓状弯曲或俯垂，淡灰色；叶片呈卵形；花长在长枝上单生或双生于叶腋；果实为卵状浆果，红色；花期为6—7月；果期为8—10月。枸杞起源于中国，多分布于温带和亚热带地区，中国北方多数省区都有栽培。常生于山坡、路旁或村边。枸杞喜光，喜冷凉气候，耐寒；抗旱能力较强，在干旱荒漠地仍能生长；耐盐碱，多生长在碱性土和沙质壤土上，最适合在土层深厚、肥沃的壤土上栽培。枸杞一般通过种子或者扦插繁殖。李时珍说：“枸杞为两种树的合名，如枸棘，茎如杞柳之条，故兼名之曰枸杞。”	教师小结：说明是对事物的形状、性质、特点、构造、功能、成因、作用、关系等所作的客观性介绍。一般不是感性形象的描绘。其作用是用来介绍事物的特点、外形、性质、构造、功能等，使读者对事物或事理有明晰、完整的了解和认识。	（1）学生观察图片,理解文字。 （2）通过观察和对文字的提取，为“宁夏至宝”制作名片，进行宣传。	“五育融合”教育理念包括以德为先、能力为重、全面发展、知行合一、科学精神和国际视野等内容。本教学环节在说明这种表达方法的使用中让学生关注生活，热爱生活，树立文化自信，热爱本地区的生物，实现在生活中的学科融合，把德智美融合在一起。

回眸中考	（2022宁夏中考）请阅读下面的文字，按要求作文。 学校组织了很多活动，有不少活动我们都亲身参与其中：如读书会、合唱队、打篮球、踢足球等等。我们在生活中也经常参与到各种劳动之中，如动手洗衣、制作佳肴、种植作物等等。因为参与，我们学会了很多…… 请讲讲你参与过的活动或者劳动，并表达自己的见解，抒写自己的感受。 根据以上内容，请你自拟题目，写一篇不少于500字的文章，要求内容具体充实，文体不限。（不得使用试卷中的素材；不能透露与考生有关的信息。） 题目：________			这一中考题目落实了习总书记提出的“德智体美劳”全面发展的育人目标，促进学生德智体美劳全面发展，是落实党和国家培养社会主义建设者和接班人要求的重要体现。

创新作业	教育部要求，今年秋季学期，劳动课将进入中小学课堂。劳动，是人生的必修课。家务劳动、集体劳动、公益劳动……其实我们每个人都有过劳动的经历，在劳动中，我们体验到乐趣，感受到幸福，磨练了意志，丰富了人生。 请以“我是家务整理小达人”为题制作一份简报。要求：简报纸张 A4 大小，内容上要综合运用说明、描写、记叙、抒情、议论五种表达方式。			

在本次写作教学完成后，根据教学内容，结合“五育融合”的理念，我设计了“我是家务整理小达人”主题写作，运用现代技术在教育云平台班级群里发布活动倡议，提出活动要求，提醒学生，号召家长参与到学生的家务劳动考评中，引导家长关注学生“五育”共发展。以下是倡议书的内容：尊敬的家长朋友们，孩子是我们每个家庭的未来与希望，肩负着我们祖国的兴衰荣辱。孩子们德、智、体、美、劳全面发展是我们这些关爱孩子成长之人的共同心愿。孩子们青春的美好，离不开“五育”协同发展，让我们同心协

力共筑孩子们的成长之路，让我们去发现孩子们每一个释放爱的瞬间，去大胆地称赞我们的孩子。孝敬父母，关爱家中的每一个人是中华民族的传统美德，为弘扬中华优良传统，增进亲子感情，培养孩子们的动手能力，让孩子们感受劳动之美、家庭和美，以及语文与生活的关系，促进孩子们拥有积极乐观、健康生活的人生态度，特发出本次活动倡议。活动主题：“我是家务整理小达人”。活动时间：本周末。活动要求：①活动全程要求孩子独自完成，家长可以在一旁陪同。②家务完成后，家长要以发现美的视角，给予孩子肯定之言，及时称赞；针对孩子的不足提出指导性意见，双方就生活与学习进行深度交流。③要求全程每个环节拍摄一张珍贵瞬间，以孩子的名字建立文件夹，所有照片放进此文件夹，最后附上家长亲笔写的活动感言，不要求字数，只求真情实感（写好后手机拍照，放进孩子名字命名的文件夹中），完成后用钉钉私发于我。完成以“我是家务整理小达人”为主题的简报（A4纸大小），可综合运用说明、描写、记叙、抒情、议论五种表达方式。

我国现行的课程体系中，德育是国家教育方针的重要组成部分，旨在引导学生树立正确的人生观和价值观，养成良好的行为习惯；体育是学生锻炼身体、增强体质、培养意志品质的重要途径，有助于培养学生养成良好的生活习惯和运动习惯；美育是通过多种方式、多种艺术形式来对学生进行熏陶感染。这一作业的开展使学生在家务劳动中体力得到了锻炼，在干净整洁的家庭环境中感受整洁之美，在对劳动的记录中巩固了语文学科知识，达到智育的提升，并在整个过程中学会了欣赏劳动之美、营造家庭之美，体会语文融入生活的关系，树立劳动光荣的美好品格，促进学生拥有积极乐观、健康生活的人生观与价值观。以下是学生提交的作业。

我是家务整理小达人

卢梭曾经说过：“劳动是社会中每个人不可避免的义务。”

我们虽为青少年但并不是把书读好了、学习成绩提上去了就万事大吉。随着国家“双减”政策的实施，我们更应该注重德智体美劳的全面发展。

本周末班主任王老师给我们布置了一项特殊的家庭作业，让我们利用周末时间在家独自进行家务劳动，感受劳动之美、家庭和美，以及语文与生活的关系。

当看到这项特殊的语文作业时，我陷入了沉思。回想起过去，总感觉家里一直保持着干净整洁的环境，但我似乎除了寒暑假和过年前夕帮助父母在家进行家务劳动，平常的节假日几乎没有。我决定通过这次作业重新建立起和家务劳动的联系。为此我特意早早写完了作业。

周天早上，我们家每周末的大扫除开始了。

清晨，太阳在鸡鸣的催促声下，慵懒地伸伸胳膊，微笑着射出第一缕光辉。那道金灿灿的线，暖暖地照进房间，把整个房间映成金色。我决定先从我的书桌开始整理，每次写完作业书桌总是凌乱不堪，作业、课本、中性笔乱扔一气，所以这次我把桌面上不用的东西全部收拾整齐。妈妈检查劳动成果时说：“希望你的桌子每天都可以像今天这么干净整洁，这样你才能有一个良好的学习环境。”第二步我到了阳台，准备去擦阳台的木地板，因为是块状拼接木地板，所以不能用拖布去拖，只能用手拿抹布擦。

阳光暖洋洋地照在身上，太阳光从窗户射进来，被镂空细花的纱窗帘筛成了斑驳的淡黄照射在阳台上小歇的植物身上，也照耀到了正在擦地的我身上，那一瞬感觉身上暖融融的。

扫地对于我来说是一个简单的活儿，三下五除二便完成了，可是当妈妈来检查时却发现有些地方没有扫干净还是有脏东西，于是我又重新扫了一遍，总算是干净了，我心里暗想下次干活可不要再粗心了啊。随后我还擦拭了家里的玻璃台子和玻璃柜，这次我擦拭得十分认真，高效率地完成了最后一项任务。打扫结束后我们一家人坐在一起针对我今天的表现进行了讨论，父母指出了我的优点以及不足。

张瑞敏曾说过：“把一件简单的事做好就是不简单，把一件平凡的事做好就是不平凡。”劳动改造人，通过这次家务劳动，我明白了许多道理。我想应该是我在劳动中明白了许多平时不懂的道理。劳动中，我知道了许多自己的不足之处。处于这个时代的我们，大多都是独生子女，生活经验和自我评估方面都有所欠缺。而这次家务劳动，使我体会到了家务的琐碎和自己的不足，也让我体会到了劳动的光荣。老师有意识地布置了让我们去参加力所能及的劳动这项作业，引导我们抵制了轻视劳动和不劳而获的思想的侵蚀。我感觉刚开始劳动是有点累，但做完后很高兴，有种成就感，就像这次做家务，当脏乱的环境变得整洁明亮了，我心里感到很幸福、高兴。

家长感受：

通过这次实践活动，我可以看到孩子的变化，感受到他长大了，不但增进了我们大朋友与小朋友之间的感情，家庭的氛围也好了不少，同时抵消了一些工作中的劳累与疲惫。所以我认为这次实践活动是十分有意义的，希望可以通过更多类似的活动去体会、感受这种温馨、温暖的家庭氛围。

“五育融合”课堂教学实践的反思。“五育融合”作为一种育人理念，通过确定教学目标、教学方法、教学设计，对“五育”进行全方位、全过程式的贯穿渗透，进而形成教育合力。本次在“五育融合”理念下进行语文写作课教学实践的尝试，使我对新时代的语文教学工作有了更多深层次的思考。要构建“德育为先，五育融合”育人体系，实现新时代立德树人的根本任务，就要以学科为根基，构建德智体美劳全面发展的教育体系，坚定理想信念，厚植文化自信，弘扬劳动精神，引导学生崇尚劳动、尊重劳动，树立劳动最光荣、劳动最美丽的人生理念，培养学生诚实劳动、创造性劳动的能力。

因此，本节课以立德树人为教育的根本目的，在课程教学中，从生活中深入挖掘教材资源，将课程教学——表达方式的综合运用，同美育、德育、体育、劳育结合起来。本次的创新作业也是语文教学的重要组成部分以及一大亮点，是深入研究了“五育融合”视角下初中语文作业的管理策略，旨在提高学生作业效率和学习质量。本次作业是课堂教学的延续，对学生课堂学习进行了总结和巩固，呈现出学生对课堂内容的掌握程度，也反映了学生对劳育中的认识提升程度。当然，我也会在以后的教学工作中，积极践行“五育融合”，履行一个人民教师为党育人、为国育才的历史使命！

这一创新型的教学方法，融合了新课改下的德育、智育、体育、美育、劳育，有助于初中生养成观察生活的习惯，引导学生在作文写作过程中应用生活化的体验教学方式，感受身边发生的事物，增强学生作文感染力与生命力，唤起学生情感共鸣。全面提高学生理解作文情境化，打破传统教育思想理念，通过创新情境，使学生拓宽视野，开拓体验生活化写作。同时，可以引导学生自由发挥、创新真情实感的情境表演模式，比如“我是小小主持人”。任意两种事物，只要经过联想，都可以使之发生联系，比如根据“蛋糕、柳树、粉笔、鲜花”这四个词语，展开你的联想写一份串词。这一环节提高了学生语言表达能力、思维发展能力以及情感呈现的能力，调动了初中生进行作文写作的积极性，鼓励学生用真实的语言去表达内心的真实感受，改变过去学生为了加强作文内容的吸引力采用“说假话，写假事，表达假感情”而进行的作文写作。

这样的教学设计有利于学生记录生活中的点点滴滴，丰富作文写作内容，逐步引导学生进行写作锻炼，培养学生的写作兴趣，改变许多学生在作文写作过程中的无助感。请以“于青少年而言，上网有利于我们的成长还是不利于我们的成长？”为话题，进行讨论达成共识。这一环节，引导学生明晰“议论是对人或事物的优劣、正误、善恶、是非、好坏以及其价值、特点、作用等所表示的意见、看法或主张”。其作用是对不同的人或事物作评价，表达观点，升华主题。让学生明确对于生活中的同一现象，每位同学都会有各自不同的理解和想法，正所谓“仁者见仁，智者见智”。通过引导学生将各自对生活中某一现象的不同理解和想法写进作文中，使学生的作文内容各不相同，从而促进学生个性发展，让每位学生的作文内容都具有各自的特点，语文作文教学的成果也就具有创造性、多元化的特点。请看图片，结合下列文字，为下面的植物写段“自我介绍”环节，引导学生亲近自然生活。奥古斯特·罗丹曾经说：“世上不缺少美，只是缺少发现美的眼睛。”为此，教学设计者要在生活化教学思想的指导下为学生创造亲近自然景物的机会，春天去感受春暖花开的气息，夏天去聆听蝉鸣枝头的音乐盛宴，秋天去触摸落叶飘零的伤感，冬天去漫步银装素裹的人间。记得七年级的蒋羽童，一个力求上进的学生，作文写作怎么看都少了“真情实感”这四个字。这天，已经是深秋落叶飘零的时节，我带着她漫步在我们的校园中，我轻轻地捡起一片掉落的树叶，送到了蒋羽童的手中，我问：孩子，你看到了什么？蒋羽童回答我说：老师，一枚黄色的树叶。我说：我看到生命的流逝与凋零，我还想到来年生命的重组与开启，来年春天或许还会出现——沉舟侧畔千帆过，病树前头万木春。再次引导蒋羽童学会观察，观察中要抓住事物的特点，并且按照一定的顺序，或由远及近，或由主及次，或从上到下，或由左到右，在观察的过程中不仅要用眼睛看，还要充分调动各种感官，用耳去听、用鼻子去闻、用手去摸、用口去尝自然的气息，充分地感受事物，把握所见事物的基本特征，并且将观察和想象结合起来。只有这样才能更好地表现事物的本质，给读者以身临其境之感，更好地诠释“艺术来源于生活又高于生活”。

语文课程标准明确指出：“写作教学应贴近学生实际，引导学生多角度地观察生活，发现生活的丰富多彩，让学生乐于表达，力求表达自己的真情实感和独特感受。”以这样的理念，我继续引导蒋羽童。我接着说：你用力捏一捏，感受一下。我们就在这样的氛围中感受着语文。通过这次走进自然生活的现场作文教学，不仅锻炼了学生的表达能力，还发展了学生的思维，提升了她的审美情趣，助力学生健康成长的良好状态的形成。我国著名教育家、作家叶圣陶先生曾经说：“生活犹如泉源，文章犹如溪水，泉源丰盈，溪水自然活泼泼地昼夜不息。”生活是写作的源头活水，写作的素材从生活中来，开展生活化的作文教学，不但减少学生在写作时的畏难情绪，还能够提升学生对写作文的兴趣。

本次“五育融合”理念下语文写作课教学实践的尝试，使我对新时代的语文教学工作有了更多深层次的思考。立德树人是教育的根本任务，在课程教学中，应该更关注挖掘教材资源，将课程教学中的知识同美育、德育、体育、劳育结合起来。在以后的教学工作中，积极践行“五育融合”，为党育人，为国育才！

那么怎样在“五育融合”理念下进行语文写作生活化？

教师首先要引导学生参与生活、体验生活。“实践出真知”这一对马克思提出来的“实践是检验真理的唯一标准”的概括，也适用于教学实施者对语文写作教学的应用。由此可知，生活实践也是学生进行写作的最有力的源头活水。初中语文课程标准强调了在教学中要遵循学生的身心成长规律，开展生活性、实践性的相关活动，努力实现学生有效学习。在学生中间流行着这样一句话：我们就害怕“三文”，一是文言文，二是写作文，三是周树人。初中学生进行写作，感觉作文难写的一个重要原因是缺乏写作的素材，或是对相关写作内容的不了解，因此在进行作文写作时往往感觉老虎吃天，无从下口。因此需要引导学生积累素材，特别是积极地参与生活、体验生活，做生活中的有心人，这样的作文才会有内容、有真情实感。

要想关注学生这些方面的畏难原因，教师可以以引导者的身份，让学生积极参与生活、体验生活、理解生活。如引导学生关注家乡的变化，思考家乡变化的原因，可以采用“以小见大”的写作技巧，从一些小的角度——居住变化、出行变化、道路变化、饮食变化等方面着手，鼓励学生展现家乡的发展，讴歌发生在自己身边的家乡巨变。下面是九年级(4)班同学的作文《巷子铺》。

儿时的记忆里，总萦绕着一股香而不腻的肉包子味，垂涎的画面时常在温柔乡里回荡。我家附近有一条小巷，巷中深处有一家“马记早餐店”，或许是因为太过隐秘的缘故，也只有邻居们光临，或许是味道不错，早饭后从巷中走出的人们，不时地称赞，常常在小巷中往返。一次早课后，我实在好奇这“马记早餐店”的美味，便拿上零花钱，独自前往巷子内。此时，已临近中午，高峰期已过，店内稀稀拉拉地坐着几个人，门外的蒸煮锅还向外喷着热气。见我径直走来，从那蒸汽中走出一人，他身系围裙，头上还戴着一顶白色圆帽，他将手在围裙上擦了擦，上面能清晰地看到面粉留下的印记。我缓缓向店内走去，到了门口才真切地看清他的样子：一位四十有余的大叔，圆圆的脸上有一双小但有神的眼睛，笑起来只留下一对弯弯的月牙，他就这般模样对我说：“里面坐，想吃点什么？”

“来碗馄饨，一笼肉包子。”“好嘞！”随后他大声地向厨房内一位正在擀面的女士喊道，“一碗馄饨！”而后转身走向门外的笼屉，从中拿出一笼肉包，放到我的面前。扑面而来的蒸汽，模糊了我的眼睛，夹杂着浓厚的肉香一时将我包围。

看着我笨拙的动作，大叔笑着坐在我对面，自然地与我聊起天：“多大了，背着个包，刚上完课吗？”“8？是不是八年级，嗯……是的。”对于突然的交流，我感到一时无措，只得拿起手中的包子向口中塞去。

一口下去，厚实的肉馅裹着鲜香的肉汁，一瞬间俘获了我的心，心中不由地赞叹。“合口味吗？”“嗯！真的很好吃！”他听到后，再一次露出标志性的笑容。肉包在口中旋转，肉汁在味蕾上跳跃，刺激着我的多巴胺。

“这是牛肉馅的吗？”我细细回味着口中的味道。“是的，我们这是清真店。”语毕，我才猛然意识到，他头上的那顶小白圆帽不是什么厨师帽，而是回族的传统服饰。此时，一位端着馄饨的阿姨走了过来，笑盈盈地对我说：“慢点吃，别烫着。”我想，这大抵是大叔的妻子。她说完，便坐在了大叔旁，我们聊着天，共同享受这美好的早餐时间。

已走出店门十步之外，大叔和阿姨还站在门外朝我挥手告别。一次无意的尝试，一笼不同的肉包，一场突然的对话，一齐跌入了这个不普通的早晨。

此后每个周末的早课后，我都会来到这里，吃着牛肉包，和他们说些闲言碎语。偶然间得知阿姨是汉民的我一时诧异：“我以为……我……汉民？可回汉，那你们肯定克服了很多困难吧。”阿姨笑着摸了摸我的头，“困难是有的，因为习俗不同，确实在相处时会有观念不一的情况，但好在我们彼此关爱与理解……”我似懂非懂地点了点头，继续听她讲他们的故事……一个关于美好爱情的故事。日子就这样一天天过去了，因为学业的关系我搬离了原先的家，至于那个早餐店，只记得大叔笑着对我说：“你好好努力，大叔也努力，在你们学校附近开个分店，怎么样？”眼泪夺走了回答，先行流下。

一晃四五年已经悄然走过，又是一次课后，路过一家早餐店，肉香四溢的味道再一次将我拉回儿时的记忆，内心瞬间波涛汹涌，脑海浮现着大叔脸上那憨厚的笑容，此刻，我满心欢喜的不只是那笼肉包，还有那没听完的故事……

坐上车，眼前的景色被我遗落在后方，回忆的留声机吱呀作响，侵占着大脑，一遍遍重映着昨日种种。下了车，内心被眼前的景象冲击：早年的小巷已变成了宽阔的街道，两旁是各式各样的饭馆，熙熙攘攘的人群，穿梭其中，店门口的伙计大声地吆喝着，争相揽客，仿佛置身于一口食锅，身上早已被气味熏染，眼前灯火通明，店牌交相辉映。

恍如昨日，却已经年。

继续朝里走去，越往深处走，断断续续听见身边的人说出“马记”。慢慢停下了脚步，还是如往年的绿底白字，只不过在霓虹灯的衬托下更加耀眼夺目。人们将这里称为“民族巷”，我想倒也妥帖。这时，耳边传来那对夫妇和美的笑声，我静静地看着远处那熟悉的身影，心中涌起一股暖流，我知道美丽的故事还在续写，终将汇聚成不老的传奇。就好比九百六十多万平方公里的中华大地上，散落着五十六朵花，有的落在那处，有的种在这里，但彼此都心心相系，所以花香才会馥郁，汇聚在一起滋养了中华文化，为中华民族注入了不朽的血脉。

本文在“民族团结幸福银川”的主题下，选取“巷子铺”中展现民族团结、百姓幸福生活的片段，选材贴近自己的生活，以小见大，文末“就好比九百六十多万平方公里的中华大地上，散落着五十六朵花……但彼此都心心相系……”立意高远，恰到好处地深化了主旨。在事件过程的描述中也是详细具体、井然有序，让读者有身临其境之感，足见是笔者亲身经历的生活。语言生动流畅，明丽自然，读来如饮清茶，口有余香。

在节假日，注意积累关于节假日的一些风俗习惯，如春节、端午节、中秋节等，引导学生参与各具特色的节日活动，用手抄报的形式记录自己的生活。为了给学生提供体验生活、参与生活的素材，教师可以有意识地给学生布置一些“特殊”的作业，如教学案例中为学生布置了周末的家庭大扫除活动。在春节中我也为学生布置了在社区参与垃圾分类宣传活动、社区人员写对联活动等，还会要求学生利用假期进行五育研学活动，在活动结束后进行班级汇报。学生在参与这样的活动后，就会不自觉地动脑去感受和思考，我要求学生随时用文字记录自己的所见所闻所感，这正是在“‘五育融合’理念下进行的语文写作生活化”的体现。在这些活动中，学生感受到社会发展带来的变化、中华优秀传统文化的魅力，在劳动实践中锻炼身体，培养环境保护意识，体验生活的辛苦。有了这些生活体验，学生在写作时就有话可说，有内容可供选择，能够真正地实现真情实感，使作文“有骨血”。

初中语文教师也可以根据教学需求适当组织一些生活化的活动，如秋雨来临，让学生走进秋雨之中奔跑，嬉闹，观行人，体会宁夏的雨跟我们课本中《昆明的雨》有什么不同。活动之后，教师就可以给学生布置以“宁夏的雨”为主题的写作任务，鼓励学生结合自己的感受去自由创作。因为学生刚刚参与了这样的活动，易于抒发自己的内心感受，并用文章的形式把种种不同的感觉与大家分享，对于这样的写作任务学生是很乐于接受并完成的。在此基础上，教师可以实施点拨——写作过程中一定要关注生活，做生活中的有心人，这样会让学生深刻地理解教师想要传达的写作理念。

教学实施者也可以将生活融入课堂，说与写相结合。例如教学案例中分享的请以“于青少年而言，上网有利于我们的成长还是不利于我们的成长？”为话题，进行讨论达成共识，教师引导学生明晰“议论是对人或事物的优劣、正误、善恶、是非、好坏以及其价值、特点、作用等所表示的意见、看法或主张”。教学实施者要把口语表达能力对学生的写作能力影响效力最大化。为了更大限度地助力学生投入写作中，教学时可以把生活融入课堂，以说促写。语言的巧妙应用和主旨的表达对学生写作能力的培养起着非常重要的作用。据此，教师可以在每节课固定开展以生活中学生熟悉的事物为主题“我想说一说”活动，如“垃圾分类从我做起”“出行安全你我他”“与家人和睦相处”等主题，通过这些主题性的讲说活动，指导学生学会针对身边的生活细致观察和深入思考，引导学生学会在生活中去反思与感悟。在此基础上，及时给予学生写作练习的任务，从而达到“‘五育融合’理念下语文写作生活化”，锻炼和提升学生的写作能力。教学实施者还可以创设生活化的情境，辅助写作教学。古诗言“问渠那得清如许，为有源头活水来”，针对初中作文教学中教师单一的作文讲授方法带来的问题，也就是学生写作中感觉无从下手的问题，教师可以采用创设生活情境的方法来辅助学生进行作文学习。我校赵静老师在语文九年级下册第六单元写作《有创意地表达》教学设计中，以这样的形式导入课堂内容。激趣导入：请同学们听几则有创意的广告词：“如果没有联想，世界将会怎样？”“因为是小鸟，所以在高端。”“我们不生产水，我们只是大自然的搬运工。”有创意的广告词不仅吸引大众的关注，而且给商家带来很大的利益。“创意 + 创异 = 创益。”再来欣赏两幅有关环保主题的创意图片。不仅是文字、图片等广告需要创意，我们身边处处需要创意，大到科技创新、发明创造，小到我们吃的美食、用的文具，创意让我们的生活丰富多彩。好的创意不仅给我们带来视听上的冲击、独特的审美意趣，还会给大众带来向上、向善、向美的力量。对于写作来说，有创意地表达也能带给读者与众不同的思考和独特的审美享受。“有创意”——有新意、有个性、不落俗套。写作的创意可以从立意、选材、视角、语言和形式五个方面体现出来。

以学生喜闻乐见的广告词设计为课堂导入环节，形式新颖别致，也鼓励着学生重视观察生活，从生活中积累并获得写作的素材。这样的情境设置，利用情感与认知的相互关系，创设了有利于引发学生情感共鸣的直观情境，特别是学生熟悉的生活情境，从而激发学生主动写作的内驱力，提高学生写作的积极性。又如某位教师在对命题作文“扶不扶的道德思考”教学时，首先给学生呈现春晚的小品《扶不扶》，然后再给学生呈现新闻报道中有关的视频资料，在此基础上开展班级的双方辩论活动。这样的生活化情境设计使学生了解写作主题，获得个人的思考方向，之后再要求学生动笔写作，学生就会感觉轻松得多，也会觉得有话可说，从而激发学生写作的热情。最后，作文修改与讲评也可以以生活化的形式展开。著名教育家叶圣陶认为：“学生作文中任何一点可取的地方，都应找出来，肯定他的想法和写法。”初中阶段的学生受其认知能力的影响，在作文写作时经常出现这样或者那样的小问题，如思路不清、缺乏真情实感等，对此，教师千万不能越俎代庖，切忌只是说教章法，脱离实际，而需循循善诱，根据实际情况引导学生联系生活，找到生活的源头活水，克服写作中的困难，从而提高写作的质量，进而提升作文教学的效率。比如我在教学《苏州园林》一文后，要求学生走出教室，走遍我们的校园，世间万物千姿百态、美不胜收，这些都可以是学生描写的对象。教师可以组织学生进行“校园一日游”游览活动，带领学生感受校园中的自然与人文，引导学生观察人、事、物的形态特点，激发学生写作的灵感，从对校园的整体感知到校园中的草木花鸟，写一篇名为《我的青春校园》的作文。学生运用课上学过的描写景物的手法写作，即兴观察或者有意观察，最终呈现的作品，我并没有一一批改，而是选择整理成册，变成我们的班本化写作教材。传统的作文讲评，往往要罗列此次作文的优点和缺点，再读上两篇范文，我则要求学生把“班本化写作教材”放在我们的小书屋中，每个学生在空闲之余都可以进行阅读批注，书写自己的真实感想。这样的作文讲评有实际生活的内容，能引起学生情感的共鸣，学生在闲暇真正“琢磨、品析、推敲、表达”，引发学生在认识上的共鸣，这样的成果呈现深入到学生内心。学生在进行作文修改时，发挥着自己的主体作用，学生之间的互助与合作也完美地结合起来，在此基础上鼓励学生积极发表自己的观点。这样不仅实现了学生之间的交流和思维的碰撞，更有利于提升学生对写作的认识，从而通过讲评帮助学生学习别人的优点，认识自身存在的不足。

总之，作文教学是初中阶段语文教学的重要内容之一，通过开展“‘五育融合’理念下语文写作生活化”教学，能够解决现在初中作文教学中存在的许多问题，拉近学生与写作之间的距离，提高作文教学的实效，从而为学科核心素养的实现打好基础。

项目式学习与整本书阅读

项目化学习最早诞生在欧洲，随后于欧美国家得到广泛应用，传入我国后便受到了教育界的关注，在理论和实践方面得到不断的研究与发展。项目化学习作为一种新颖且卓有成效的学习方式，具有注重真实情境的创设、聚焦核心知识的运用、倡导团队合作的形式、指向高阶思维的发展、关注学习全程评价的特点，有效地促进学生的学和教师的教，为当前语文教学注入了新的活力。最新颁布的《义务教育语文课程标准》（2022 年版）在课程内容的结构方面提出了“学习任务群”，根据课程内容的整合程度又将学习任务群分为基础型、发展型和拓展型。其中“整本书阅读”作为拓展型学习任务群之一，引起教学研究者的注意并不断地尝试应用于课堂。专家曾提出整本书是针对节选和片段讲的，书本身就是一个完整的生命体，是有着独特灵魂与气质的著作。因此，整本书阅读与单篇的文本阅读不同，是以整本书为阅读对象，教师在教学过程中引导学生自主阅读的一种阅读方式。课标中明确指出，整本书阅读旨在引导初中学生在真实的语文实践活动中，根据阅读目的和个人兴趣选择合适的图书，制定相应的阅读计划，综合运用多种阅读方式阅读这本书，在阅读过程中学生分享交流，积累整本书阅读经验，养成良好的阅读习惯。整本书阅读融入项目化学习，能够推进学生在阅读中实现深度学习，在整本书阅读教学项目化实施过程中，教师秉承递进化的教学原则进行顶层设计，在不同阶段、不同环节设置不同的学习项目，易于学生在整本书阅读中实现能力、思想、情感的提升。下面以《西游记》的整本书阅读教学为例。

项目化学习一：明确精读与跳读的读书方法。

跳读

1. 结合课本，了解内容大概：小说围绕唐僧、孙悟空、猪八戒、沙僧师徒前往西天取经的主线，写了许多降妖除魔的故事。各路神佛妖魔在天上地下、龙宫冥府、山林湖海，尽情地施展各自神通，如孙悟空就有______、______、______等超凡能力，其他神妖如猪八戒、二郎神、红孩儿等也都各有所长，读来令人兴趣盎然。这部小说被鲁迅先生称为“__________”，被林庚先生称为“__________”，是中国古典文学中最富有想象力的作品之一。

2. 跳读回目、了解故事内容：请同学们翻开书，浏览目录部分，说说你有什么发现。

3.《西游记》这一百回是怎么串成一个长篇故事的呢？

4. 跳读回目，猜测故事内容。

第一回　灵根育孕源流出　心性修持大道生

第五回　乱蟠桃大圣偷丹　反天宫诸神捉怪

第五十七回　真行者落伽山诉苦　假猴王水帘洞誊文

第八十七回　凤仙郡冒天止雨　孙大圣劝善施霖

5. 浏览目录，找一找：唐僧分别在何处收谁为徒？

精读

1. 电视剧《西游记》片段，这是哪个故事？在书中找到相关回目。

猪八戒助力败魔王　孙行者三调芭蕉扇

2. 看标题，讲一讲这一回讲了一个什么故事？

3. 读一读，不认识的字可以查字典，遇到不懂的词语可以结合上下文猜猜意思：“这大圣收了金箍棒，捻诀念咒，摇身一变，变作一个海东青，飕的一翅，钻在云眼里，倒飞下来，落在天鹅身上，抱住颈项嗛眼。那牛王也知是孙行者变化，急忙抖抖翅，变作一只黄鹰，返来嗛海东青。行者又变作一个乌凤，专一赶黄鹰。牛王识得，又变作一只白鹤，长唳一声，向南飞去。行者立定，抖抖翎毛，又变作一只丹凤，高鸣一声。那白鹤见凤是鸟王，诸禽不敢妄动，刷的一翅，淬下山崖，将身一变，变作一只香獐，乜乜些些，在崖前吃草。行者认得，也就落下翅来，变作一只饿虎，剪尾跑蹄，要来赶獐作食。魔王慌了手脚，又变作一只金钱花斑的大豹，要伤饿虎。行者见了，迎着风，把头一幌，又变作一只金眼狻猊，声如霹雳，铁额铜头，复转身要食大豹。牛王着了急，又变作一个人熊，放开脚，就来擒那狻猊。行者打个滚，就变作一只赖象，鼻似长蛇，牙如竹笋，撒开鼻子，要去卷那人熊。”

4. 孙悟空神通广大，先后变化成什么样？牛魔王变化多端，先后变成什么迎敌？补充文段：

……那罗刹出门，高叫道：“孙悟空何在？”行者上前，躬身施礼道：“嫂嫂，老孙在此奉揖。”罗刹咄的一声道：“谁是你的嫂嫂！那个要你奉揖！”行者道：“尊府牛魔王，当初曾与老孙结义，乃七兄弟之亲。今闻公主是牛大哥令正，安得不以嫂嫂称之！”罗刹道：“你这泼猴！既有兄弟之亲，如何坑陷我子？”行者佯问道：“令郎是谁？”罗刹道：“我儿是号山枯松涧火云洞圣婴大王红孩儿，被你倾了。我们正没处寻你报仇，你今上门纳命，我肯饶你！”

……那罗刹女与行者相持到晚，见行者棒重，却又解数周密，料斗他不过，即便取出芭蕉扇，幌一幌，一扇阴风，把行者扇得无影无形，莫想收留得住。这罗刹得胜回归……那大圣飘飘荡荡，左沉不能落地，右坠不得存身，就如旋风翻败叶，流水淌残花，滚了一夜，直至天明，方才落在一座山上，双手抱住一块峰石。定性良久，仔细观看，却才认得是小须弥山……

5. 铁扇公主为什么不肯借芭蕉扇？从资料中，我们可以看出“罗刹女”（铁扇公主）是一个什么样的形象？

阅读拓展：对照目录，找出精读和跳读的内容，制定课外阅读计划

阅读内容	精读回目	跳读回目	理由
第 1–7 回			
第 8–12 回			
第 13–100 回			
备注			

项目化学习二：选择你印象最深的妖魔，精读相关章节，了解其身份来历、法力、相关的故事情节等内容。

妖魔名字（一）	
相关章节	
身份来历	
具备的法力	
相关故事	
妖魔名字（二）	
相关章节	
身份来历	
具备的法力	
相关故事	

换个角度看人物

我的心得体会（如人物的多面性，妖魔的身份和其结局的关联性等，选一个角度思考）

项目化学习二“西游元素”展览馆设想

一、项目主题

《“西游元素”展览馆设想》

说明：六大组分工，各设计一个展览馆，制作一本小组册子，汇报小组成果。

二、选择项目内容

1. 路线馆　2. 悟空馆　3. 玄奘馆　4. 八戒、沙僧、白龙马馆

5. 群仙馆　6. 主题馆　7. 自主设计展馆名

三、项目说明

方法建议：参考镇北堡影视城、水浒影视城、横店影视城、上海迪士尼主题馆……调动起你的见闻，不拘时空，钻研透原著，搜相关资料，构思你的“馆”内元素并设计出你们小组的展馆风格。团队合作：团队组员群策群力，组内分工明确，构思完成后，节约时间，每人领取自己的任务在规定时间内完成，小组对分项任务进行整合。当你遇到困难，尽可能小组之间努力解决；可求助家长，亲朋好友。时间期限：从今日起两周时间。上交内容：一本小组册子（1）均要有符合你们馆主题元素的封面设计和底封设计；（2）参观券（门票）设计一张；（3）馆内平面图一张；（4）馆内设计与说明（此项涉及的每组都不一样，内容较多，图、文均有）；（5）纪念品设计（至少一样，雨伞、茶杯……）；（6）其他……活动评价：同学们，此次活动，我会选择比较优秀的作品装订成册，作为我们作业展的中心作品，希望同学们努力创新！

总体来说，在整本书阅读中开展项目化学习对于提高学生的综合能力具有显著功效，教师对项目化教学目标进行规划调整与设计，让学生在层次化、阶梯化的学习过程中实现个性化能力的成长提升，能更高效率地促进学生核心知识的获取和核心素养的养成，形成对整本书更深刻的认知。

统编教材体系下创新作业设计实践探究

统编版语文教材改动较大，许多一线教师拿到新教材，看到新的课型、新的体例、新的要求，心中难免有些茫然，担心对新课文理解不透，对课程标准贯彻不到位，对课堂教学拿捏不准，觉得统编语文教材运用起来困难重重，不是很得心应手。其实我们也不必过分惊慌，统编教材主编温儒敏先生说："这套教材的新，并非以革命的姿态把以前的教材教法全部颠覆，它是'守正创新'，是在原有基础上的文化革新，是那种大家经过努力就能跟得上的创新，因此大家不必焦虑，要以积极而正常的心态来稳妥地使用这套教材。"虽然这套教材推广使用已经整整两年了，但笔者是今年刚刚带完毕业班才开始尝试使用七年级上册的统编语文新教材的，在顺利完成一个学期的教学任务后，感触颇多。尽管两年前就接触过统编教材，也参加过不少的各级各类统编教材的培训，但笔者觉得还是只有经过亲身的教学体验，才能真正发现教学中的困惑，才能真正体会到统编教材的魅力所在。

温儒敏先生说："使用新统编教材，不只是教学方法要变化和适应，最重要的还是教学观念要更新，要理解新教材新在哪里，为什么要这样变化，有什么学理支持，把语文课程标准与新教材对照着读，加深对统编教材编写理念和设计意图的理解，而不至于'只见树木，不见森林'。"因此，笔者努力尝试变革语文课堂教学，积极推行统编教材倡导的新理念，落实语文核心素养，以作业形式的渐变和语文试卷命制的变化为突破口，调动学生学习统编教材的兴趣和积极性，坚持将语文课程标准和语文核心素养贯穿到语文教学活动的每一个环节。

统编教材为笔者的教学尝试提供了充足的学习资源，笔者把统编教材中每一单元里的单元提示、每篇课文前面的预习提示、课文后面的思考探究和积累拓展等内容视为顺利打开每篇课文的三把金钥匙。这些内容十分清楚地交代了本单元的设计意图、编者的编排目的、学习的目的要求、学习的方法技巧、教师教学的切入点、学生思考的突破口，以及学习的重点和难点等。例如七上第一单元导语：“日月经天，江河行地，春风夏雨，秋霜冬雪，大自然生生不息，四时景物美不胜收。本单元课文用优美的语言，描绘了多姿多彩的四季美景，抒发了亲近自然、热爱生活的情怀。学习本单元，要重视朗读课文，想象文中描绘的情景，领略景物之美；把握好重音和停连，感受汉语声韵之美。还要注意揣摩和品味语言，体会比喻和拟人等修辞手法的表达效果。”第一课《春》前面的预习提示中说道：“春天展现美丽的世界，春天带来崭新的希望，历来文人墨客都喜欢描绘春天，赞美春天。你读过哪些描写春天的诗文？这些诗文给你留下了怎样的印象？回忆一下，准备在课堂上与同学交流。这是一篇散文，又像一首诗。朗读课文，张开想象的翅膀，在头脑中再现文中描绘的春景，感受大自然的蓬勃生机。”再看文后思考探究中的问题：“一、在作者笔下，春天就像一幅幅美丽的图画。有感情地朗读课文，看看课文描绘了哪些春日图景。你喜欢哪一幅画面？说说你的理由。二、课文读起来富有童趣，又带有诗的味道，清新、活泼、优美。你有没有这样的感觉？试找出一些段落细加品味，并跟同学、老师分享你的体会。三、作者把春天比作‘刚落地的娃娃’‘小姑娘’‘健壮的青年’，你怎样理解这些比喻？你还能发挥想象，另写一些比喻来描绘春天吗？”这么细致具体的提示与引导，只要我们稍加变化和运用，就会使语文教学变得有趣、活泼且重、难点突出，同时也为笔者的教学尝试提供了充足的材料和依据。笔者想把在本学期使用统编语文教材过程中有关“快乐作业”和“成功考试”

的新举措与各位同仁作以分享。

课改伊始，就掀起了一股改变学生学习方式的热潮，自主式学习、合作式学习、探究式学习如一盏盏明灯照亮了原来呆板的语文课堂，学生有了展示自己的舞台和放飞梦想的机遇。但是作业的布置和试卷的命制权却依旧牢牢掌控在老师手中，留什么作业，留多少，老师说了算；考什么内容，怎么考，老师说了算，学生只有被动地接受，没有丝毫的主动权和选择权，久而久之，学生对作业失去了兴趣，对考试失去了信心。如果各个学科教师之间不注意协调，无形中还会加重学生的课业负担，导致家长、学生怨声载道。笔者在使用统编语文教材过程中大胆提出了“快乐作业，成功考试”的教学主张，并在推行过程中收到了事半功倍的效果。

借“三种学习”之风，扬“快乐作业”之帆。作业设计包括作业内容、作业的形式、作业的评价三个方面。它与课堂教学、课外活动一起构成了语文教学体系，是对课堂教学的巩固运用，是提高教学质量的重要途径。作业设置的多样性、灵活性、趣味性是激发学生学习兴趣的基础，不难想象，只要我们多花点心思在作业的设计上，学生定能变被动学习为主动学习，变苦学为乐学。

多年来传统的作业就一个固定的形式，老师布置作业，学生完成作业，老师批改作业，学生改正作业中的错误，几乎所有作业千篇一律。虽然教育主管部门也曾多次呼吁教师可根据学生实情分层布置作业，可具体操作起来实属不易，分层过细，学生每天作业记都记不清楚，特别是学困生更不知所措，老师批改起来也增加了困难和作业批改量；分层过粗，又达不到分层的效果和目的。有什么好方法改变这种现状呢？笔者深思：为什么不依据语文课程标准中倡导的三种学习方式相应地采用三种布置作业的形式呢？即自留作业、互留作业、师留作业。自留作业补充学生自主学习中的遗漏，互留作业张扬学生合作学习中的个性，师留作业启智学生探究学习中的思维。

自留作业补自主学习之短。

自留作业，顾名思义就是学生根据课堂学习的实际情况和学习时间的多少给自己布置作业。自留作业是学生在自学过程中认为比较重要的，自己又没有掌握好仍然需要夯实巩固的。一般情况下，自留作业是针对课文中的生字词、作者介绍、文学常识、课下的注释，课后较容易练习。当然也可以从课外搜集一些与课文内容相关的趣味语文知识等。自留作业的量可以由学生灵活掌握。为了监督学习积极性不高的学生，起初笔者限制每次自留作业不少于两道题，多者不限。

互留作业扬合作学习之长。

互留作业就是学生互相给对方布置作业，是对课堂合作学习的继续和延伸。学生自由选择和谁结对相互完成互留作业，可以选择同桌、前后座，或者选择自己的好朋友。互留作业是三种作业中最活跃、最能调动学生学习语文的兴趣，激发学生积极性、主动性的新举措。互留作业的内容十分宽泛，可以是课文中的问题，课前预习中的提示、提问，课后的探究练习，课堂中生成的问题，也可以是学生独创的问题，还可以是综合性学习、口语交际，甚至还可以选择网络、学科网站、课外练习资料中自己认为有价值、值得与他人分享的练习。起初互留作业量控制在2—4道小题，以后学生可以根据实际情况自由把控。当互留作业的双方同学都完成学习任务以后，再返还给布置作业的同桌或好友，及时进行批改，判断正误并督促其纠错。如果对方不能独自完成纠错，布置作业的一方负责辅导讲解（要求布置作业的同学自己必须能独立完成这些练习，并能讲解辅导他人）。这个环节看似简单，但在运行过程中其实际效果和意义远出乎笔者最初的预料，学生合作的兴趣很浓，闲暇时间常常看见同学们或认真翻书、或查找资料、或批改作业、或辅导他人，或拿着书本、练习追问老师探讨答案。马斯洛需要层次论指出，人最顶层的需求是尊重和自我价值的实现。我们的学生何尝不是这样呢？每上完一节新课，学生就催促着自己的合作伙伴赶紧完成自留作业，好尽早把作业本拿过来布置互留作业。能和好友共同学习、共同进步，取人之长、补己之短，这是多么快乐又有意义的事情，况且在当小老师的过程中有了满足感、获得感和成功感。慢慢的，有同学开始研究怎么给对方留作业能得到老师的认可表扬（每课的互留作业笔者都要从全班选出 4 道金牌试题，在上课前利用多媒体全班共同交流学习，这个过程既是温故知新，又是评价导向）。学生都渴望被欣赏和赞许，为了能给老师、同学、朋友留下好的印象，互留作业双方的同学越来越认真了，作业书写越来越整洁美观了，学习语文的兴趣越来越浓了，语文能力提高了，语文素养提升了，学业成绩进步了，而且每个学生的作业都不尽相同，真正实现了作业的分层设计。

师留作业启探究学习之智。

师留作业就是老师给学生布置的作业，一般情况就是上完新课后，老师根据课文的重点、难点和学生对教学内容的掌握情况，留一些需要继续探究、深化的作业，作为前两项作业的补充以启发学生的思维和智慧，探求知识的深度和广度（这部分作业可以很少，自留作业和互留作业中已涉及的内容绝对不再重复布置）。

乘统编教材之舟，载“成功考试”之实。课堂教学、完成作业、测查考试是学校教学必不可少的三个组成部分。课堂教学是学习的前提，完成作业是知识的巩固，测查考试是对学习情况的检查和验收，每个环节都有其不可替代的意义和作用。语文课标指出：语文试卷的命制以落实核心素养为导向，注重立德树人，突出语言的构建和运用，融入审美教育、思维训练和文化传承，还要注意知识与能力、过程与方法、情感态度与价值观的交融、整合，以语文要素的落实为重点，发挥导学功能，促进学生能力的发展，测试要发挥检查、诊断、反馈、激励等功能。但传统的试卷命制是由任课老师独立完成或几个老师共同商讨完成，这样试卷的命制权就牢牢把控在老师手中，学生只能被动地接受。笔者通过平时的大胆尝试发现，若将命题的形式稍加变化就会起到事半功倍的效果。一次单元测试，笔者让学生每人命制一套语文试卷中的基础知识考题（古诗文默写，字词、成语积累，仿句、排序、非连续性文本、口语交际、综合性学习、课内文言文阅读等）并附答案一起上交，笔者再从学生命制的试卷中采题组题，并在试题后面标清楚命题学生的姓名和所在的班级。测试结束，在年级引起了轩然大波，一时间，师生议论纷纷，有褒有贬，不过肯定的声音还是占了上风。后来的语文小测试笔者如法炮制，学生的学习兴趣明显提高，研究怎样命出好试卷的同学越来越多，参与命题的热情一次比一次高涨，语文成绩也越来越好。下学期，我们将继续推行师生共同命制试卷的学习方式，并加大放手的力度，由原来的只要求学生参与命制基础知识部分逐渐向阅读理解、作文试题方向发展。

教学有法，教无定法。只要我们都做教学的有心人，许多困惑多年的问题就可能迎刃而解。下面是关于《散步》一文的作业设计。

作业所对应教学内容、教学目标解析：1. 作业所对应教学内容解析。亮丽多彩的人性美。一个“慈母”，一个“孝子”；一个真诚地理解，一个绝对地信任；妻子贤良、孝顺，孙子乖巧、明理。这种良好的家庭氛围反映了古朴的伦理道德之美。清新淡雅的语言美、景物描写的诗意美，这些都是设置作业的关注点。2. 作业所对应教学目标解析。在有感情地朗读课文的基础上，整体感知课文内容，在问题探究的过程中通过适时的点拨，培养学生的文本理解能力，锻炼学生的语言表达能力；关注文中美的故事、美的人物、美的情感，感受生活中的浓浓亲情，让学生在家庭里、生活中学会尊老爱幼，理解他人、关爱他人；培养学生责任意识，同时教会学生珍爱亲情，珍爱生命。作业设计以学生为主体，运用自主、合作、探究的学习方式。从有效教学理念出发，教学以教师为主导，以学生为主体，强调学习的自主性，始终把学生置于学习的主体地位，给学生足够的活动机会，并通过学生的沟通与活动展开指导。（1）鼓励学生对课文的自我解读和个性表达。有利于学生在学习的过程中获得真实的内心体验，更有助于学生从心灵深处确立对真、善、美的价值追求。（2）鼓励学生大胆质疑。如让学生对课文内容再表达，提出自己的问题，以小组为单位进行交流，小组不能解决的全班讨论。它不仅能使学生通过一系列的探究活动获得一定的知识和技能，也有利于情感的体验、个性的张扬和创造精神的培养。

作业设计展示：

一、课前作业。（1分钟）

任务一：根据拼音写出相应的汉字，或给加点汉字注音。

nèn（　　）芽　　shà（　　）时　　chāi（　　）散

熬（　　）过　　分歧（　　）　　水波粼粼（　　）

二、课堂作业。（4分钟）

任务二：理解重点词语的意思。

今年的春天来得太迟，太迟了，有一些老人挺不住。但是春天总算来了。我的母亲又熬过了一个严冬。如果将“熬过”改为“经过”好吗？

任务三：请用一个字概括文中人物的性格。

母亲：（　　）　妻子：（　　）　儿子：（　　）　我：（　　）

任务四：送花小活动。

在这个温暖的家庭里，你想把漂亮的鲜花送给谁呢？说说原因。请用“我想把漂亮的鲜花送给______，因为从文中______可以看出他（她）是一个______的人。”的句式回答。

三、课后作业。（10分钟）

任务五：深度学习，重点句子赏析。

“我和妻子都是慢慢地，稳稳地，走得很仔细，好像我背上的同她背上的加起来，就是整个世界。”怎样理解这句话？

任务六：对比阅读。体会本文与《秋天的怀念》感情基调的不同之处。

任务七：读读下面的广告语，联系自己的生活，说说感悟。

尊敬老人，尊重你的未来。爱护儿童，爱护你的过去。尊老爱幼，人间美德。

老吾老，以及人之老；幼吾幼，以及人之幼。

任务八：选做题，情境小练笔。

晚饭后，全家人在一起看电视，爷爷奶奶喜欢看戏曲节目，爸爸妈妈喜欢看时事报道，你喜欢看动画片，而遥控器在你的手中，你该怎么办？请写一段200字左右的小片段和同学们分享。

作业困难分析（预测学生完成作业可能遇到的困难并分析困难形成原因、陈述相应解决办法）：

1. 学习任务四，引导学生通过送花小活动，树立正确的生活评价观，立德树人，从小就有一颗尊老爱幼之心，从而继承优秀的中国传统文化。启发学生关注文中几处细节描写，领悟文章用细节描写表现人物情感的方法，展现人物闪光点，体会浓浓的亲情。2. 学习任务五，通过理解重点词句体会文章感情，设计目的是想通过分析散文中的文眼句，体会作者在文中要表达的思想感情，抓住重点，突破难点，进行深度学习。拉近学生与现实生活的距离，体会中年人生活的不易，从小树立家庭责任意识。3. 学习任务六，通过对比阅读，让学生体会两篇散文感情基调的不同之处。这道练习是要在理解全文的基础上，理性地进行分析，才能理解考查的目的。可以先引导学生从理解散文标题的作用入手：①交代故事发生的时间或地点；②交代叙事的线索；③奠定文章的感情基调；④揭示文章的主题思想。这样学生就会抓住突破口，问题自然迎刃而解。

作业内容	作业目标	设计意图
任务一：根据拼音写出相应的汉字，或给加点汉字注音。 nèn（　）芽　shà（　）时 chāi（　）散　熬（　）过 分歧（　）　水波粼粼（　）	积累课文中出现的生字词的音、形、意。	注重积累，夯实基础。掌握重要词汇的读音及意义，积累一定的词汇。这样设计，既可以达到检查课前预习的目的，又能积累一定的词汇。

任务二：理解重点词语的意思。 今年的春天来得太迟，太迟了，有一些老人挺不住。但是春天总算来了。我的母亲又熬过了一个严冬。如果将“熬过”改为“经过”好吗？	引导学生抓住关键词语和短句、回环句进行研读赏析，同时通过朗读训练加深感悟，融情于读。	通过炼字，体会作者精准的用词构句，同时体会作者对于母亲的疼惜，体会他们之间的母子深情。
任务三：请用一个字概括文中人物的性格。 母亲：（　　）妻子：（　　） 儿子：（　　）我：（　　）	在理解作品内容的基础上，抓住人物的性格特点，尝试用一个最恰当的字概括人物的性格。	这个问题具有开放性，学生可以各抒己见，从不同的人物性格出发。在这个过程中，学生既知道了人物形象，又体会到了用词的准确性。
任务四：送花小活动。 在这个温暖的家庭里，你想把漂亮的鲜花送给谁呢？说说原因。请用“我想把漂亮的鲜花送给______，因为从文中______（字、词、句、段等细节描写）可以看出他（她）是一个______的人。”的句式回答。	引导学生通过送花小活动，树立正确的生活评价观，立德树人，从小就有一颗尊老爱幼之心，从而继承优秀的中国传统文化。	引导学生关注文中几处细节描写，领悟文章用细节描写表现人物情感的方法，展现人物闪光点，体会浓浓的亲情。

任务五：深度学习，重点句子赏析。 “我和妻子都是慢慢地，稳稳地，走得很仔细，好像我背上的同她背上的加起来，就是整个世界。”怎样理解这句话？	通过分析散文中的文眼句，体会作者在文中要表达的思想感情，抓住重点，突破难点，进行深度学习。	使学生从内心深处真正地受到触动，拉近与现实生活的距离，体会中年人生活的不易，从小树立家庭责任意识。
任务六：对比阅读。体会本文与《秋天的怀念》感情基调的不同之处。	在理解课文内容的基础上，培养学生的逻辑思维能力，通过对两篇散文的对比阅读，体会作者要表达的不同感情。	将朗读技巧的指导与对课文的理解感知和学生的朗读体验有机结合，突出朗读教学与文章感情基调之间的联系。
任务七：读读下面的广告语，联系自己的生活，说说感悟。 尊敬老人，尊重你的未来。 爱护儿童，爱护你的过去。 尊老爱幼，人间美德。 老吾老，以及人之老； 幼吾幼，以及人之幼。	重在培养学生的语用能力，在理解作品主题的基础上，联系生活实际，对学生进行思想品德教育，从而达到立德树人的教育功效。	选用尊老爱幼的公益广告和爱的小诗联系生活，让学生在品读中得到熏陶感染。

任务八：选做题，情境小练笔。 晚饭后，全家人在一起看电视，爷爷奶奶喜欢看戏曲节目，爸爸妈妈喜欢看时事报道，你喜欢看动画片，而遥控器在你的手中，你该怎么办？请写一段200字左右的小片段和同学们分享。	通过情境片段训练，让学生把尊老爱幼的优秀传统文化渗透到日常生活中去，从而落实语文的人文教育功能。	情境片段，语用训练，强化思想品德教育，立德树人。培养学生的语感、思维能力，理解作品的主题，继承中国优秀的传统文化。

创新点：本次教学设计主要对学生进行审美阅读的启蒙训练，让学生在阅读中感受、联想和思考，运用“自主、合作、探究”的学习方式，品味文章语言“举轻若重”的特点及对称之美，在朗读中揣摩体会，力求让学生读出文章的情味和韵味，培养学生对语言文字之美、情感意境之美的体验。语言的学习、情感的体验远远不是一篇课文所能完成的，所以在教学设计中，努力把学生的关注点和思考点引向更广阔的空间。其一是希望学生在课堂教学中获得对家庭的理性认识，能够把自己的阅读兴趣调动起来；其二是引导学生把社会生活作为自己学习的内容。围绕亲情，教师在与学生共同学习的过程中引导他们发现并且将亲情作为思维的一个载体，启发学生对家庭、人生与社会进行思考，培养学生对家庭、社会的责任感和使命感。学习任务六，通过对比阅读，让学生体会两篇散文感情基调的不同之处。这道练习是要在理解全文的基础上，理性地进行分析，才能理解考查的目的，进而全面准确地理解作品内容。学习任务四，引导学生通过送花小活动，树立正确的生活评价观，立德树人，从小就有一颗尊老爱幼之心，从而继承优秀的中国传统文化。引导学生关注文中几处细节描写，领悟文章用细节描写表现人物情感

的方法，展现人物闪光点，体会浓浓的亲情。

我根据季节的特点设计学生喜闻乐见的作业形式，《秋冬，在“语”众不同中绽放》创新作业。

“莫言秋萧瑟，落叶亦如歌”。今日立冬，秋天渐渐离我们而去，让我们拾起一枚落叶，写上秋的思绪，留住秋天的最后一抹色彩。制作一张落叶书签，形式内容自定。

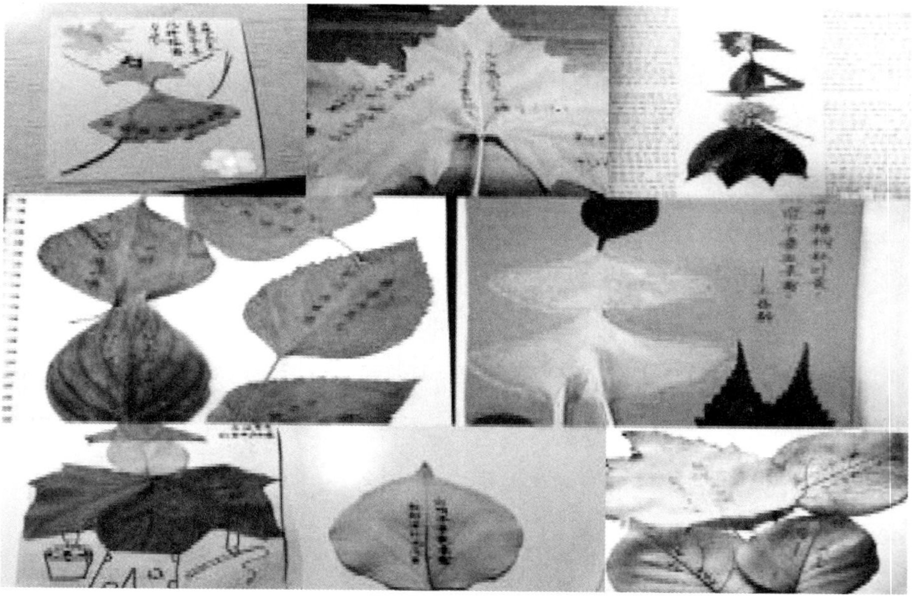

“美文佳景，身心入画”。今日立冬，日子走得急匆匆，连立冬都这样的匆忙。这一季在犹疑中姗姗来迟，是否不忍枝叶的飘摇与伶仃？这种灰暗的色调，自由、简单而极具寓意；这种万物藏匿后的干净、开阔，像心灵中那些空白的时段。孩子们去采撷一枚这样的美文佳句，让我们放空自己于绝美之中。

HD ⁴⁶.ıll 6:49

11月7日语文

已批改 0/47

王思淇的作业

王思淇妈妈 提交于 周一 11.07 21:17

银杏的金黄让它摆脱了花里胡哨的感觉，倒有一股高贵简约的感觉，像一只翩翩起舞的蝴蝶，飞向遥远的地方。秋充满着希望与温暖。不久就会立冬，立冬之后，繁华尽藏，万物沉寂。

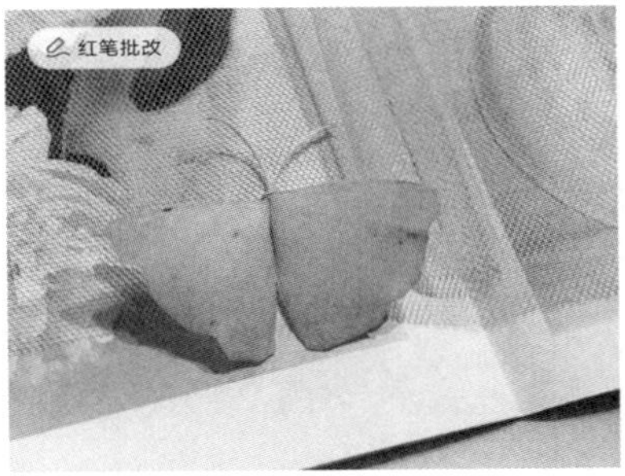

▲ 上一个 ▼

HD ⁴⁶.ıll 6:46

11月7日语文

秋将归去冬又至，寒色不遮万山翠。
.羁旅立冬时，凄风擗面吹。
.天水清相入，秋冬气始交。
.闭户先生，拥书枯坐，只好敲冰煮茗。
.立冬之后冬之先，病骨偏宜爱日天。喜把新诗酬酒伴，从看好景到新年。
细雨生寒为有霜，庭前木叶半青黄。今天我们迎来了冬天的第一个节气立冬，一转眼秋天变成了故事，冬天变成了风景。时光凋零如诗，四季轮转如歌。万物冬藏，岁月沉香。

HD ⁴⁶.ıll 6:47

11月7日语文

北方的天气早晚温差很大，午后我还在温暖的阳光下小憩。黄昏，黄昏后。风起，衣服也挡不住那寒意。鸟儿早已蜷缩在窝里，等待着黎明的到来。月亮很亮，清辉照耀在大地却是冷的，几点明星，叫人想要寻找温暖的灯光。枯黄的落叶掉落在刚趟过水的泥地里，再也被秋风卷不起。树梢上的叶子却青绿依旧，想是还没有做好立冬的准备。至于金黄的落叶，我还没有见到，黑夜的笼罩下，一切都一样，就连那灯光也昏黄了几分。秋，残秋。此时此刻，我便是再有闲情逸致也想回家。

HD ⁴⁶.ıll 6:43

11月7日语文

圆月被残枝切割成斑斑点点，黑夜笼罩下不见这满树秋叶的色彩，我便听从月色的指挥，把这皎洁的月光当做是他们的色彩，正像夏日般的朗月清风。轻轻摇动树枝，在微弱的光芒下是刚出生的青草，不断向上生长，但斑驳和弯曲仍是他们无法摆脱的特点，或许他们是要成为明年的小草，又或许是要成为养育一方小草的养料，但终是被我拾了起来，开始了新的使命。掉落在叶子上的岁月，被他的卧榻唤醒，打碎到来往的行人身上，开始了一段段不同的旅程。月光穿过手中，萦绕在叶子旁，顺着脉络，顺着叶片，顺着最后的秋。她想钻进这一抹秋意，与她相连。深吸一次，吸入的是深秋，吐出的是清寒。

“送给自己的向日葵”。向日葵寓意着希望，孩子们去画一枚属于自己的向日葵，写出那份寄语送给疫情中不断努力的自己吧！

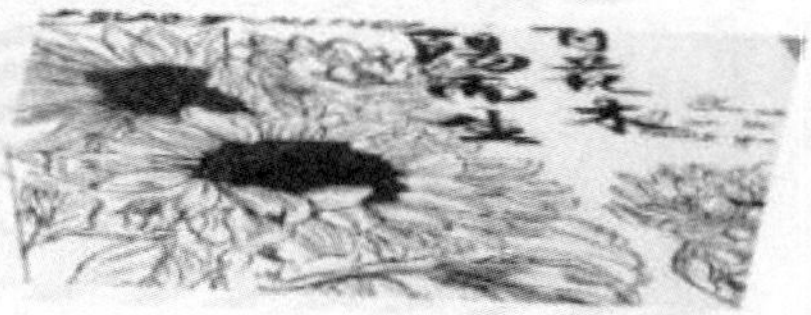

“双减”背景下，作业改革，单元整体作业设计，拓展性、探究性作业的探索势在必行。在今后的改革创新中，教师务必要发挥学生的主观能动性，始终牢记作业的目的在于巩固所学知识，在于创新学生思维，更在于激发学生自主学习的积极性，使作业有作用、有意义、有趣味。创新作业丰富了语文这一乐园的内容，个性化给了每一个学生展现自我的机会，培养了学生的审美鉴赏能力和创造能力。创新举措，探寻基于核心素养导向下的特色作业设计，让语文作业更加多元，更具趣味，让每个学生乐学善学。

附录

初中语文课堂的诗意与务实分析

摘要：在初中语文教学中，将诗意与务实应用在教学各个环节，引导学生主动学习语文知识，从中形成良好的思维品质。文章以初中语文课程的诗意与务实为研究对象，对构建诗意课堂，实现高效教学方法提出几点建议，希望对语文教育发展提供帮助。

关键词：初中；语文；诗意；务实

引言：诗意的课堂环境，可以增强学生学习兴趣，能够实现务实教学。在语文教学中，采用多种教学手段，为学生构建诗意的课堂，提升学生学习积极性，使学生主动参与课堂活动中。本文就诗意与务实课堂构建进行分析。

一、初中语文课堂诗意的构建

（一）导读中融入诗意，增加教学趣味

初中语文教学中，教师可以在导读环节融入诗意内容，引导学生深入学习。有效的导读，可以激发学生学习兴趣，能够提高课堂教学效果。语文教学中，加强与学生沟通，引导学生主动探究学习内容，并思考文章主题情感[1]。课堂教学中，教师一般采用问题导入、故事导入或者视频导入的方式进行课堂教学。教学活动中，根据学生实际学习情况，设计导入方式，引导学生主动学习，以此增加课堂诗意。

例如，讲《济南的冬天》这一内容时，教师可以采用问题教学法，引导

学生深入学习。教师：一年有四个季节，每个季节都有不一样的美，你最喜欢的是哪个季节呢？然后让学生用自己的语言描述喜欢的季节，并说出为什么？通过教师的引导，可以增加教学的诗意与趣味性，以此丰富教学环境，促进语文教学活动开展。

（二）情境教学中融入，活跃课堂氛围

在语文教学中，可以为学生创建情境，将诗意融入情境中，以此提高学生学习积极性。情境的创建，可以激发学生情感，使学生产生共鸣。课堂教学中，灵活应用各种教学工具，为学生创建多元化教学情境，使学生形成良好学习习惯与学习态度。多媒体工具是非常灵活的教学工具，可以利于此创建学习情境，活跃课堂氛围，增加课堂的诗意。直观情境教学法，是一种非常有效的教学手段，可以将抽象的文字信息转化成真实情境，能够帮助学生进行直观学习。直观情境创建的过程中，可以利用多媒体、教学工具等等进行教学，以此保证教学的真实性与有效性。情境的创建，可以给予学生视觉上的刺激，能够提升学生学习积极性。

例如，学生阅读文章时，教师可以利用多媒体播放音乐，让学生在优美的旋律中感受文章意境，体会作者情感。情境教学法的应用，可以实现情感培养，能够提升学生综合素质。

（三）整合教学资源，增加课堂诗意

初中语文教学中，若想构建诗意课堂，需要教师转变教学理念，在美的维度上收集一些与教材内容有关的材料，利用此进行知识教学。以往教学中，教材是学生学习的主要内容，很少进行课外知识拓展。课堂活动中，可以选择与教学内容有关的材料，增加课堂活动的诗意，加深学生对文章的理解。

（四）课堂总结中融入诗意，深化学生情感

课堂总结非常重要，是巩固学生基础知识、提高应用能力的重要环节。在课堂教学中，转变传统教学方式，设计具有诗意的结尾故事，以此激发学习热情，提高学生思想认知。课堂教学中，合理利用教材内容，利用教材内容实现诗意结尾，以此深化学生情感。初中语文课堂活动中，教师应学会挖掘美，善于观察生活中的美好，将此融入课堂教学中，为学生创建一个具有诗意的学习氛围，使学生在学习中健康成长。

二、务实高效初中语文课堂构建策略

务实高效课堂氛围的构建，可以提高学生学习效率，能够激发学生学习动力。课堂教学中，重视诗意、务实课堂的构建，鼓励学生积极参与学习中，以此提高课堂教学质量。

（一）加强对文本分析，提高教学效果

在初中语文教学中，若想提升课堂教学质量，应加强对文本的分析，了解文章主要描述内容，利用此进行针对性教学[2]。教材是实施教学的前提，可以推动教学改革的重要因素。通过教学经验，掌握文章解读方式，把握教学的准确性。教材中蕴含很多有意义的情感，应加强对比分析。根据学生学习情况、教学内容，合理设计教学活动，以此推动后续教学活动开展。课堂教学中，教师可以从不同角度对文章进行思考，保证学生能够理解教材内容。一千个读者有一千个哈姆雷特。课堂教学中，教师可以站在学生角度分析课文，进行授课，以此增加教学的有效性。素质教育背景下，强调以人为本的教学理念。课堂教学中，根据学生认知方式，设计教学活动，鼓励学生积极参与课堂学习中，培养学生课堂主人公意识，提高教学质量。

（二）多元化教学方式，构建高效课堂

在初中语文教学中，采用多元化教学方式，引导学生主动学习课本内容。不同类型教学方式，可以调动学生好奇心，使学生在学习掌握知识技能中，形成良好的学习品质。首先，情感教育。进行课堂教学中，对学生进行情感教育，使学生把握文章主要情感，深入了解教材内容。其次，增加师生之间互动[3]。课堂教学中，教师应增加与学生互动，了解学生课堂学习情况，并进行针对性教学。有效的师生互动，可以培养学生学习热情，能够激发学生学习积极性。教学过程中，突出学生主体地位，尊重学生个性，鼓励学生

多发言，表达自己的想法。最后，小组合作教学法。课堂活动中，利用小组合作学习法，增加学生学习动力，使学生全员参与学习，提升教学质量。

三、结束语

总而言之，在现代课堂教学中，应用多元化教学手段，实现诗意课堂的构建。采用不同教学工具，增加教学的趣味性与时效性，使学生在学习中形成良好的学习能力，以此促进教育改革发展，提高学生综合实力。

参考文献：

[1] 杨杰英 . 谈初中语文小组合作中如何持续调动学生学习积极性 [J] . 才智，2019（26）：175.

[2] 丁涛 . 综合性学习模式在初中语文教学中的实际应用 [J] . 课程教育研究，2019（37）：21-22.

[3] 羊瑞琴 . 让语文课堂成为学生的乐园——初中语文教学之我见 [J] . 学周刊，2019（28）：112.

初中语文教学的趣味性提升策略探讨

摘要：兴趣是最好的老师，在初中语文教学中激发学生语文学习的兴趣是学好语文的关键。在语文教学过程中应该让学生感觉到充满“趣味性”，如果语文教师将语文课堂设计成为充满趣味性的课堂，将学生的学习兴趣充分激发出来，使学生在学习的过程中充满激情、充满乐趣，主动投入到求知中来，将会显著提升教学效果，促进语文教学目标的达成。

关键词：初中语文；趣味性教学；提升策略

近年来随着新课改的实施，大多数教师都致力于转变传统的课堂教学模式，进而促进课堂教学有效性的提升。初中生所处的年龄阶段正值发展的关键时期，这个阶段的孩子有着极强的可塑性，由于初中学生较为活泼好动，喜欢趣味性强的东西，不喜欢被束缚，因此教师要根据学生的个性特点，合理地进行教学方案的设计。特别是初中语文教师更应该在教学中注重趣味性策略的应用，从而提升学生对语文学习的兴趣，促进教学目标的有效达成。

一、提升初中语文课堂趣味性的意义

1. 有效培养学生的创造性思维

提升学生语文学习兴趣，不仅能够有效地将学生学习热情转移到其他学科的学习中去，同时有助于促进学生综合能力的整体提升，推动学生自身综合素质的发展。初中语文课堂趣味性的提升还可以有效促进学生创造性思维的发展，学生不再感觉语文学习枯燥乏味，促进学生对趣味性浓厚的书刊产生阅读兴趣。教师将学生的这一特点应用于初中语文教学之中，不仅能够提升学生语文学习热情，同时能有效促进学生语文成绩的提高。

2. 有效培养学生的发散性思维

初中语文教学其目的在于培养学生理解能力、表达能力、组织能力，使学生能够掌握诸多的能力，为日后的工作打好基础。初中语文教学并不是单纯的培养学生语文素养，更重要的是培养学生的发散思维，提升初中语文课堂教学的趣味性，能够有效培养学生独立思考的良好习惯，从而促进学生发散思维的培养。

3. 促进良好师生关系的建立

在初中语文教学之中，最重要的就是教师与学生，教学活动要想圆满完成，二者缺一不可，教师是课堂教学氛围的营造者，只有创造出良好的课堂氛围，学生才能够积极投入学习。教师可以根据学生不同的个性特点，有针对性地制定教学方案，从而提升语文课堂教学的有效性。初中语文课堂教学趣味性的提升，能够促进学生更加积极地投入学习，同时拉近师生之间的距离，当学生遇到难题时能够勇于请教老师，在提升学生语文学习兴趣的同时有效促进和谐师生关系的建立。

二、提升初中语文教学趣味性策略

1. 创设有趣的教学情境

语文课堂能够放飞学生的思想，促使学生尽情地拓展想象的空间，从而开发学生的想象力与创造力。要想提升学生语文学习兴趣，创设轻松愉悦的课堂教学氛围极其重要。初中语文教师在课堂教学开始之前，首先会调动语文课堂氛围，例如，可以让性格开朗外向的学生进行才艺表演，或者选择喜欢表达的学生讲解近来国家和社会上发生了哪些新鲜事，从而将学生的注意力吸引到课堂中来。语文教师还应注重与学生建立良好的沟通，因为教师与学生之间的关系将直接影响到学生对语文学习的兴趣。此外，在教学过程中教师可以采取幽默风趣的方式为学生进行知识内容的传授。如，在进行鲁迅先生的《故乡》教学时，教师可以邀请多名学生分角色朗读文章，然后引导学生体会“我”与闰土捉鸟的快乐，及“我”对故乡的那种怀念之情。如果学生对课程产生了枯燥乏味的感觉，那将很难积极主动地投入学习。因此，为了更好地提升教学的有效性，初中语文教师应积极地创设有趣的教学情境，增强课堂教学的趣味性，促使学生快乐、积极地投入语文课堂之中。

2. 积极联系生活实际提升学生主动性

语文这门学科是一门工具性学科，在社会生活中无处不在。因此，在初中语文教学中教师不能将注意力只倾注于单纯的课本内容，在教学实践中语文教师应将教学与生活实际有机结合起来，充分利用周围一切能够利用的力量将课堂活跃起来，有利于巩固学生基础知识，拓宽学生的视野。尤其对初中生来讲，这个年龄段的学生充满了好奇心，与其生活紧密相连的语文知识更容易激起他们的学习热情，从而有助于学生综合素养的提升，帮助其养成良好的学习习惯。因此，初中语文教师应以课堂为中心，将语文学习与他们的家庭生活、学校生活及社会生活紧密结合起来，拉近课本知识与生活实际的距离，使课堂教学更加富有趣味性及知识性。例如，教师可以针对课文内容，将深受学生喜爱的电影、电视剧或者社会热点问题融入课堂中，进而丰富语文课堂的信息量，同时又将有限的课堂知识延伸到无限的社会生活中，让学生感受到知识的实用性，提升了学生学习兴趣。

3. 应用多媒体提升趣味性

随着信息技术的发展，多媒体技术已经应用于各个学科的教学中，并取得了显著的成效。多媒体以丰富的资源及信息量，集图、文、声、视频于一体，更加直观生动地将知识以真实的画面呈现于学生的眼前，刺激学生的感官，使其更加积极地投入到学习中来，提升了语文课堂教学的趣味性，促进语文教学的有效性。例如，在进行《背影》的课堂教学时，就可以应用多媒体，为学生展现文中所提到的关于父亲背影的画面，“父亲买橘子时背影混入来来往往的人群里；那肥胖的青布棉袍黑布马褂的背影”，同时再配以文字进行说明，帮助学生进一步理解这篇散文，体会作者分别的悲伤之情以及作者对父亲深深的思念之情。利用多媒体课件进行情境创设能够将学生带入文章的真实情境之中，使其得到更加真实的情感体验。这种方式既提升了语文课堂的趣味性，同时又促进了学生对课堂内容的深入理解。

结语：初中语文教学在整个教学过程中起着承上启下的作用，初中语文教学对学生的整个学习生涯乃至一生都有着重要的影响。因此，教师应充分了解学生了解，根据学生的个性特点，合理地制定教学方案，做到因材施教，尽量满足学生的实际需求。利用一切可以利用的资源，提升初中语文课堂教学的趣味性，最大限度地调动起学生的积极性，使其能够自主地投入到语文学习中来，进而提升课堂教学的有效性。

参考文献：

[1] 刘天凤 . 趣味性教学在初中语文课堂教学中的应用研究 [J] . 中国教育信息化，2015（11）.

[2] 于盼盼 . 浅谈提升初中语文教学趣味性的策略 [J] . 文教资料，2014（25）.

[3] 王晓云 . 增强初中语文教学趣味性方略谈 [J] . 现代阅读，2015（17）.

多媒体在初中语文教学中的作用

摘要：纵观人类思想史与教育实践，审美教育总是同人的发展息息相关，紧密相连。面对当前中学生人格所出现的种种问题，选取最为突出的两点来谈：感觉的迟钝化，以及生命活动的机械化。同时提出面对人格中所出现的问题，审美用一种充分自由的心境来不断地完善人格，而多媒体教学就可以冲破时空限制，以多样化的教学形态，充分为学生提供感知对象，扩大直接经验的范围，用形象具体、生动活泼的形式，让学生感知语文中美的存在，进而获得人格的不断完善。今天我们便以语文审美与多媒体教学的关系为出发点，面对中学生出现的人格状况，用多媒体手段构建审美式的自由心境，使中学生的人格走上更加完善的道路。

关键词：中学生的人格现状；多媒体对语文审美的作用

一、学生的人格现状

生活在 18 世纪德国的席勒，在工业文明刚刚露出曙光的时刻，曾超前地预见到人类将用很高的代价来迎接工业文明。他一针见血地指出：“现在国家与教会、法律与习俗都分裂开来，享受与劳动脱节、手段与目的脱节、努力与报酬脱节，永远束缚在整体中一个孤零零的断片上，人也就把自己变成了断片了。耳朵里所听到的永远是由他推动的机器轮盘的那种单调乏味的嘈杂声，人就无法发展他生存的和谐。”[1]

著名演员卓别林参演的电影《摩登时代》中，由卓别林扮演的那位装配工人，只是在配线前紧张而机械地重复着一种动作。这时人与机器完全一样，人不再是有意识地劳动，而只是作为整个机器的一部分，人的身体进入机器，随机器的转动而转动，完全失去了自由自觉的本性，生命个体就这样被分割着。这虽然是一个喜剧，里面有许多夸张成分，但夸张的背后却是生活的真实。

在工业文明的今天，这种异化已经蔓延到中学生的身上。学生本应具有的创造性、热情和个体趣味以及同情心，渐渐弱化，有的学生很少再为某些事情而感动得热泪盈眶，很少再被美的事物所吸引。或许已习惯每天都是一种心情，我们处处可见学生脸上几乎总挂着同样淡然的表情。最为典型的是有些学生变得冷漠、自私、懒惰，缺少感恩之心，等等。极端的事例是，2004 年 1 月 6 日，贾明（未成年人，化名），这个云南省昆明市一所中学的高三学生，因涉嫌故意杀死自己的母亲和外婆被逮捕。

而杜卫在《美育论》中指出：“美可以克服个体生命的盲目性、混乱性、受动性和强制性，使之升华为一种充满活力又明晰有序的感性生命。”通过多媒体手段，用语文审美的方式可以促进中学生人格的完善。

二、多媒体对语文审美的作用

语文教学大纲指出：在语文教学过程中，要拓宽学生的视野，发展学生的智力，培养社会主义道德情感、健康的审美观和爱国主义精神。这就充分肯定了审美教育在语文教学中的地位 ，也给广大语文教师提出了更高的要求 。因此语文教学中必须加强审美教育，以自然美、社会美、艺术美来感染学生，从而培养学生感知美的能力，激发创造美的热情，而多媒体教学为语文审美的实现提供了极大的帮助。

（一）创设情境，使学生充满了做人的自豪感和幸福感

著名教育学家皮亚杰曾经说过：“儿童不是被动地接受知识，也不是被动地接受环境刺激，而是具有主动性的人，他的活动受兴趣的支配。”教育

心理学理论也告诉我们，教学总是在一定的情境中进行的，没有情境的教学是不成功的。语文教材的所有选文都有特定的情境，再现情境的有效方法就是将课文中的抽象文字变为直观的形象。

计算机多媒体技术具有声情并茂、视听交融、动静交错、感染力强的特点，集文字、声音、图像、图形于一体，它在处理图文、动画、视音频等方面的良好作用，能在很大程度上满足学生视听感官的需要，更好地激发学生学习的兴趣，调动学生的积极性，使学生产生强烈的学习欲望，从而形成良好的学习动机，产生良好的学习效果。学生通过强烈的感知，心中那些真诚、善良、美好、尊重人、关怀人、为别人尽义务、为社会尽义务，以至为人类的文明与进步而奋斗的需要强烈起来时，他们才会充满了做人的自豪感和幸福感。

（二）唤起学生的积极性，充分享受人性的自由

从心理学的角度看，学生的内心世界是一刻也不会平静的，他们渴望丰富的情感体验、强烈的情感共鸣、适时的感情宣泄，以满足他们树立信心、摆脱逆境、显示才华的需求。

传统的教学，“一支粉笔一本书”的教学模式，严重扼杀了学生的个性和创造性，而现代技术教育手段，能为学生提供多样化的教育形式，创造更好的学习情境。刺激学生的视觉、听觉感官，使他们更加兴奋，在这样的交互式学习环境中，学生当然希望按照自己的愿望来选择自己所要学习的内容，从而拥有更多的时间与空间去探索、去发现、去研究，充分享受人性的自由。

（三）提升学生的想象力，使学生不断地完善自我

多媒体以形、声、光、色等表现形式刺激学生感官，使学生眼见其形，耳闻其声，可以直观地使学生在审美的世界中领略“细雨鱼儿出，微风燕子斜”那种自然景物的细微变化，体会“古道西风瘦马，夕阳西下，断肠人，在天涯”那种无尽的愁思，感受“慈母手中线，游子身上衣”那种深深的关怀，提升了学生的想象力，进而在语文美丽的王国中不断地完善自我。

总之，教书是一门艺术，一堂优秀的语文课更是一件珍贵的艺术品。它

不仅能使学生学到基础知识，还能陶冶学生的情操，培养其个性，发展其思维，提高其能力，使学习成为有意识的自由自觉的生命活动。要应对当下的现状，多媒体教学为语文审美提供了极大的便捷，我们要积极地运用这一工具来调动学生学习兴趣，唤起学生的积极性，提升学生的想象力，为培养合格的“四有新人”而努力。

参考文献：

［1］ 席勒 .《席勒散文选》［M］. 张玉能译 . 北京：百花文艺出版社，1997：278.

［2］ 卢世林 .《美与人性塑造》［M］. 北京：人民出版社，2009：14

［3］ 杜卫 .《美育论》［M］. 北京：教育科学出版社，2000：86.

［4］ 席勒 .《美育书简》［M］. 徐恒醇译 . 北京：中国文联出版公司，1984：95

浅谈分层教学在初中语文中的应用

摘要：在初中语文教学中，必须有效提高学生的语文素养，而学生思维能力和语文基础存在客观的个体差异，通过分层教学，能有效调动不同层次学生学习的积极性和主动性，激发他们的学习兴趣，让他们成为学习的真正主人，才能最大限度地提高学生的语文素养。因此，实施分层教学是素质教育以人为本理念的具体体现。

关键词：初中语文；分层教学

一、分层的理论依据

布鲁姆的“教育目标分类学、形成性评价和掌握学习策略”理论，主张每位教师都应帮助所有学生更好地学习，将具体教学目标作为学习的导向，使整个教学活动始终处于教学目标下。同时，不否认学生间的差异，实现集体教学、小组教学和个别教学的结合，为明确教学目标、确立科学的学生观、教学观提供依据。

分层教学就是在教学过程中，针对每一个学生不同的个性特征与心理倾向，不同的知识基础与接受能力，设计多层次的教学目标，并运用不同方法进行教学，先后达到大纲要求。进入九年级，学生出现了较为明显的分化，最突出的特点是：学生水平不等，成绩相差悬殊。同一教材的教学内容和要求的相对统一性，难以调动学生学习的积极性。作为语文教师，我们应该思考怎样做才会激发各个层次学生的学习兴趣，使语文教学达到事半功倍的效果。

二、分层教学模式的提出

《义务教育语文课程标准》（2022 年版）指出："根据学生身心发展和语文学习的特点，关注学生个体差异的不同学习要求，爱护学生的好奇心、求知欲。"分层教学就是承认学生的层次差别，根据不同层次的学生实施不同的教学方法，解决学生在学习中遇到的各种问题，从而激发学生的求知欲，提高学生学习的自觉性和积极性。

同时，教师要鼓励竞争，及时表扬和调整目标要求，这样才符合学生的好胜心理，进一步激发学生的内动力。一方面，教师重点辅导学习成绩中下等的学生，为他们学习扫清障碍，不盲目批评学生，有利于促进成绩稍差的学生积极向上。另一方面，教师适当引导学习成绩较好的学生，为他们进一步探索知识指明方向，有利于他们不断进取。因此，分层教学适合各层次学生的学习心理，使每个学生都乐学、会学、善学，感受到"个个有特长，人人成大才"的成功愉悦。

三、分层的教育实践

（一）以每个学生的个体差异为依据，分层建组

素质教育提出：教师应该关注每一个学生的成长。这就要求我们在教学中必须贯彻"因材施教"的教育理念，而初中语文分层教学正是针对学生不同的个性特征。德国教育家第斯多惠说过："学生的发展水平是教学的出发点，所以必须在开始教学以前就确定这个出发点。"教师基于现状，科学地把学生分成 A、B、C、D、E 五个小组，优秀型 A 组为学习基础较好、态度严谨、接受能力强的学生，提高型 B 组，C、D 为学习习惯较差、接受能力较弱的学生，E 组为厌学情绪严重的学生。教师要根据学生在学习中能力的提升情况，科学地重新进行分组，从而激发学生超越自我的信心。

在经过半学期的努力后，教师要取消E组的设置，重新把学生划分为A、B、C、D四个小组，这样B、C、D、E四个小组的大多数成员都会相应地上升一个级别。这样做的目的，仍然是建立起对学习的乐观主义态度和真诚的学习信心，正确对待分组方式，明确教师的分组目的，调动学生的学习积极性，提升教学效果。防止优等生骄傲自满、中等生得过且过、学困生心灰意冷等不良情绪的产生。

（二）以科学的分层建组为依托，落实教学目标

明朝王守仁说："因人而施之，教也，各成其材矣，而同归于善。"所以根据学生的实际情况，在教学过程中，实施目标分层是十分必要的。

把简单的问题留给C层学生，如针对课文中有关背景知识的查阅，生字词的掌握积累，对课文内容的梳理感知等；B层学生则梳理文章思路，理解内容，吃透内容；A层学生则在细读课文的基础上进行探究，挖掘情感和思想，进行感悟、拓展。

我们常说："不做没有把握的事情。"实际上，学生对学习也有这样的心态，他们如果觉得学习存在很大困难，通常会主动放弃，不去尝试。一旦养成了习惯，兴趣就慢慢消失了。如果我们这时能根据学生的客观差异，采取教学目标分层的方法，为不同层次的学生制定出他们可以实现的目标，就可以使每位学生获得成功的信心，很好地激发他们的学习兴趣。

（三）以合理的分层作业为依托，夯实教学效果

在课堂教学完成后，合理的分层作业，能极好地夯实教学效果，因此科学地把作业按学生的实际情况分层布置是十分必要的。比如：我们可以把作业分为积累题、基础题、提高题、拓展题。积累题主要针对E组同学，要求这一组的同学完成课文内容的字词句、段篇章的积累。基础题则主要针对C组同学。提高题则让B组同学来完成。A组同学则要学会知识的迁移与运用，不仅要知道本次教学任务，还要学会用本课的内容，解决同类型文章的疑难问题。

（四）以有效的分层批改为契机，激发内驱力

作业批改要因人而异，不能满足于收齐作业本，打上对错，给个分，发下订正。在作业批改时要细心挖掘每个学生的优点，努力发现“每一个孩子身上都有的金矿脉”。比如，对每一层作业中的优秀部分要经常拿出来展示，即经常在班上甚至更大范围地展览优秀作业。这样既能让其他学生看到榜样示范，也使学生产生更大的成就感、内驱力，促使每一层作业日臻完美。

我们知道决定班级学习面貌的并不是优秀生和中等生，而是后进生。我们所有的教学教育方法都是针对听老师讲课的孩子而设计的，A 组学生其实不需要太多的方法，甚至自学都可以成才，这就好像足球场上有 11 个马拉多纳，篮球场上有 5 个乔丹，不需要任何阵型和打法。但是差生一定要盯。而 C 组 D 组的同学习惯差，就得靠老师利用作业常抓不懈。对于 B 组同学，他们是举一反三能力差，就得靠老师利用作业常练。A 组同学大多需要的是题型方法与规范，就得靠老师利用作业常点拨。对学生进行分层肯定与指导，这样能使每个学生在获得成功喜悦的同时，保持良好的心态，形成自我奋进的内驱力。

总之，在教学过程中分层应当是灵活多样的，我们要积累经验，把因材施教、分层教学的理念和方法灵活地运用到教学中，真正地以学习的方式不同分层，以学习的基础不同分层，以平时表现分层，按具体学习任务调整。区别不同对象、不同时期，及时调控学生的分层标准、作业和考查的尺度、辅导与评价方法，达到在不同层面上语文素养的提高和缩小班中优差生的差距的目的。